A History of Japan
From Stone Age to Superpower. 3e

[英]肯尼斯·韩歇尔（Kenneth G. Henshall）著
李忠晋 马昕 译　叶渭渠 配图

日本小史
从石器时代到超级强权的崛起
——插图修订第3版——

北京联合出版公司
Beijing United Publishing Co.,Ltd.

从石器时代到国家的出现

一个正式信奉佛教的皇室，居然靠杜撰皇室是神祇后裔的神话将大和统治予以合法化。务实的宗教态度使大和皇室家系成为世界上最长久的皇室家系。

大 事 记

绳文时代
因出土有大量绳文陶器而得名，证明日本存在上古文明。

大把手深钵
（绳文中期）

土偶深钵
（绳文中期）

器台
（弥生陶器）

弥生时代
因在东京弥生町发现一种无花纹、带红色的陶器而得名。

古坟／大和时代
实现古代国家的统一，出现大型古坟，埴轮为日本所特有。

古坟壁画

绳文时代
(约公元前13000年—公元前400年)

绳文陶器、瓮棺出现。
竖穴居住。

弥生时代
(约公元前400年—公元250年)

稻作与金属器出现。弥生陶器发达。
大陆青铜技术传入。

古坟时代
(约公元250年—公元710年)

4世纪中期，大和政权成立。

公元404年
侵入朝鲜，与高句丽争战败北。

公元460年
雄略天皇劝皇妃养蚕，诸国植桑。

公元522年
大陆移民司马达止等于大和国高市郡结草堂，置佛像本尊，皈依礼拜。

公元538年
(钦明天皇钦明七年)
百济圣明王赠佛像，佛经于日。

公元588年
(用明天皇用明三年)
着手建立法兴寺（飞鸟寺）。

公元593年
(推古天皇推古三年)
圣德太子摄政，翌年颁行佛教兴隆之诏。

大 事 记

公元 607 年
（推古十五年）
法隆寺建立。

奈良时代
（公元 710 年—公元 794 年）

公元 710 年
（元明天皇和铜三年）
3 月迁都平城京。

公元 712 年
（和铜五年）
1 月太安万侣等进呈《古事记》。

公元 720 年
（养老四年）
5 月舍人亲王进呈《日本书纪》。

公元 753 年
（孝谦天皇天平胜宝五年）
12 月鉴真至日，传律宗。

平安时代
（公元 794 年—公元 1185 年）

公元 794 年
（桓武天皇延历十三年）
10 月迁都平安京。

公元 1003 年
（一条天皇长保五年）
紫式部完成《源氏物语》。

公元 1156 年
（后白河天皇保元元年）
7 月保元之乱。

敲鼓的埴轮

圣德太子像

圣德太子
飞鸟时代著名的政治家，热心吸收中国文化，重新派遣使节团到中国隋朝，号召政治、宪政改革。

朝臣与武士

朝廷的命运和武士的境遇紧密相连，中央权力衰退，而地方武士权力逐步扩大，导致幕府时代的开端。强大的武人彼此对抗争夺霸权，全国处于经常内战的状态。

奈良时代

这是日本向中国有限度地学习的时代，可以从东大寺及其青铜佛雕像，看出中国文明对日本的影响。日本人善于吸收中国事物，并加以日本化。

东大寺大佛殿

奈良铜像

德川时代

德川幕府称霸，强令闭关锁国。商人阶层崛起，武士阶层弱化，以商人为中心的市民文化出现，和风儒学复兴，民族主义崛起，诸多因素在西方列强的强力叩关下，导致幕府统治的提前灭亡。

浮世绘／艺伎

商人阶层的崛起带来了浮世绘／艺伎的繁荣。富商偏好歌舞伎的色彩与虚饰，其动作夸大、通俗剧情节简单。

大 事 记

浮世绘《名妓与侍女》

歌舞伎

镰仓时代
（公元1185年—公元1333年）

室町时代
（公元1333年—公元1568年）

安土桃山时代
（公元1568年—公元1600年）

公元1576年
（天正四年）
2月织田信长筑安土城。

公元1582年
（天正十年）
6月本能寺之变，织田信长自杀。

武士的登场

公元1590年
（后阳成天皇天正十八年）
7月丰臣秀吉统一全国。

公元1597年
（庆长二年）
庆长之役。
翌年丰臣秀吉死，日军退出朝鲜。

公元1600年
（庆长五年）
9月关原之战。

江户时代
（公元1603年—公元1868年）

公元1603年
（庆长八年）
2月德川家康任征夷大将军，江户幕府成立。

武士道

中世纪的武士并不像近代武士那样为主人效忠并战斗至死，他们转换效忠对象是常有的事。

大 事 记

公元 1624 年
（宽永元年）
3月与西班牙断交，
十二月朝鲜使谒见德川家光。

公元 1633 年
（明正天皇宽永十年）
2月禁止奉书船以外的日本船渡航，
禁止在外5年以上的日本人归国。

公元 1641 年
（宽永十八年）
4月荷兰商馆移往长崎出岛，
锁国完成。

公元 1798 年
（宽政十年）
6月本居宣长完成《古事记传》。

公元 1853 年
（孝明天皇嘉永六年）
美国使节佩里率舰至浦贺，
俄国使节璞查廷率舰至长崎。

公元 1854 年
（安政元年）
1月佩里再度来航。
3月《日美亲善条约》。
8月《日英亲善条约》。
12月《日俄亲善条约》签订。

公元 1858 年
（安政五年）
1月奏请《日美亲善条约》敕许。
6月《日美修好通商条约》调印。
9月安政大狱。

明治时代

仅半个世纪，明治政府通过迁都、废藩置县、制定新宪法和成立国会等政治改革及在西方顾问与科技协助下进行的经济努力，使日本从一个被西方斥为偏僻落后的国家到被认可为列强之一。

明治五年的富冈制纱厂

明治二十一年的明治天皇画像

最后的武士——西乡隆盛

明治维新

日本以自己的步调、自己的方式全方位向西方学习其制度与做法。通过明治维新，日本实现富国强兵，并走上对外扩张的道路。

西南事变

西乡隆盛及其同盟好像一开始就知道，武士时代已经结束了，而他们宁愿和那个时代一起消亡。

日俄战争中的日军统帅——东乡平八郎

甲午战争与日俄战争

日本很快便学会如何以现代武器与征兵制来打西式战争，两次战争均以日本取胜告终，促使日本走上了军事封建帝国主义道路。

《教育敕语》

日本军国主义教典，以天皇敕令的形式公布，主要宣传国家主义的观念和忠君爱国的思想。

大事记

明治时代
(公元1868年—公元1912年)

公元1868年
(明治天皇明治元年)
3月颁布五条誓文、五榜揭示。
9月明治改元，定一世一元之制，颁行《神佛分离令》
(后开展废佛毁释运动)。

公元1871年
(明治四年)
4月颁布户籍法
(壬申户籍，翌年实施)。
7月废藩置县。
11月岩仓具视一行欧美考察。

公元1873年
(明治六年)
1月征兵令布告。
9月岩仓全权大使一行归国。
10月征韩派败北，西乡隆盛下野。

军部参拜靖国神社

公元1885年
(明治十八年)
12月废太政官制，采用内阁制。

公元1889年
(明治二十二年)
2月公布《大日本帝国宪法》和《皇室典范》。

公元1894年
(明治二十七年)
8月中日甲午战争爆发。

公元1895年
(明治二十八年)
4月《马关条约》签订。
德法俄三国干涉。

公元1904年
(明治三十七年)
2月日俄战争爆发。

太平洋战争

日本在明治时代获得成功后取得自信。当面临昭和时代种种社会、经济和政治问题时，军方要求以领土扩张解决日本的灾难，为了争夺远东殖民地，独霸亚洲，发动了太平洋战争。

偷袭珍珠港

美方是否真的冷不防遭受日本的偷袭，是叫人争议的问题；珍珠港事件给美军造成的损失也不如人们想象的那么严重。

大 事 记

公元 1910 年
(明治四十三年)
8月吞并朝鲜。
10月设置朝鲜总督。

大正时代
(公元 1912 年—公元 1926 年)

公元 1912 年
(大正天皇大正元年)
9月明治天皇大葬。
嘉仁亲王继位，改元大正。
12月第一次护宪运动。
首次参加奥林匹克大会（第5届）。

公元 1913 年
(大正二年)
大正政变。

公元 1914 年
(大正三年)
7月第一次世界大战爆发。
8月对德宣战。

公元 1915 年
(大正四年)
1月向中国提出"二十一条"。

公元 1921 年
(大正十年)
12月华盛顿会议签订
日美英法《四国条约》。

公元 1923 年
(大正十二年)
9月关东大地震。

昭和时代
(公元 1926 年—公元 1989 年)

公元 1931 年
(昭和天皇昭和六年)
9月九·一八事变。

广岛原子弹爆炸中心遗址

原子弹

在日本已是四面楚歌之时，美国向其投放原子弹的目的是为了加速其战败，是向苏联展示自己在新原子技术中的实力，还是摧毁日本已十分强大的核子攻击力呢？

裕仁天皇宣读投降书

裕仁宣告日本战败

有人认为裕仁是日本发动"二战"的罪魁祸首，也有人认为他只是军部的傀儡。但不可否认的是，他对军部的日益壮大视而不见，并乐观其成。

战后的成功与挫折

日本在 20 世纪 60 年代末迅速崛起，成为世界第三大经济强国。但进步不总是平稳的，工业化污染、石油危机、劳资对抗以及成功所导致的傲慢等因素，使得经济从 1990 年左右起崩溃。

大 事 记

麦克阿瑟

麦克阿瑟在战后日本被推崇为新幕府将军、日本的美国皇帝，实际上设计战后日本的是鲜为人知的国务院企划官们。

1945 年 8 月 27 日《时代》
杂志上的麦克阿瑟

《日本第一》，傅高义著

经济奇迹

日本的战后经济增长，被称为"经济奇迹"，并很快成为人们分析的对象。学者们不仅从经济角度，也从国家管理、教育及其他角度来分析日本成功的关键。

新干线营运

新干线营运成为新时代的光明象征，是日本人自豪的一大根源。

富士山下的新干线高速列车

公元 1936 年
(昭和十一年)
8 月二·二六事变。

公元 1937 年
(昭和十二年)
7 月卢沟桥事件，开始全面侵华。
12 月南京大屠杀。

公元 1941 年
(昭和十六年)
10 月东条英机内阁成立。

公元 1945 年
(昭和二十年)
4 月美军登陆冲绳。
8 月原子弹在广岛、长崎爆炸，苏联对日宣战。
宣布接受"波茨坦公告"。
9 月签订投降文书。

公元 1951 年
(昭和二十六年)
麦克阿瑟被罢免。
9 月《对日和平条约》
《日美安全保障条约》签订。

公元 1973 年
(昭和四十八年)
10 月爆发石油危机。

平成时代
(公元 1989 年一至今)

公元 1989 年
(平成天皇平成元年)
1 月裕仁天皇逝世，
明仁皇太子继位，改年号为"平成"。

公元 1992 年
(平成四年)
1 月宫泽首相访韩，
就从军慰安妇问题正式道歉。

大事记

公元 1995 年
（平成七年）
3月地铁沙林毒气事件。

公元 1998 年
（平成十年）
9月宣布与美国合作研究开发导弹防御体系（TMD）。

公元 2001 年
（平成十三年）
4月小泉纯一郎内阁成立，开始实施"新世纪维新"改革。
10月参议院通过《恐怖防止法案》。

公元 2002 年
（平成十四年）
2月日本政府推出综合通货紧缩对策。

公元 2003 年
（平成十五年）
首相小泉继续推进改革，成效开始显现，全年GDP增长率达到2.7%，创近年最高纪录。

公元 2007 年
（平成十九年）
12月日本首相福田康夫正式访华。

公元 2011 年
（平成二十三年）
3月"东日本大地震"。

公元 2014 年
（平成二十六年）
12月安倍晋三被选为日本首相。

靖国神社

靖国神社

日本小泉首相多次参拜靖国神社，此举清楚提示出政教合一的恢复且使人担心国家神道的复活。

睡在电车里的人们

日本牺牲民众生活品质及其他事情，把焦点放在经济增长上。

破裂的泡沫

泡沫及随之而来的经济衰败让日本人的骄傲泄了气，与西方之间的紧张关系也缓和下来了。

睡在电车里的人们

1999年日产总公司前的裁员抗议活动

目 录

原序 ……………………………………………………………… 1
第三版序言 ……………………………………………………… 3

导　言　非常值得认识的历史 ……………………………… 1

第一章　从石器时代至建国：神话、史前史、古代史（至 710 年）……… 5
   1.1　创造天皇的神：日本神话里的古代史 ……………… 7
   1.2　最早的居民（至约公元前 13000 年）………………… 11
   1.3　石器时代的狩猎者与采集者：
       绳文时代（约公元前 13000 年至公元前 400 年）……… 12
   1.4　新的开端：
       弥生时代（约公元前 400 年至公元 250 年）…………… 16
   1.5　古代国家出现：
       古坟／大和时代（约 250 年至 710 年）………………… 20
   本章综述 ……………………………………………………… 28

第二章　朝臣与武士：古代与中世史（710—1600 年）………… 31
   2.1　有限度地向中国人学习：奈良时代（710—794 年）… 33
   2.2　朝廷兴亡：平安时代（794—1185 年）……………… 37
   2.3　武士国家：镰仓时代（1185—1333 年）……………… 47
   2.4　内战：室町时代（1333—1568 年）…………………… 53
   2.5　国家再统一：安土桃山时代（1568—1600 年）……… 59
   本章综述 ……………………………………………………… 65

第三章 锁国:德川时代(1600—1868年) 67
- 3.1 稳定才能够生存:建立德川幕府 69
- 3.2 武士与伦理 79
- 3.3 庶民、文化与经济 83
- 3.4 洋鬼子重返与幕府垮台 88
- 本章综述 94

第四章 建立现代国家:明治时代(1868—1912年) 97
- 4.1 维新的强化 99
- 4.2 社会的西化 105
- 4.3 人民力量的统制 111
- 4.4 朝向民主的举动 114
- 4.5 战争与政治 120
- 4.6 指导下的经济发展 127
- 4.7 一个时代的结束 131
- 本章综述 133

第五章 野心过度:太平洋战争 137
- 5.1 脆弱的大正民主(1912—1926年) 139
- 5.2 昭和时代一开始就遭遇麻烦 143
- 5.3 扩张主义背后的意识形态 147
- 5.4 战争准备 152
- 5.5 太平洋战争 159
- 本章综述 173

第六章 自灰烬中复活的长生鸟:战后的成功与挫折 177
- 6.1 美国梦想的新日本 179
- 6.2 冷战现实形塑梦想 196
- 6.3 日本第一 201
- 6.4 身陷重围的超级强权——泡沫 213
- 本章综述 218

第七章　前途未卜的超级强权：平成时代 ·················· 223
  7.1　泡沫破裂 ·· 225
  7.2　政治走马灯 ·· 233
  7.3　全球化时代下日本的生活 ······························ 240
  本章综述 ··· 258

结　论　给胸怀大志之强权的教训 ························· 263

参考文献 ··· 271
重要词汇 ··· 295
当代日本概况 ·· 299
出版后记 ··· 307

原　序

　　本书的主要目标是叙述日本的故事。这些故事必须从头说起，必须用平衡的、全面的方式叙述，不可造成混乱；必须以一种方法让日本史可以为人所理解，但又不至于简率或肤浅。许多有关日本史的著作在性质上是属于百科全书式的，有太多细节，难以见其整体倾向；有些日本史著作倾向于将焦点放在一个主题上，省略了能够平衡观点的背景；而有些日本史著作则倾向于从近代史开始叙述，略去了重要的中古史背景。

　　这些书都有它们各自的优点，但易于让非日本史专家的普通人感觉气馁。在今天这个时代，当这么多人对日本，尤其是对日本如何成为经济强权感兴趣时，这样的情况似乎是可惜的。一般读者、学生及其他专业领域的学者们，应该都能够较容易地获得有趣的、有教育意义的日本史知识。

　　因此，易读成为撰写本书的主要考量；另一个相关的考量是鼓励读者研究他们感兴趣的主题。基于这些理由，我特意将使用的资料限制于英文资料，而我特意常常提供参考资料，让那些对某主题有兴趣的读者能继续研究。他们就是不懂日文也能这样做。

　　我本身的日本史知识是多年来透过日文和英文资料建立起来的，但不是每个人都能花费十年左右的时间来学习阅读日文。大约三十年前我开始学日文时，无法阅读日文乃是获取有关日本的任何权威性知识的一大障碍。目前，这种形势已不复如此。现在，有关日本的英文书非常多，不仅有原本就以英文撰写的书，也包括几乎每一种重要的日文作品的英文译本。因此，对日本有详细的了解是完全可能的。本书的目标之一乃是将读者的注意力吸引至这些丰富的英文资料上。事实上，英文资料这么多，我无法一一列举。

　　日本历史非常迷人，有奇遇、神秘、阴谋，以及争议等成分，而这些都包含在本书中。了解日本史中目前仍然模糊、没有定论的领域和事件，对所有读者都是非常重要的，即使不是学院中人。

许多读者对日本如何成为经济大国特别感兴趣。日本的成就是形势本身与日本对形势的反应所造成的结果，一种基于根深蒂固的价值与习俗的反应类型。我不让这些价值与习俗主导我的日本史叙述，而是在每章末尾的"综述"中列出这些，以示强调，并以这些作为主题撰写各章的结论。

各章末尾的"综述"旨在协助读者理解。日本的历史很长，内容丰富，值得时常停下来回顾，尝试分辨出重要趋向与事件。我们愈是了解日本史，我们得到的愈多，因为这是非常值得认识的历史。

第三版序言

2004年本书第二版问世后，日本出现了很多新情况，还出现了很多有关日本早期历史的新的学术发现。

日本近年来的新情况包括：2008年，官方正式认可阿伊努人为日本的原住民；2009年，日本民主党击败自由民主党；2008—2009年，尽管遭遇世界经济衰退，面临高额国债，但日本的经济复苏了；首相快速更迭，事实上是年年更迭，从2006年9月小泉纯一郎辞职到2011年10月，共有6位首相上任；2009年，自卫队在索马里部署人员，引起争议；2011年3月11日的东日本大地震和海啸，以及受损核反应堆放射性物质泄漏，造成了巨大的灾难。

近年来的学术研究还发现了一些有关日本早期历史的新信息。例如，基因研究弄清了日本人的起源；更多有关早期日本和朝鲜半岛之间联系的细节信息涌现出来；海洋考古明确揭示了1281年忽必烈侵日舰队覆灭的主要原因；还有更多的证据显示享有盛名的武士们实际上并不具备战斗至死的特质，等等。

在结构上，我对第六章（第二版）第五节"前途未卜的超级强权：平成时代"进行了扩充，改编成第七章，分为三节，讲述全球化时代中日本的经济、政治以及大众生活和社会。

我在第七章中引用了更多的统计数据，因为我认为，在全球化时代背景下，如实记录社会结构、人口趋势等量化数据是非常重要的。我特别引用了不少国际指数，比如与生活质量、政府透明度等相关的指数。这可以让我们对日本在国际社会中的地位有些许了解。

我很高兴这本关于日本历史的拙作能够出版第三版。本书已经被翻译成多种语言，从中文到爱沙尼亚语——不过奇怪的是，还没有日文译本。本书被推荐作为大学课本，也被推荐给了广大普通读者。对于译者和所有正面评价我深表感谢,所幸正面评价远远超过负面评价。

最后,我希望日本能够迅速从2011年3月11日的灾难中恢复过来,尽管"迅速"这个词可能要以"年"为单位进行度量。我为灾难中丧生的人、被毁坏的家园以及珍贵之物表示哀悼,这些会成为幸存者生命的一部分。这样一场恐怖的灾难是难以想象的——只看图片是不够的,你必须亲身经历才会知道。在基督城,我们在不到半年的时间里经历了两次强烈地震(2010年9月4日和2011年2月22日),在第二次地震中,犬子侥幸从大楼摇摇欲坠的天花板下逃生。在被压得支离破碎的尸体中寻找自己的孩子是任何父母都不愿意做的事情。然而,这样的经历仍无法与日本人民承受的苦难相提并论。

肯尼斯·韩歇尔
新西兰基督城
2011年10月

导　言

非常值得认识的历史

图0-1　《富岳三十六景之凯风快晴》（葛饰北斋绘）

富士山是日本民族的象征，它见证日本历史的进程。

日本对现代世界的影响是巨大的。日本领土不及地球陆地的1/300，然而在经济高度增长的20世纪80年代，它却具有占全球经济1/6的实力，并且是世界第三经济体。很少有家庭或办公室不依赖日本的科技产品；日本车在世界各地的公路上随处可见。尽管所谓"日本式管理"最近出现了问题，但许多西方与亚洲的经理们仍尝试用"日本方法"做事；日本外援支撑着许多发展中国家的经济；世界各地的项目开发者寻求日本的投资；旅行社将大量出国旅行的富裕日本人作为发展对象；在西方国家的民意调查中，日本被列为人们最想观光的国家之一。凡此种种，不胜枚举。

作为世界舞台的重要演员，日本缺席任何重要的国际论坛都是不可想象的。现代世界史不能不用大量篇幅来叙述日本。

然而，在全球所有国家中，日本曾一度接近灭亡。日本是唯一受到过核武器攻击的国家。第二次世界大战中，日本的许多敌国认为，为了全人类的安全必须消灭大和民族；甚至像美国罗斯福总统等人道主义者，似乎也认为这样的"灭种"可能对全人类是有益的。

结果，日本人幸存了下来。日本不但没被消灭，现在还是全球最强大的国家之一。日本不但没有被迫混种，而且仍旧是全球最纯的单一种族国家。

日本走上世界舞台的过程是戏剧性的。从仅仅150年前的稻田与封建诸侯之地，日本迅速成为帝国主义列强中的竞争者，成为影响世界秩序的一个军事威胁，然后在危机过后，成为经济强权国家。在许多西洋人眼中，19世纪的日本是一个充满异国风味之地：戴苦力帽的种稻农夫、洋娃娃似的艺伎、可笑的矮人对外国人的模仿。这样的形象随后转变成愚蠢效忠天皇的残酷军阀与狂热的武士士兵。战后这一形象又有了变化，无情的资本家驱使奴隶似的工人以征服世界，并且成功了。对于许多亚洲人，尤其是中国人与韩国人，从前的"倭地"不再是落后的学生。学生转而变成严厉的教师——一个邪恶的、贪婪的教师。虽然亚洲人尊敬日本的经济成就，但大多数亚洲人仍然不能原谅战前、战时日本在他们土地上的作为。

并非所有形象都是负面的。20世纪初，日本因为战胜清朝与俄国受到西方国家尊敬，并被某些列强视为盟国。第二次世界大战战败后，日本因为迅速从废墟中重建国家受到世人的钦佩。"经济奇迹"很快成为人们关注的对象，学者研究日本教育制度、政治组织，尤其是企业管理方法，试图找出日本成功的关键原因。在亚洲人眼中，一方面，日本的形象是战时的强奸、抢掠及谋杀；另一方面，人们也承认，从获得世人尊敬的角度来看，日本至少已把亚洲放在地图上了，这改变了西方的傲慢态度。许多亚洲国家公开以日本经济为榜样加以模仿，尽管其中有些陷阱。有些国家，尤其是马来西亚，则极力推崇日本。

即使由于经济衰退与管理方法的缺陷，世纪之交的日本已略微失势，然而很明显，日本目前的形象及其对世界的影响本质上仍然是经济的，尽管最近几年它也自称是技术和文化大国。事实上，日本牺牲生活品质及其他方面，把焦点放在经济增长上，长久以来受到世人的批评。但是，沉迷于经济事务的形象至少比穷兵黩武的形象要来得好。

要了解日本如何成为经济大国，只检视其经济发展是不够的。当然，这也是必要的，因此本书以适当的篇幅加以叙述。然而，日本战后致力于成为经济霸权与日本战前努力达成军事霸权不能分开，也不能与19世纪"明治维新"努力实现现代化并成为帝国主义国家一事分开，甚至不能与古代日本希望被视为文明国家的野心分开。我们必须从广泛角度来考虑日本的历史进程。

国家的历史进程大多基于机遇与形势。古代中国人与朝鲜人未认真看待日本，因而没联合起来占领日本，13世纪的蒙古军队入侵日本列岛失败，这些对日本来说应该是比较走运的。16世纪，日本又再度碰到好运，当时的欧洲列强对开发新大陆比对日本更有兴趣，这多赖于哥伦布的发现。同样，19世纪的西方强权对瓜分中国比侵扰日本更有兴趣。

而且，假如美国在第二次世界大战后决定对日本施加较多惩罚性、较少建设性的措施，日本将无力阻挠。在这些转折点中，日本都有可能碰到厄运，从而产生不同的历史。

但一个国家的历史发展在相当程度上也归因于它如何应对形势——如何抓住机会为自己制造好运。至少以日本的个案来说，这些应对策略是基于那些在日本历史中有深厚根源的价值观与习惯。对这些价值观与习惯没有充分理解的话，我们将无法彻底了解日本如何崛起成为现代强权国家。我们必须从头开始追溯日本的发展，并注意到这些价值观与习惯反复出现的连续性。

在日本历史发展的道路上有很多令人惊诧的东西。例如，日本有世界各地发现的古陶器中最古老的。另一方面，尽管日本人食米，日本却是亚洲民族中最晚种稻。中古武士并不像近代武士那样为主人效忠战斗至死。18世纪，日本有世界最大的城市，有全球识字率最高的国民。19世纪，日本并非如人们所相信的那样只是追随西方而已，他们也忙着撷取传统的精华。20世纪，珍珠港并不是日本在太平洋战争中最先攻击的对象，美国也不是第一个受害者。虽然麦克阿瑟在占领日本期间有巨大影响力，实际上设计战后日本的不是他，而是鲜为人知的国务院企划官们，特别是休·波顿（Hugh Borton）。他是谁？

除了这些，还有神秘故事及其导致的论争。两千多年前入侵日本列岛的弥生人究竟是谁？他们来自何处？来了多少人？为什么来？3世纪时神秘的卑弥呼女王是谁？她的邪马台国位于何地？邪马台（Yamatai）和后来日本人自称的大和（Yamato）是否一样？日本人为什么欣然接受17世纪葡萄牙人介绍的火器，而对此300年前蒙古军队攻击日本时所使用的火药不感兴趣？日本偷袭珍珠港，意外的程度有多大？日本当时研发原子弹，离成功还有多远？裕仁天皇如何看待战罪？

日本历史包罗万象。它是冒险故事，即使仅是单纯的事件叙述也能令读者醉心。它是神秘故事，有许多有趣的问题尚未获得完全的解答。这是一本给日本人自己和全世界使用的教科书。

第一章

从石器时代至建国：神话、史前史、古代史（至710年）

图1-1 神功皇后木像

日本史书中第一位女性统治者，传说曾出征朝鲜，开日本海外拓土之先。

1.1 创造天皇的神：日本神话里的古代史

高天原产生许多神，高天原下面是一团漩涡状的流体。这些神祇中的两位，男神伊奘诺尊与女神伊奘冉尊，被派去将流体变成土地。伊奘诺尊将他的矛浸入流体中，从矛上滴下的水滴凝结成淤能基吕岛（意为自然凝结成的岛）。这两位神祇降到岛上，并居于此繁衍后代。

神祇生下许多后裔，不仅有从阴道出生的，还有从身体其他部位出生的，甚至也有从粪便中出生的。火神是从阴道出生的，而伊奘冉尊在生产时被烧死了。

她悲伤至极的丈夫伊奘诺尊来到黄泉，试图把她带回阳间。当伊奘诺尊看见她全身爬满蛆虫时，她感觉羞耻、愤怒，将他赶出黄泉。他在河流中洗涤阴间的污染时，若干神祇从他的衣服、眼睛及鼻子里出现。这些神包括天照大神与暴风雨海神素盏呜尊（又名须佐之男）在内。

伊奘诺尊派天照大神（太阳女神）去高天原统治天上，派素盏呜尊管理海洋。然而，素盏呜尊胡作妄为，被逐出高天原。

被逐出前，素盏呜尊至高天原探望姐姐天照大神。在他的建议下，他们生了若干小孩，但两位神祇为他的动机争吵。素盏呜尊便折磨姐姐天照大神。他摧毁她的田埂，在她宫殿的墙上涂抹粪便，并抓起一只剥了皮的野马投向她的小织屋，野马冲破了屋顶。天照大神退至洞穴里，整个世界陷入了黑暗。

其他神祇企图引诱她出来。他们在树上悬挂一面镜子与一条珠宝项链。然后一位女神全裸跳舞，惹得其他神祇狂笑不已。天照大神听见笑声感觉好奇，便从洞穴里窥视，看见项链与镜子，然后出来察看。众神抓住她，用圆石头塞住洞穴入口。此后，素盏呜尊被逐离高天原。

图1-2 《古事记》中的素盏呜尊

他前往出云（现岛根县），在那里他经历了种种奇遇。有一次，他杀了一只屡屡吞噬小孩的巨兽。巨兽有八条尾巴，他在其中一条尾巴上面找到一把剑，后来他把剑呈给姐姐天照大神作为悔改的象征。

剑、镜子与珠宝目前仍是日本皇位的标志。

素盏呜尊之子大国主命，因平定荒地有功，成为英雄。他的兄弟，甚至他的父亲素盏呜尊，因为嫉妒屡次陷害他。他们谋杀他若干次，但他每次都复活了。

大国主命的儿子们同意天照大神的要求，让她的后代统治。天照大神的曾曾孙神武成为日本的第一位天皇。

* * * * * *

日本的古代神话最早在7世纪晚期被记录下来，最后在712年以《古事记》、720年以《日本书纪》形式出现。天武天皇（673—686年在位）下令进行神话编纂工作，确立王室是神的后裔的说法，如此王室的至高无上就合法化了。

奇怪的是，虽然有这样的目标，神与凡人之间在行为、道德上或从创造角度来看，真正的区别并未被阐明。除了书中几次提到但未解释的神秘土人之外，神话中的人们似乎是神或半神半人的尘世的后裔，意思是说几乎所有日本人都能声称是神的后裔。至少王室能声称是源

第一章 从石器时代至建国：神话、史前史、古代史（至710年）

图1-3 天照大神

　　天照大神又称天照大御神，是日本神话传说中最核心的女神——太阳女神，被奉为日本皇室的祖先，尊为神道教的主神。

　　据《古事记》和《日本书纪》记载，伊奘诺尊在逃离"黄泉国"的归途中，于筑紫桔之小门的阿波岐原洗刷污秽时，洗左眼生出一美丽女神。因女神出生时光辉耀天照地，伊奘诺尊甚喜，将其命名为天照大神，送她八坂琼曲玉，并命其司理高天原（诸神所居之处）。天照大神在高天原开垦田地，传授养蚕、织布技艺，治理有方，使诸神过着安逸和平的生活。后来，天照大神命令其子司理农作物丰富的苇原中国（指日本）。

　　从此以后，天照大神的子孙就一直治理日本。天皇是天照大神万世一系之神裔的传说便是由此而来。

自至高无上的天照大神，而不是源自堕落的素盏呜尊。

　　这两本史书作为史实记录显然是不可靠的。然而，对于谨慎的观察家，它们仍然是理解古代日本的珍贵资料。

　　它们显示出以天照大神家系为代表的皇室与另一以出云作为基地、由素盏呜尊家系代表的敌对家族之间的冲突，该冲突因后者承认皇室的至高无上而告结束。这几乎是真实事件的反映。然而，这些史书的政治色彩贬低了出云的重要性。1984年，大量青铜剑在出云被发现，总共358把，暗示出云对敌对权力的实际威胁。这个数目比日本其他地方发现的古剑的总数还多。

　　神话中许多事件的不寻常、特殊性，就像剥了皮的野马事件，也强烈暗示实际的人物与事件。

图1-4 神武天皇

日本历史对于天皇的起源语焉不详，只是用类似神话的语言说明第一位天皇是神武天皇。他于公元前660年即位，是"天照大神"的后裔，但和其后的很多天皇一样，只有编年没有事迹，更缺乏考古发现作为支撑。直到第十代的崇神天皇，才有实际文物支持。这种记载的空白，令不少史学家判断日本天皇的祖先可能根本不是本地人，而是外来的中国人或朝鲜人。

参照中国史书的记载，部分学者认为神武天皇其实就是当年秦始皇派遣出海求仙药的徐福，但很明显，这种说法缺乏证据支持，而且在时间和空间上与神武的故事差异颇大（徐福登陆的地点众说纷纭，自称是徐福登陆点的地方遍及全国）。因此，并无多少说服性。

然而，从考古和人种学上看，上古时已有大批中国人和朝鲜人渡海移居日本，就此而言，说日本皇室可能是移民后裔也并非没有理由。事实上，早前英国《泰晤士报》即曾揣测日本政府严禁学者调查天皇皇陵的原因就是怕发掘出天皇来自中国或朝鲜半岛的证据。

上述论点也得到了现代遗传学的证据支持，日本东京大学发现日本人不像冲绳人或北海道阿伊努人，反而更像朝鲜人。

残忍似乎很普遍。有一次，大国主命的兄弟劈开一棵树，用楔子顶住缺口，把他强行推入缺口，然后拿掉楔子，把他夹死了。也是基于纯粹的恶意，这些兄弟骗一只受伤的野兔到盐水中沐浴，然后躺着被风吹，身体因起泡而受苦。另一个故事描述一位王子用最鬼祟的方法，趁其兄正在大解时把他杀死，然后将其四肢扯下来丢弃。

世界其他地方的神话与古史中，并非没有这样的残忍行为。但日本神话的独特之处是避免做出善恶的道德判断，某些行为被责备、惩罚，但没有道德说教。举例来说，素盏呜尊只是因胡作妄为被驱逐，未被谴责为邪恶的。神祇与他们尘世的后代在道德水平上没有区别。行为依据情况被接受或否定，不是依据任何明显的普遍原则，这正是当今日本许多评论家评论行为的模式。这样的行为显然源远流长。

1.2 最早的居民（至约公元前 13000 年）

无人确知日本列岛上最早出现人类是在何时。有些学者声称 50 万年前日本列岛上就已出现人类，有些学者甚至预期将来能证明 100 万年前就有人类出现在岛上。虽然已知的日本最早人类化石仅仅溯自约 3 万年前，目前一般学者接受的说法是约 20 万年前日本列岛上已出现人类。

直至冰河时代末期结束时，即大约 15000 年前，日本才借由若干陆桥与亚洲大陆连接在一起。这些陆桥是北方的库页岛、西边的对马岛，以及南方的琉球群岛。换句话说，移居这个地区并不难。移民一拨一拨抵达，特别是约 3 万年前从东亚和东南亚，接着是约 14000 年前来自东北亚的移民。

我们难以确切地描述旧石器时代的生活，其主要原因是当时的海岸线目前大都深深地没入水中。当时的海岸活动可能比现存的内陆遗址所显示的多很多。

迄今浮现出来的图像，基本上是随着季节移动的一小群一小群的狩猎者和采集者。狩猎者的目标不仅有野猪、鹿，还有诸如象、野牛等大猎物，但在旧石器时代末期，这些猎物越来越少，原因是气候变暖和随着人口的增加而增多的狩猎活动。采集者则寻找各类浆果和坚果。

旧石器时代群体由几个大家庭构成，人口约 20—150 人。大家庭对于儿童的养育是很重要的，因为许多父母在30岁前就死了，许多孤儿需要成人之中较长寿者的保护。虽然人口不断增加，但可能从未超过2万人。

作为机动的猎人和采集者，大多数群体可能只有暂时的季节性住地。然而，在这一时代末期有些人群定居了下来。有了一定程度的专业化，并产生了交易。早在2万年前，黑曜石（用来制作工具的火山玻璃）就被用于交易，范围至少达150千米。几乎可以肯定，这是以水路运输，同时也显示船很早就已被使用。

重要的旧石器时代遗址包括宫城县高森、栃木县星野、长崎县福井洞穴、东京都调布市附近的野川、群马县岩宿，以及冲绳县港川。从港川挖出的生活在约17000年前、高155厘米的一具男性遗骸来判断，日本旧石器时代的人依现代标准似乎块头较小，类似东亚其他地区旧石器时代的人。

直至第二次世界大战后，日本考古学者一直倾向于依据《古事记》《日本书纪》等神话与史实混杂的古史来解释考古发现，史前史知识的建立因此受到阻碍。史前史知识目前正在增加，但仍有许多有待被发现。目前甚至仍不清楚最早居民是智人还是较早期的直立人。

1.3 石器时代的狩猎者与采集者：
绳文时代（约公元前13000年至公元前400年）

约公元前13000年，日本出现陶器。它们是世界上已知的最古老的陶器。它们也标志着绳文时代的开始，绳文的命名是因为陶器上大都印有绳子条纹的缘故。

陶器可能暗示着定居的生活方式。这一时期，定居的确有所增加，尤其是约公元前5000年以后。群体也扩大成为较大的部落社区。迄今为止发现的最大绳文村落是在青森县三内丸山，该村落从公元前3500

至约公元前5000年人口增至约10万人，至约公元前3000年，尽管气候变冷，人口仍然增加超过2倍，之后在本时代末再度回跌至约10万人。此外，到这一阶段，人口集中于北部与东北部，至于原因尚不清楚。

随着时间推移的其他广泛变迁包括对超自然的逐渐关注。这种关注带来更加流行的巫术、新的埋葬仪礼、日本北部神秘的石圈，以及似乎有超自然意义的小雕像。某些地方的蛇雕像暗示着蛇崇拜。

宗教仪式重要性的增加，带来了对仪式专业知识的需要。这也将有助于社会阶层的分化。部落酋长连同较有能力的狩猎者、生产者，明显比大多数人享有较高的地位。然而，关于绳文社会大抵是阶层社会还是平等社会，学者们仍有争论。

在绳文时代这么长的时期里，很可能有各式各样的群体从不同地点移民进入日本，某种程度上增加了种族多样化。陆桥的消失不意味着完全切断和大陆的关系。举例来说，有些人引进稻米。移民人数并不清楚，但可能不会很多，或至少体型不会很不一样，因为似乎有一种可认出的"绳文型"。

绳文人就整体来说被描述为身材矮小。专家们提供的身高数字彼此不同，引起了混淆，但一般来说绳文男性在本时代后期身高大约为157厘米，女性约148厘米。他们的身高与约公元前400年到来并开启新时代的弥生移民形成对比。弥生人大约比绳文人高3—4厘米，和20世纪初弥生人的现代日本人后裔没什么差别。①

除了身高相对矮小之外，绳文人体格健壮结实，他们有重骨骼、平腿骨及宽阔方脸。

事实上，绳文人很像今日北海道的阿伊努人。这并不令人惊奇，因为体质人类学者的研究已经证实阿伊努人无疑是绳文人的后裔。这使他们和其他主要岛屿的现代日本人不同，后者继承弥生人的成分较多。不过，这是一个程度问题，日本43%的男性带有与绳文人基因相

---

① 1900—2001年，20岁日本男性身高从160.9厘米大增至172.2厘米，20岁日本女性身高从147.9厘米增至159厘米。这些数据想必反映了饮食、卫生和一般生活条件的大幅改善。

关的Y染色体，在南部地区，这个数字是25%，在北部地区是60%。我们还不清楚他们究竟何时来到日本、究竟从何而来①，但是阿伊努人作为日本原住民确实拥有十分悠久的历史。

阿伊努人实际上是日本原住民。许多世纪以来，弥生人后裔的现代日本人（在本背景下成为大和日本人）对此总是加以否认，把阿伊努人边缘化，甚至予以忽视。尽管官方在20世纪90年代半正式地认可了阿伊努人的原住民地位，但是直到2008年6月6日，阿伊努人才完全在法律上获得正式的认可。

我们在阿伊努人身上看见绳文人是日本的起源，但绳文时代的日本距离形成一个民族仍很远。接下来的弥生时代将对日本国的形成有更大的贡献。

1.4　新的开端：弥生时代（约公元前400年至公元250年）

约公元前400年——根据一些学者的看法，或者可能甚至早至公元前1000年——外来移民强力入侵日本。

移民一拨接一拨从大陆抵达，他们在外形与文化上和绳文人相当不同。他们皮肤较白皙，身材较高，脸庞较窄。他们的文化包括青铜与铁等技术，也更加依赖稻作。

对于这批移民潮的性质、规模甚至动机、起源，学者们的意见极

---

① 从遗传学上看，这个问题十分复杂，有时还很混乱，还需要进行大量研究。从现在看，阿伊努人似乎与库页岛和堪察加半岛的尼夫赫人最为接近，但现在有人认为阿伊努人所属的单倍群D人群起源于大约50000年前的东非，他们沿着现在属于印度的海岸线向东进入东南亚，然后沿海岸线向北抵达西伯利亚。琉球人也属于这个人群，约30000年前，他们在琉球群岛和日本南部安家落户，绳文人／阿伊努人则很可能是在大约15000年后经由北边的一座大陆桥抵达日本的。清楚的是，尽管有高加索人的特征，可是从遗传学上看，阿伊努人并不像有人从前认为的那样是欧洲人。

为分歧。① 尽管确切情况不详，但清楚的是，新来者很可能最初抵达了九州西北部，并且彻底改变了日本的面貌。从遗传学上看，现代日本54%的男性和66%的女性显示出中国和朝鲜血统，这即是对这次移民潮的反映。在实物证据上，这个时期的朝鲜和中国手工制品均有发现。

1884年，东京弥生町首次发现一种无装饰、带红色的新型陶器，并认定它不同于绳文陶器，学者们就以"弥生"命名这个新时代。这个名称未能表达这个时代的活力，因为当时学者们还不了解该时代。

弥生时代总是被紧密地和稻作联系在一起。起初，学者以为稻作是由新移民带来的，但现在我们已知道那是过度简单化的说法。更早的时候，稻作已被引进。然而，在弥生时代稻作才被大规模地推广，特别是水田的种植，而且是在南部与西部，这清楚地反映了新来者的文化偏好。这将成为后来直至现今日本人的文化基础。

如青铜与铁的传播一样，稻作的传播反映出移民可能的移动。至公元1世纪左右，稻作从西南部相当迅速地传播至本州中部，但进一步向北传播则较缓慢。虽然稻作、青铜及铁从早期阶段就已存在于北部，但并未被大规模采用，而北部直至8世纪，甚至更晚仍停留在绳文阶段。简言之，北部与南部之间存在着巨大的文化差异——今日北海道阿伊努人的存在仍象征着该差异。

日本出产有限的金属矿，因此金属用具一般和高地位有关。然而，持有金属的"象征地位的物品"并不是当时社会愈来愈阶层化的唯一因素。如同大多数的农业发展一样，稻作引起社会内部资源基础的缩小，使社会精英较容易控制社会资源。稻作也导致较永久的定居、较广泛的领土确认，以及保卫且扩大边界的需要，特别是当人口增至约200万时。战争随之增加，持有金属武器加上有能力号召战士的人，他们的社会地位进一步提升。当然，部落之间战争愈来愈频繁，使得

---

① 例如，分歧意见之一是，有学者认为移民的数量很少，也有学者认为很可能有相当大数量的人群抵达日本。还有人曾经认为可能根本没有发生过真正的移民，可以用逐步进化来解释绳文人和弥生人之间的差异。然而，最近的遗传学研究，加上明显的身体差异，证实确实发生过移民。关于到达日本境内的移民究竟选择了哪条确切的路线，也存在一些分歧。但是大多数人认为他们是经过朝鲜到达日本的。然而，移民的起点究竟是朝鲜还是中国，尚不清楚。

各部落依据战斗胜负而排列等级。

在这愈来愈阶层化的世界,奴役很常见。低阶者在路上遇见高阶者时退至路旁并鞠躬让后者通过——这种习俗延至19世纪。阶层由头衔来区分,高阶男子有四五个妻子,较低阶的男子也有两三个妻子。

加速阶层化的另一个因素是财富,特别是经商带来的财富。有些部落够幸运,在他们的领地内有金属资源。有些部落因新技术的发展获利,例如约公元1世纪起在九州生产的丝绸。玻璃技术与冶金也有所发展。产品多样化导致交易增加,包括与大陆之间的交易以及列岛内的交易,而且每一个区域都有一个市场。爱知县朝日,就是一个这样的交易中心,它是迄今为止发现的弥生定居地遗址中最大的,占地约0.8平方千米,而典型的定居地介于0.02—0.28平方千米之间。

部落之间的战争、精英的出现及控制资源的竞争,导致政治化程度不断加深。许多部落首长与邻近的部落缔结同盟,组成了无数的小王国。

对于这些小王国的知识,如同我们对于弥生时代的了解,大都来自中国文献。有关日本的最早文字记载,从大约公元82年成书的《汉书》里可以找到。《汉书·地理志》提到由100个王国组成的倭地(早期中国史书称日本为"倭"),倭人定期携贡物来汉朝在朝鲜的领地乐浪郡(建立于公元前108年)朝贡。较详细的描述可以在公元297年成书的《三国志·魏书》里找到,《魏书·东夷传》也记载了当时的朝鲜、中国的东北地区。

《魏书》描写魏使臣在公元240年访倭地,对100个倭国中最强大的邪马台国描写得最为详细。邪马台国由一个未婚的巫术女王卑弥呼统治。她是一个在多年战争后获得权力、"事鬼道能惑众"的谜样人物。她定居在城堡里,由100名男子守卫,1000名婢女、1名男子服侍。她通过这名男侍和外界沟通。她关切灵界的事,把统治的行政事务交给其弟。

依照至少公元57年以来有些倭国统治者遵守的习惯,卑弥呼在238年派遣朝贡团来魏。结果,像那些倭国统治者一样,她的统治地位获得魏的承认。然而,和其他倭国统治者不一样的是,她似乎被承

图1-6 唐代宁波开往长崎的船只

有些学者认为，古之称日本为"倭"，是因为日本民族称"和"，"和"为"倭"的谐音字。又《新唐书·东夷传》中记载："咸亨元年，遣使贺平高丽。后稍习夏音，恶倭名，更号'日本'。使者自言国近日所出，以为名。或云日本乃小国，为倭所并，故冒其号。使者不以情，故疑焉。"这里说的是，倭国派到中国的使者略懂"夏音"（汉语）之后，发觉"倭"的含义不好，此后就改称"日本"了。如前所述，中国古人称日本为"倭"，原本只是"和"的音译，本身并无贬义，所以，以其"恶"的说法似难为信。倒是唐人张守节《史记正义》中记载："武后改倭国为日本国。"（《史记·五帝本纪》张守节《正义》）依此一说，倭国似是遵照唐代女皇武则天的意见才改国名为日本的。现在看来，要辨清日本国名的由来还有待来日。

认为整个倭地的统治者，而不仅是倭地之中一个王国的统治者而已。她也获得魏帝赠送的礼物，包括衣料、珠宝及镜子。她送给魏帝的礼物包括奴隶、衣料及朱砂。

依据《倭人传》，卑弥呼死于248年，享年65岁，下葬时有100名奴婢陪葬。她死后立一名男性为王，但民众拒绝服从，邪马台国陷于大乱，统治者重新协议，立卑弥呼宗女，13岁的壹与为王，国渐安定。

图 1-7 "汉倭奴国王"金印

《后汉书》中曾提及来自九州西北部的倭奴国使臣来汉朝朝贡之事。公元57年，光武帝颁给倭奴国使臣的"汉倭奴国王"金印，1784年在福冈县被发现，学者普遍认为该印是真的。

邪马台国是当时日本的权力中心，其他大多数倭国都效忠它。邪马台国究竟位于何处，一直是学者争论的焦点。对《倭人传》的描述有极为不同的解释。大多数学者认为，邪马台（Yamatai）就是几百年后在奈良盆地出现的日本第一个国家大和（Yamato）朝廷，但有些学者则认为邪马台国位于北九州。

《魏书》与其他中国文献有关倭地的描述，乃是弥生时代与较早时代之间的一大差别——从史前史转变成有文字记载的历史。

这个时代本身是短时期内发生巨变的时代。这一时期，人们从狩猎者、采集者变成耕种者，使用的工具从石器变成金属工具。居所固定，社会明显阶层化。这些变革是社会、政治统一体成为国家的经济、技术基础。

1.5 古代国家出现：古坟 / 大和时代（约250年至710年）

卑弥呼女王下葬时有100名奴婢陪葬，显然需要一个大坟——依据《魏书》，大坟直径100步。这将为此后几世纪开创新风气。当社会更加阶层化之际，统治者想在其生命结束后继续夸示其地位。如古代埃及

图1-8 埴轮

的金字塔那样,巨坟被建立起来。以日本来说,它们通常是平地隆起的大坟,周围环绕着被称为"埴轮"的中空的黏土小雕像。

埴轮有点神秘,但似乎是墓碑与象征地位的物品的组合。坟墓内也有物品,可能是供来世用的。这些物品中有许多是象征地位的物品,但它们并非都是用来夸示的。坟墓里还有大量武器,统治精英们无疑拥有在必要时用武力维持其地位的能力。

古坟是这一时期适宜的物质象征。然而,这一时期最重要的特色是大和国家的出现,大和国家命名是因其权力据点设在奈良盆地大和之故。

大和的卓越成就构成《古事记》与《日本书纪》叙事的要点。我们先前得知,除了以谈判方式胜过以出云作为权力据点的对手之外,这两本史书并未透露太多的实际过程,日期也不可靠。现在大多数学者相信,第一位可证实的天皇是崇神。《日本书纪》记载,崇神是第十任天皇,死于公元30年,而《古事记》的记载是公元258年。事实上,318年似乎最可能。

有人认为,崇神可能是4世纪来自朝鲜的一群骑马民族入侵者的领导人，而建立大和国家的就是这些骑马入侵者。① 古代日本至少有一部分受制于朝鲜，这种情况并非不可能，因为即便崇神自己不是朝鲜人，即便来自朝鲜半岛或经由朝鲜半岛抵达的骑马民族没有真正征服日本，日本与百济、高句丽等朝鲜半岛诸国之间确实存在很强的联系，而且也存在遗传学上的联系，贵族阶层和统治阶层中间亦是如此（例如，即将提到的苏我氏和圣德太子）。

不论由朝鲜人或日本人建立，还是由二者共同建立，大和氏族逐步增加其权力和权威。在这方面，他们不仅采用单纯的军事对抗，而且极度依赖谈判与说服，无疑也使用威胁与高压。他们偏爱的方法似乎是吸收那些在弥生时代已建立地盘的地方首领，在大和国家里给他们官位。大和朝廷使用官阶与头衔，让那些可能制造麻烦的原本是独立地方政权的人在皇室体制中有个人地位。

可能的话，与其直接面对强大的威胁，毋宁加以吸收；与其单纯地尝试摧毁潜在对手的力量，不如借用其力量；这样的策略在今日日本仍普遍为人们所偏爱。在日本史的早期阶段这一策略就已被确认，可见这一传统源远流长。

在有地位意识的时代，大和朝廷有必要颁授官阶与头衔给其吸收的地方首领。大和行政体系是高度阶层化的。豪族皆有氏姓，氏表示血统，姓则显示身份的高贵，各氏之姓，皆为世袭。物资与服务的供应由被称为"伴"或"部"的职业团体来做，他们中许多人是朝鲜移民。最下层人是奴婢。高度阶层化是日本人偏好的一个特色。

确切日期仍不清楚，4—5世纪期间，大和权威可能不是绝对的，而是在氏族同盟之中处于"对等者之间的首位"。然而，至6世纪早期，大和皇室似乎已崛起为唯一占优势的家系。从这时起，出云地区的统治者开始向大和统治者纳贡。

---

① "骑马民族"理论最先在20世纪40年代晚期由史学家江上波夫提出，现在已有若干衍生理论。最近几年，Wontack Hong 提出另一衍生理论，认为百济国王入侵日本，导致360年大和国家的统一。"骑马民族"理论未受到广泛支持，但也未完全被否定。一方面，对于在日本发现的大量与马有关的海外制造的物品，目前尚无其他令人信服的解释。另一方面，令人吃惊的是，《古事记》与《日本书纪》提及马的次数不多。

第一章　从石器时代至建国：神话、史前史、古代史（至710年）

图1-9　前方后圆的日本天皇墓

图1-10　古市古坟群

下面这首据说是雄略天皇（456—479年在位）写的诗，诗中透露了他对建国的感受：

> 伊人挽篮，篮何盈盈。
> 伊人携铲，铲何纤纤。
> 采药山沿，玉人翩翩。
> 趋近相问，家住何方？是何芳名？
> 朕有大和地，广土至天际；
> 朕有大和地，众民皆我御。
> 欲知家与名，且听朕一言。

大和国家很快便以接受并促进佛教的方式巩固了其地位。大和国家内特别强大的苏我氏尤其支持佛教。像当时许多贵族家族一样，苏我氏是朝鲜人后裔，他们可能感觉，比起土著，他们和佛教的关系较密切。佛教在6世纪中叶从朝鲜半岛被引进，特别是由百济王国的僧侣学者所引进。100年前将文字引进日本的也是百济学者，他们对后来佛教的输入大有帮助。①

苏我氏开始依靠联姻等手段控制皇室，他们把佛教视为发展国教的手段，以巩固其政治控制。毋庸置疑，从用明天皇（585—587年在位）开始，他们说服了皇室接受佛教。

皇室本身也认为佛教在政治上非常有用，佛教能把这个新国家团结起来。皇室接受佛教也意味着，佛教的传播有助于皇室权威被人民接受。此外，很重要地，佛教给这个刚崛起的国家以某种程度的中国式威严与文明。日本很想被别国认真看待。这不只是为了阻止可能的进一步入侵，而是做到最好、成为强国的衷心愿望。为了达到这一目的，日本迅速吸收中国文化，直至最后自觉已经超越中国，没有其他东西

---

① 百济学者能书写汉文（谚文是后来的发明）。日人将汉字予以简化，作为书写日文的表音文字，是经过几百年的逐渐演进才完成的。从很早期起，日本就不乏能读写汉文的人。然而，有系统地将汉文引进日本乃是5世纪百济学者的功劳。

可学了。在此，我们再度看见日本人愿意去学习、模仿，然后吸收他人长处的一个早期例子。

在日本古坟时代的大部分时期，中国并不是处于最强大的状态。事实上，在220年汉末与618年唐朝建立之间中国朝代更迭频繁，处于极度混乱状态。在古坟时代的一段时间里，中国分裂成魏、蜀、吴三个政权。

朝鲜半岛通常是日本接触"外国"最近的地点，300—668年间也处于三国鼎立的时代——南部的百济与新罗、北部的高句丽。夹在百济与新罗之间还有一个叫作任那的小地方，是由大约6个部落或小王国组成的。《日本书纪》将任那视为日本的殖民地，但这是不太可能的。《日本书纪》记载，4世纪时神功皇后入侵新罗，这同样也不太可能。日本与朝鲜半岛这些王国的关系，不确定的地方很多，但日本与任那、百济的关系通常是良好、有益的。日本不仅因文字与佛教的传入获益，也因铁矿的输入而获益。

日本与新罗的关系并不友好，当新罗从6世纪中叶起在朝鲜半岛强大起来后，日本在半岛的活动也随之衰退。大约100年后，百济岌岌可危，663年，百济的统治者请求日本帮助抵抗新罗和唐朝联军的进攻。日本立刻响应，派出一支约800艘船组成的大型船队，然而尽管数量惊人，却因为糟糕的战术和船只（对于一个岛国而言，后者让人十分吃惊）在白村江口遭遇惨败，此次战役被称为白村江之役。[①]然后，新罗继续在朝鲜半岛上巩固势力，几年后统一了三国。幸运的是，对于大和新统治者，新罗似乎对乘胜追击入侵日本不感兴趣，但日本的确采取了预防措施，在北九州建立防御工事大宰府。大宰府在后来的几世纪将成为一个重要中心。

用明天皇的次子圣德太子（574—622）有一半血统来自苏我氏，他特别热衷于吸收中国文化。从594年至622年，圣德太子担任推古女王（593—628年在位）的摄政，他可能是这个时期最著名的人物。

---

① 有学者认为，相对于中国船只而言，14世纪之前的日本船只很简陋，并不十分适合海上航行。

他不仅大肆建造佛寺，对推广佛教有莫大贡献，并且热衷于吸收中国的东西。他也曾重新派遣使团前往那时已统一全中国的隋朝，并制定中国式的冠位十二阶。后者由名称可知，是以帽子来显示官阶的制度。

604年，圣德拟定旨在集权中央的《宪法十七条》。《宪法十七条》有浓厚的中国味，尤其是其儒学思想。虽然被视为宪法，然而，它大体上是给官员用的指南，特别强调和谐并效忠因神授而合法的皇室权威。宪法第一条开头引用孔子的话"以和为贵"，第八条开头为"朝臣上朝早，退朝晚"，从这两条我们能够稍微窥知这一宪法的性质。

苏我氏是早期大和朝廷的一大势力，常常能操纵皇室。然而，645年，苏我氏在藤原镰足（614—699）领导的政变中被推翻。此后的几个世纪藤原氏将支配日本宫廷，但他们未改变苏我氏对中国事物的提倡。645年起，镰足和中大兄皇子（未来的天智天皇，661—671年在位）一起推行了基于唐朝中央政府模式的一系列的野心改革，史称"大化革新"。

其中，一项重要的改革是土地国有，此后田地由政府分配。每6年班田一次，自由的成年男子获得大约1214平方米，成年女子获得约809平方米。其他改革包括用生产物纳税、服劳役、改位阶，并且一改过去迁都的习惯，在难波（大阪）建立永久首都（实际上这个首都仅持续了几年）。此外，政府下令调查并登记土地与人口。政府检查税收，监督地方官员，以杜绝贪污。未经授权的武器被没收。

中国式律令被制定，以配合改革。律令强调天皇权威，也就是强调中央集权；律令也整顿官僚制，使其合理化。律是刑法，令是国家组织法、行政法、民法。在8世纪期间，虽然律令执行未能始终如人所愿，但由大约400名官员组成的小团体用律令控制了约500万人的国家。

弥生末期人口大概为200万—300万人，大和时代人口则显著增长。虽然相对于中国的6000多万人远较为少，7世纪末日本有约500万的人口，和当时欧洲国家人口比起来仍是一个大数字。

人口增长似乎是以波浪状推进的。出生率高，死亡率也高，尤其

第一章 从石器时代至建国：神话、史前史、古代史（至710年）

是婴儿，其主要因素是通过和大陆广泛接触而带来的传染病，诸如天花，而岛国的日本人对这些传染病只有些许的免疫力，甚至没有。对于天花的免疫要等将近1000年后。

人民面对疾病摧残所感受的无助感，可以从诗人山上忆良（约660—733）的诗中窥知一二。忆良出身卑贱，但后来升任下级官吏，是近代以前歌咏日常生活的少数诗人之一。他歌咏的主题包括其他诗人所回避的东西，如疾病、贫穷等。此外，他是一个真正爱家的男人，是日本史上记载的少数公开提早离开宴会以便回家和家人共处的官员之一。他在《离宴》诗中写道，他要离宴，因为妻子在等他，孩子可能在哭泣。因此，他的作品是当时实际生活的珍贵史料。以下是他为自己早夭的儿子古日所做的诗：

> 世人爱七宝，于我若无物；
> 天赐宁馨儿，古日胜明珠；
> 天明犹恋床，嬉戏至日升；
> 星夜同赴眠，娇呼共衾枕。
> 腻语乞爹娘，容儿卧中间；
> 并躺成三茎，月桂枝相连。
> 世道艰何似，抚育忍苦辛；
> 同舟共一渡，喜见秧苗欣。
> 未料命多磨，烈风摧扁舟；
> 病魔来相缠，群医皆束手。
> 白麻披吾袖，执镜仰吾首；
> 上祈天庭神，俯面祷地叟。
> 呼天复抢地，勿夺吾所爱；
> 生死掌七权，慈悲悯我哀。
> 奈何形愈消，日见言语少；
> 朝夕复朝夕，奄奄赴阴曹。
> 呆立如枯木，顿足复跺脚；
> 仆地翻似草，捶胸迸哀号。

怀抱吾儿身，犹似在襁褓；
悠悠魂魄散，天地恨不老。

虽然生活对于一般人相当不容易，但大和国家已经形成了，日本国形成了。处于国家层次的社会通常有下列特征：有效的统合、社会阶层化与分化，权力透过军队、刑法及国家组织法予以合法化，统治者靠成文法的协助来统治。这些要求在古坟时代结束时都已具备了。"日本"（日出之处）的名称也在这一时代结束时开始被使用。

当然，这并不意味着每个人都承认这个国家，因为那些地理上远离大和权力据点的人，在未来的几百年里继续视他们自己是独立的（当时诸如北海道、冲绳等地尚非日本领土）。然而，至少这个体制已形成。

皇室不断巩固其权力，因为在这一时期末天武天皇已编纂《古事记》和《日本书纪》。根据这两本史书，皇室是神的后裔，皇室借此使其权力合法化。事实上，日本皇室就是这样巩固了权力，他们至今仍存在，是世界上最长久的皇室家系。

令人感到奇怪的是，一个正式信奉佛教的皇室，竟通过神道的神祇把自己合法化，但这只是日本人务实的另一个例子。直至今日，日本人继续如此对待宗教，在这儿信奉某宗教，在那儿信奉另一种宗教。如同避免做出善恶的道德判断一样（在他国文化中通常依据宗教价值），这种"务实的笃信"明显地有其深远根源。

◆ 本章综述 ◆

在第一章里，我们已看见日本文明从石器时代狩猎者和采集者的原始地，发展至复杂的以朝廷作为中心的国家。从约公元前400年至约公元700年的1000多年，被视为特别重要的时期，因为这一时期涵盖表1–1所列出的重要发展。

许多事情仍不清楚，诸如弥生移民的性质与规模。然而，有关古代日本的知识正在增加中，许多以前的假说现在被认定是不正确的。

第一章　从石器时代至建国：神话、史前史、古代史（至710年）

学者们现在已承认日本古代史内容多样、有变化，但也有延续的成分。世界上最长久的皇室家系——大和皇室家系的建立，在以后各个历史时期延续不断，直到今日。某些政策与偏好，诸如向他人学习以增强自己实力的欲望，避免做出善恶的判断，也对今日日本人的行为有重大影响。这些政策与行为类型基于表1-2列出的价值与做法。

表1-1　约公元前400年至约公元700年的主要发展

发展	大约时期
从狩猎、采集转变至相对稳定，以稻米为中心	公元前400年—公元元年
移民从大陆抵达	公元前400年
金属的引进	公元前400年
王国的出现	公元元年
社会阶层化的建立	公元元年起
持续和大陆文化接触	公元50年起
大和国家的出现	公元250—500年
文字的引进	公元450年
佛教传入	公元550年
采纳中国的政治、法律、行政制度	公元600—700年
杜撰皇室是神祇后裔的神话，将大和统治合法化	公元700年

表1-2　古代时期的主要价值与做法

- 避免就善恶做出道德判断
- 行为与其基于普遍原则，毋宁看情况而务实
- 吸收有潜在威胁的对手
- 吸收他人的长处
- 希望将日本建设为强大、受人尊敬的国家
- 学习的意愿
- 对阶级、阶层化的偏好
- 对宗教的务实态度

29

第二章

朝臣与武士：古代与中世史（710—1600年）

图2-1 姬路城堡

　　姬路城堡是日本现存不多的城堡中最大、最典雅的一座。它主要由德川家康兴建，代表日本历史上战国合战的动荡时代。

中世纪后期的日本

1582年织田信长征服的领地
丰臣秀吉统一日本进军路线
实行大阁土地调查政策的区域
陆
出
羽
能代
秋田
酒田
大崎
奥
1590年
平定陆奥
佐渡岛
越
后
能
登
越
中
金泽
加
贺
越
前
飞
驒
信
浓
上
野
下
野
宇都宫
常
陆
武
藏
1590年
平定小田原
甲
斐
江户
镰仓
骏
河
伊
豆
府中
远
江
三
河
丰田
尾
张
美
浓
关原
岐阜
近
江
伊
势
京都
丹
后
但
马
因
幡
播
磨
备
前
备
中
备
后
出
云
出云
石
见
滨田
安
艺
广岛
长门
周
防
1582年
平定中国
大阪
奈良
大
和
纪
伊
1585年
平定纪伊
阿波
土
佐
伊
豫
1585年
平定四国
对马岛
对马海峡
名岛
中津
丰
前
丰
后
肥
前
久留米
肥
后
长崎
宇土
1587年
平定九州
日
向
萨
摩
大
隅
鹿儿岛

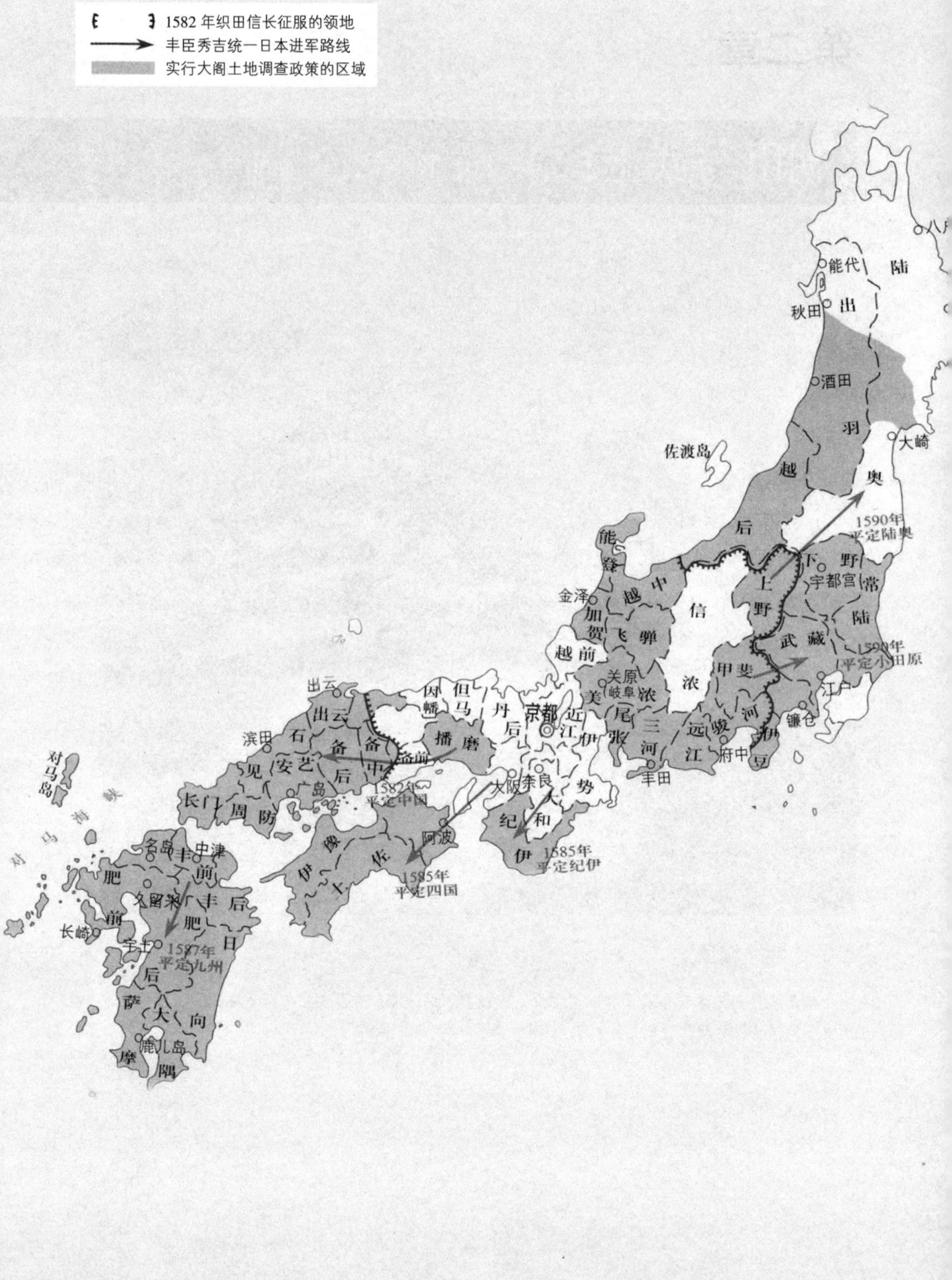

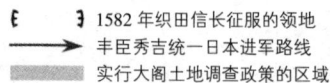

2.1 有限度地向中国人学习:奈良时代(710—794年)

大和国家需要首都。若没首都,其中央集权体系将没有真正的核心。在大和时代的最后几个阶段,政府几次企图建立永久首都,但都因不同的原因而失败,例如,675年在难波(今日大阪)与694年在藤原(奈良南方)。

然后,710年,首都迁往平城,即今日的奈良。平城仿唐朝首都长安建造,两者都是格子长方形,但平城面积为20平方千米,大约仅及长安城的1/4。

在不到100年内,首都再度迁移,平城经证明不是所期盼的永久首都。虽然如此,但平城仍象征了日本努力向中国学习的高度。我们不仅从都市设计,也从诸如东大寺等壮丽建筑物及其巨大的青铜佛雕像,看出中国物质文明对它的影响。东大寺是当今世界最大的木造建筑物。广义而言,奈良时代也许短暂,但它最清楚地显示了律令制与其他受到中国启发之政治、法制改革的作用。

奈良时代,汉文写作产生日本最早的真正图书——《古事记》在712年出现,《日本书纪》在720年出现。不久之后,最早的诗集产生——《怀风藻》在751年问世,《万叶集》在759年问世。某些文件甚至运用印刷术——另一项中国的影响。①

然而,对中国事物的尊敬并未导致不加区别的模仿。日本人常常对输入的事物加以修饰。举例来说,圣德太子引进的位阶制,理论上(如同在中国)应基于能力而非家世。然而,实际上,特别在奈良时代,日本官僚制的阶级与职位很快便由世袭的家族地位而不再由能力

---

① 事实上,约770年,奈良朝廷印刷的佛教符咒,是世界上现存最古老的印刷品之一。

图 2-2 东征传绘卷——遣唐使遇海难

决定。这就是说,中国官僚世界凭借考试的唯才主义,对于日本人并不太称心。鉴于今日日本考试的重要作用,这是令人意外的,但从精英阶层欲确保控制与稳定的观点来看,这是可以理解的。

虽然以汉字做基础,《古事记》,尤其《万叶集》,已显示出独特的日本书写体系的雏形。法律也相应做了重大修改,例如,相对于中国,刑罚在道德上宽容的日本较为宽大。土地分配制度也不同,在日本分配土地时男女都有份,而唐朝分配土地女性根本没有。

我提及中国皇帝时故意用阳性代词,因为中国人偏好皇帝由男性担任。这是日本未加修改的一项中国习俗。虽然在很早时期日本有多达六位女皇,但从770年起至今只有两位女性登上皇位,两人都短暂在位且只是名义上的君主。①

当然,生活不受朝廷的限制。尽管各方面大有发展,但老百姓仍饱受苦难与饥饿。例如,730年的一份文件记载着安房村(在今千叶县)的414户之中,至少412户人家生活仅够糊口。另一份文件记载,在今日福井县的一所村落,1019户中仅有996户生活够糊口。

---

① 这两位女天皇是明正(1630—1643年在位)与后樱町(1762—1770年在位)。她们在位的时期都是天皇职位由幕府将军控制的时期。

第二章 朝臣与武士：古代与中世史（710—1600年）

图2-3 再造遣唐使船

　　从公元7世纪初至9世纪末两个多世纪里，日本为了学习中国文化，向唐朝先后派出十几次遣唐使团。其次数之多、规模之大、时间之久、内容之丰富，可谓中日文化交流史上的空前盛举。遣唐使对推动日本社会的发展和促进中日友好交流做出了巨大贡献，成为中日文化交流的第一次高潮。

　　"遣唐使船再造计划"是由日本民间发起的纪念中日友好、庆祝上海世博的友好活动。船体按日本古代遣唐使船的1∶1比例设计制造，朱红色的凤型船头，红白相间的木质船身，富有浓郁日本古典建筑特点的船舱设计，让人仿佛置身千年之前。遣唐使船停靠博多港期间，众多福冈市民前来登船参观。

　　被开垦为稻田的土地仅约7300平方千米，因此没有足够的农田分配，政府的分田机构无法长期适当运作。而农业技术缺乏效率，这意味着土地开垦与利用存在许多缺失。甚至许多已开垦的土地很快便荒芜了。

　　农民也苦于重税负担，这大都是由异常热心佛教的圣武天皇（724—749年在位）引起的。他不仅在首都建造东大寺，也分别在各地方（当时的地方单位称为"国"）建造国分寺，都是花费巨资建造的。他热心佛教的原因之一是，人民在735—737年天花传染病流行时，遭受大难。这次瘟疫毁灭了若干区域的人口，全国总人口减少了约1/3。

35

圣武感觉他本人必须为自己任内的这场瘟疫、若干次饥荒及其他灾难负起责任，因此他虔诚地转向佛教求助。

饥荒发生时，政府时有救济，而且在诸如天花传染病流行等特别严重的灾难中，甚至对农民免税。743年修正的一项法律，允许垦地农民的家族永久拥有该农地，政府借此鼓励农民垦地。当时土地愈来愈倾向恢复私有制，这项法律修正是重要的一环。

然而，一般而言，对于占当时总人口95%的农民来说，税负愈来愈重。由于愈来愈多宗教机构与贵族家庭不必纳土地税，纳税负担便愈来愈多地转移到农民身上。在收成不佳与重税压力下，许多农民干脆离开土地，到免税的寺院与贵族私人庄园工作，并接受这些豪族的保护。但事实上，庄园生活对他们不一定更好。这些地主可以向那些在他们的庄园中耕作的农民抽税，而有些地主比政府还要无情。

关切社会的《万叶集》诗人山上忆良的诗大都是在奈良时代早期完成的，我们借着他的诗多少能了解当时百姓的生活。其中一首诗《贫穷问答歌》，记录了一名贫穷男子与一名更贫穷男子之间的对话。后者的对话如下：

> 人说天地宽，于我如立锥；
> 人说日月明，于我似长黑。
> 众生皆平等，何我独困顿？
> 出生不由我，奈何逊他人！
> 裸袖衣无棉，垂肩如乱藻；
> 屋破宿雨漏，墙倾似欲倒。
> 夜眠稻草堆，父母挤一枕；
> 妻儿横脚底，脸上有泪痕。
> 厨下无烟火，锅中蛛结网；
> 粒米无可炊，寒鸦徒自伤。
> 又逢村保来，挥鞭复咆哮；
> 催租声声急，天色已破晓。

> 有道是：短木偏作两头切。
> 世道岂真这般糟？

忆良其他的诗让我们进一步洞察当时的日常生活，诸如疾病的流行、生命无常的佛教观。他的一个令人吃惊的发现是，人们对老人普遍缺乏尊敬。作为一位年长的儒者，忆良对偏离儒家原则尤其敏感——这样的偏离再度显示日本人采纳中国事物是有其限度的。在他写的《生命无常哀歌》诗中，他哀叹青春逝去、老年到来及老年生活：

> 腰际缠家当，
> 蹒跚沿路行，
> 嘲此复恨彼，
> 世路皆如此。

然而，那个时代的最大受害者可能是中央政府，它的总税收额逐步减少。豪族庄园愈来愈独立，也损害了百姓对中央权威的尊敬。到了本时代末期，中央政府权威已衰微，这无疑也因宫廷派系之间的倾轧而加剧。这是出人意料的，因为这一时期是律令制全盛期，律令制原本旨在将皇室权威传播至全国各地。

2.2 朝廷兴亡：平安时代（794—1185年）

桓武天皇（781—806年在位）在平城特别不愉快，784年，他决定再度迁都。没有人确切知道他何以要迁都。势力强大的佛寺愈来愈多，这可能使他感觉在平城很压抑。或者，既然那些年头有那么多灾难，他可能认为平城不吉利。无论如何，他匆匆忙忙地离开了。

犹豫几年后，794年，新首都终于在平安建立起来了，位于平城以北不远处，即今日的京都。和平城京一样，平安京也是仿中国式格

图 2-4 奈良

2010年10月,日本奈良县政府在举行"平城迁都1300周年"主庆典活动期间,举办梁思成铜像落成揭幕典礼。1944年,盟军对日本本土实施了大规模地毯式轰炸,时任"战区文物保护委员会"副主任的梁思成建议盟军不要轰炸京都和奈良,千年古都得以保全。他也因此被誉为"古都的恩人"。

对于梁思成先生这样一个中国学者为什么要保护敌国的古建筑,盟军司令部大为不解。对此,梁思成解释说:"要是从我个人感情出发,我是恨不得炸沉日本的。但建筑绝不是某一民族的,而是全人类文明的结晶。像奈良的唐招提寺,是全世界最早的木结构建筑之一,一旦炸毁,是无法补救的。"

子长方形模式建造的。和平城不一样的是,平安京做首都超过1000年。

在平安京,朝廷在许多方面都达到顶点。在宫廷的优雅、艺术追求及仪礼方面,平安朝可匹敌世界任何时代、任何地方的宫廷。然而,宫廷愈是优雅,它愈与现实脱节,而朝廷为此付出了巨大代价。

平安朝产生了华丽的古代文学,对世界文学做出了巨大贡献。例如,约1004年,宫廷仕女紫式部写下世界第一部长篇小说《源氏物语》(源氏王子的故事)。全书超过1000页,字里行间透露出绝等优雅的宫廷生活:

第二章　朝臣与武士：古代与中世史（710—1600年）

图 2-5　《源氏物语》绘卷——朝颜

　　三月廿余日，春之殿里的情形，花色花香似较往年为盛，鸟音宛转，也显得格外悦耳动听，真叫人奇怪：难道这里的春天还不过去吗？园中假山的树丛啦，池中的小岛啦，还有那苍翠的苔痕等等，若只是远眺，怕不足以满足年轻人，遂令人急急备妥早先已修造好的唐式小船。当其下水之日，特召来雅乐队，使鸣奏舟歌。亲王公卿，前来参观者甚众。①

　　王子们与朝臣们没多少其他事可做。到了这一阶段，朝廷已失去其真正的政府功能，反而忙于娱乐活动。贵族们争论花卉或贝壳的价值，或曲水流觞，或作雅诗。他们的注意力不集中于国务，而集中于

---

① 林文月译《源氏物语》第二册，译林出版社，2011年，第179页。——译者注

得体的礼节、适当的服饰和完美的语句。

同时，现实世界里地方武士愈来愈强大，在中央政府逐渐失去权力时，他们的权力则逐日增加。

权力结构变化背后的一个主因，是私有庄园的持续增加。至10世纪，班田制已停止实施，而至本时代末期全国土地约半数由私人拥有。这些私有庄园大都免纳税，这意味着政府税收将大为减少。

私有地可以由包括购买在内的若干方式获得，但最重要的方式是垦荒。实际上，有势力的家族因为开辟荒地而更加强大，因为通常只有他们才拥有获得工具与雇用必要劳工的资金。甚至那些设法以垦地方式获得土地的小地主，往往把土地捐献给能保护他们的有势力的家族。

我们有必要谨慎使用"有势力的"（powerful）这一词语，因为在日本长久以来名义上的权力（权威）与实权之间存在区别。首都的大贵族家庭可能有足够财富与"权力"动员资源垦地，但这不意味着他们有实权维持对土地的实际控制。实权较有可能由地方小贵族拥有，诸如那些被任命管理庄园的庄官。

地方大庄园的拥有者一般在朝廷，很少去庄园。庄园实际控制在庄官手中，这种不在地主制成为标准常规，愈至后期愈是如此。所有权与控制权的分离，乃是地方武士兴起与中央贵族没落的另一个原因。

后来，甚至朝廷任命的国司（地方首长）也派心腹到自己负责的地方去。如此，朝廷愈来愈与地方事务疏离，而中央对人民与土地的控制就更加削弱了。

情况不单纯是朝廷相对于地方逐渐失去权力。在朝廷内部，天皇也失去了他的大部分权力。这有两个主要原因。

第一个原因是摄政的起用。在平安时代大部分时期里，控制朝廷、非常有影响力的藤原家族，把摄政制带至极端。藤原家族惯常把女儿嫁给皇室，获得外戚地位。858年，藤原良房（804—872）安排他7岁的外孙即位，随即自称摄政。尽管皇室偶尔反抗，藤原氏出任摄政的常规在良房之后仍旧继续，直到11世纪晚期。天皇的母亲大都是藤原氏。藤原家族的一个著名成员，藤原道长（966—1028）有四个女儿嫁给天皇。

第二个原因是天皇逊位早。和藤原摄政所使用的策略一样，年少者被扶持即位，但天皇不是被摄政操纵，而是被太上皇操纵。这被称为"院政"，在较早时期偶尔出现，但从11世纪晚期起变得很常见。太上皇利用院政，对抗藤原家族对朝廷的控制，例如白河太上皇（1053—1129，1073—1087年在位）。

摄政与院政的实施，加上其他许多权力角逐与宫廷倾轧，不可避免地对中央政府的凝聚力与威信造成伤害，并且进一步削弱了中央对国家的控制。

朝廷与中央政府衰微的同时，对中国事物的兴趣也随之衰微。在本时代下半期开始很久后，对于男性贵族，汉文流利仍是地位的象征，但到本时代末期，汉文已属于古典教育。当时的日本人想到中国时，他们想到的是以前的中国，不是同时代的中国。当时，中国也处于朝代衰微期，唐朝已于907年灭亡。遣唐使已于9世纪停止派遣，此后几百年日本不再派使节团赴中国。有学者认为，日本在这一阶段已没什么好向中国学习的了。

当中国影响力衰退时，国风文化更清楚地浮现出来。汉字被改为假名文字，这得归功于贵族妇女，因为男性贵族不希望她们用汉文写作。和风绘画出现。和风诗歌也出现了，相对于华丽、丰富的汉诗，和歌的特色是轻描淡写和暗示。

独特的审美价值也出现了，诸如"滑稽"（おかし，okashi）与"物哀"（物の哀れ，mono no aware），这是在今日日本仍存在的审美价值。"滑稽"意指不寻常且通常有趣的事，常常是相当琐碎的事，诸如违反礼节。"物哀"意指人生美好但苦短，通常由自然的象征来表达。这种审美价值也在其他地方被发现，诸如拉丁文术语 lacrimae rerum（物之泪），但在日本特别盛行。"物哀"一词在《源氏物语》中出现1000多次，但其情趣或许由9世纪女诗人小野小町的一首诗最能表达出来：

花谢了
我在虚度中老去

> 看着雨
> 花谢了

滑稽与物哀所代表的人生态度，似乎反映佛教的影响，尤其是末法。末法预测世界末日，这是人生虚空的终极证据。末法时代被预期从平安时代后半期开始，而这样的预感并不仅限于朝廷内。末法时代即将来临的预感，弥漫全国大多数地区。

当然，朝廷里的许多大贵族似乎过着虚空的生活，但那些被派去地方任庄官的小贵族或其他有势力的地方领导人，则不一定如此。他们关切如何获得实权，这显示出他们较现实的人生态度。事实上，这些小贵族常常是藤原氏或皇室分支的头目，包括皇室分支的源氏与平氏。由于被剥夺皇位继承权，他们往往对中央贵族怀有怨恨。

由于皇室后代繁衍引起财政窘迫及王位继承的困难，远亲实际上被排除于皇室系谱之外。从814年起，这一做法甚至波及皇室子女，因为嵯峨天皇（809—823年在位）有多达50个子女。这些子女中有33人被授予"源"姓，而此后所有被排除于皇室系谱之外的皇室成员，不是被赐"源"姓就是被赐"平"姓。

他们被允许组织武装卫士团，卫士本身往往也是贵族后裔。武装卫士称为"武士"或"侍"（samurai），他们借着结盟逐渐强大。最后，他们强大到足以干预朝廷事务。

他们对朝廷事务的干预，终于导致中央政府的崩溃。1156年，全盛时期虽然已过去，但仍有影响力的藤原氏，与其内部对手争夺朝廷控制权。他们争取地方对立武士集团平氏与源氏的协助。平氏由平清盛（1118—1181）领导，据点在西边的濑户内海地区。源氏由源为义（1096—1156）领导，据点在东边的关东地区。

在武斗中，平氏集团获胜，原因之一是源氏阵营发生内讧。为义被处死。清盛这时开始在首都巩固势力，或许他还不完全是最高统治者，但权势极强大。

然而，平氏阵营也分裂了。平氏阵营事实上包括一名源氏成员，

图 2-6 《平治物语》——火烧三条殿

平治元年（公元 1159 年）发生源义朝与平清盛之争，《平治物语》以文学的形式描写了这场内乱的始末。

为义的长子源义朝（1123—1160）。义朝被许多人视为是平氏战胜其父的主要功臣，但他觉得获得的奖赏不够多。结果，1159 年，他在首都攻击平氏武士团，但战败后被清盛杀死。

不管确切细节如何，不久之后发生的事将是日本史的一个转折点。

据记载，清盛似乎偏好女色，尤其是对义朝之妾常盘御前。据说他强迫她委身给他，否则将杀死她和义朝生的三个小孩。她屈服了。清盛的继母池禅尼似乎也曾为义朝的小孩（总共六人）恳求清盛手下留情。

不管事件的解释对不对，清盛饶了这六个小孩的性命确是事实。[①] 他这个人无情，没想到会有这样的仁慈举动。按照当时的标准也是异常的，因为铲除落败的对手的家族是常规，甚至被法律所认可。

[①] 学者之间对于清盛赦免义朝后代的事实真相意见分歧。例如，J. R. Cholley 支持"威胁"理论。M. Shinoda 不支持，但承认平清盛赦免六个小孩似乎难以解释。R. Maison and G. Caiger 认为清盛只是受到常盘御前的吸引，因此有可能御前主动给清盛做妾。无论如何，所有的专家都认为清盛做了一个致命的决定。

图2-7 源义经

　　作为日本传统的悲剧人物，源义经的生死成为很多传说的起点。早在江户时代，即有谣言称在清朝乾隆皇帝的御文中曾出现"祖传朕之先祖本姓'源'，讳'义经'，世出'清和'，故国号'清'"一语，并说在《金史别本》（此为日本人伪作）中记载12世纪金朝盛世时有一名为"源义经"的大将。原传说由曾旅日的德国医生西伯德记载于其著作《日本》中，后来在伦敦留学的日本学生末松谦澄以其为蓝本发表了毕业论文《义经再兴记》。

　　到了明治时代，日本开始海外扩张，对满蒙地区（当时的中国东北和内外蒙古）垂涎欲滴，急需侵略借口和理论依据，在此背景下，上述传说进一步演化。

　　大正年间，曾留学美国哈佛、耶鲁大学并取得博士学位，后来成为牧师的小谷部全一郎，在北海道凤闻原住民阿伊努人信仰的神祇"オキクルミ"即为源义经的说法。为了调查传说的真相，小谷部搜集了许多资料，其中也包括"源义经西行蒙古"之说。之后，他到中国进行了实地调查，于1924年出版了《成吉思汗就是源义经》一书。该书因符合日本泛滥的扩张思潮而成为畅销书，使"源义经西行成为成吉思汗"说广为人知。

　　最重要的是，此举最终导致了平氏的垮台。被饶命的六个儿子之中有两人，源赖朝（1147—1199，其母是神社祭祀的女儿）与源义经（1159—1189，常盘的三个儿子之一），击败了平氏，并开创了日本史的新时代。

　　打败义朝后，清盛在首都定居下来，在其后约20年间热衷并控制朝廷生活。1180年，当平氏权力达至顶峰时，清盛安排其年仅两岁的外孙安德（1178—1185，1180—1183年在位）即位。

以仁王（1151—1180）争皇位未果，心怀怨恨，于是向源氏求援，当时被流放于伊豆半岛的赖朝欣然响应。赖朝很快就获得大批地方武士的支持，包括他同父异母的兄弟义经，这或许是因为地方武士觉得清盛已和地方失去接触了。

同一年，以仁被杀，清盛翌年发烧病死，但赖朝继续征讨平氏。由于饥荒与瘟疫蔓延，战斗延期，1183年，源氏武士团攻占首都。在清盛儿子平知盛（1151—1185）的领导下，平氏人马带着年仅5岁的安德天皇向西方逃逸。源氏人马紧追其后，1185年，义经在本州西角外海的坛之浦海战中大败平氏。知盛不愿投降，投海自杀。安德也面临同样的命运。他的外祖母，即清盛遗孀，把他抱在怀里，也投海自杀。

《平家物语》（流行于12世纪的军记文学）描写安德之死透露出强烈的佛教宿命论味道，特别是外祖母向他解释何以她必须结束他的生命：

陛下不知他因前世修行十德之功德，今世轮回登天皇宝座。然今恶业要你的命……日本渺小如粟，但如今为苦谷。波浪彼边有极乐净土，那是无悲伤的另一个首都。我要带吾君去彼边。

这不一定是被动或负面的宿命论。如权力斗争所显示，当时某些人不仅积极且刚毅自信，但争斗结果被归因于命运。虽然佛教相信人终将为自己的行为，以及为自己有什么样的命运负起责任，以"业"与"命"来解释事件因果有助于回避眼前的道德责任问题。① 当事件结果可以被归咎于前世时，避免面对良心问题也比较容易。这非常适合日本人避免做道德判断的偏好。

平安时代最后几年，除了战争人祸之外，天灾也不断。例如，1180

---

① 道德责任不应该与社会责任相混淆。历史上，当身在某职位的日本人必须为其团体的失败负起象征性的责任时，或在类似的情况下，社会传统强烈要求自惩行动时，他往往选择自杀（在现代则辞职）。

年大台风来袭,1184年发生大地震,而大约同时期大火灾与洪水频繁发生。僧侣鸭长明(约1155—1216)在约30年后写作的《方丈记》中对这些事件有生动的描写。《方丈记》如此描写1181—1182年的饥荒与瘟疫:

> 街道挤满乞丐,喧嚣震耳欲聋……士绅原本戴帽穿鞋,彼等今赤脚沿街乞讨……墙边路上随处可见饿死尸体。满街尸臭,因无人拖去掩埋。

天灾加上源平之战,必定让许多人觉得世界倒置,或许末法预测的世界末日确实即将来临了。

厌世诗人西行(1118—1190)的诗,反映出这个苦难时期的忧郁。他生于官宦之家,曾任朝廷卫士,历经平清盛与源赖朝,但后来他弃绝俗世,出家为僧过起了隐居生活。下面是他的一首著名的诗:

> 郊野
> 一树
> 鸽声
> 呼伴
> 寂寞、凄冷的夜

他的另一首诗更直接:

> 长夜未央,
> 暗影朦胧,
> 明月当空,
> 照我愁衷。

这长夜朦胧的时代,现在由源赖朝控制。他开创的幕府标志着日本史上的新时代。

2.3 武士国家：镰仓时代（1185—1333年）

1185年，源赖朝是全国权势最强大的人物。然而，他不要他本人或后代出任天皇，也不消灭皇室。他反而借由朝廷颁给他"征夷大将军"头衔（通常简称将军），将其权力合法化。1192年，朝廷颁授这一头衔给他。几百年来，征战中的武人使用这一头衔，但只是临时性的，而赖朝是第一位终身使用这一头衔的人。

合法性（正式的权威）与实权之关系的特别性质，是日本历史与社会的一大特色。典型的情况是：高权威不掌握同样高度的实权，但却颁授合法性给那些掌握实权并利用前者的权威行使权力的人；前者往往以头衔的形式颁授合法性，且往往在受到压力的情况下颁授。由于高权威是掌权者合法性的保证，前者也因而获得被后者保护的保证。被授予合法性的人，也可颁授合法性给他下面的人。在某种意义上，这是责任分散；在另一种意义上，这是权威的阶层排序。源赖朝提供了这一过程的一个特别清晰的例子。

他的政府是新旧混合体，这主要由于需要合法性，但也由于在变革中维持与过去有某种程度的连续性是长久以来的习惯。新政府叫作"幕府"（shogunate），该术语指战地统帅的指挥部，幕府在理论上仅是朝廷的军事部门。中央政府旧机构大致维持不变，但被大幅削弱。旧头衔也被保留，但往往被赋予新的意义。京都仍是官方首都，朝廷仍在那儿。

然而，现在政府实权实际上由幕府掌握。幕府不设在京都，而设在关东地区镰仓。这是赖朝的传统支持据点，此外，他对宫廷倾轧与朝廷影响力存有戒心。他宁愿和朝廷之间保持安全距离。

政府核心现在是分散于全国的单一的主从集团，这是和从前不同的。赖朝任命他的家臣为"守护"与"地头"，派遣他们至地方（诸国），依地方习惯法与武家法律治理，而不依据从前朝廷统一颁发实施的律令。他们也为幕府收税，并有权保留本地生产物的一部分给自己用。借着这种制度，赖朝对全国大部分地区行使相当直接的控制，朝廷与朝廷贵族的收入因而进一步受到削减。

这是封建制度，而且在这方面日本和西洋中世纪有共通之处。然而，日本封建制度是独特的，因为它透过中央政府来运作。比起契约关系较普遍的西洋封建制度，日本封建制度的主从关系更属于私人关系。在日本，这一关系是一种父权式且几乎是家庭性质的，而表达"主"与"从"的某些术语分别使用"亲"与"子"。同时，有点儿矛盾的是，在武士的世界里，家庭的羁绊似乎并不重要，因此将这种私人关系单纯地看成一种对抽象表示的厌恶或许更准确。家庭的力量被夸大，那是后世宣传的结果。

对个人的效忠是赖朝控制其封臣的主要因素。他可能没有特别令人钟爱的性格，但他似乎拥有独特的领袖魅力吸引人到他身边。然而，依赖效忠个人作为控制手段不是很成功，因为它不具一贯性，难以制度化，且随岁月减退。

一方面因为他认识到这一点，另一方面因为他生性多疑，赖朝对其权力可能受到挑战的任何微小暗示都十分警觉。这使得他甚至对亲友都会怀疑，并因此对他们采取决定性行动。他对待同父异母的弟弟义经的方式就是一个很好的例子。赖朝嫉妒义经的名气与英勇，因此怀疑他谋反，竟派刺客谋杀他。在亡命四年后的1189年，义经被赖朝的武士包围，他和妻儿一起自杀。之后，他在日本文学与传奇中成为悲剧英雄。那些追杀义经的人不久之后也被赖朝杀害。更多赖朝的亲人与朋友被视为潜在威胁而被铲除。

赖朝铲除亲人可能并不符合其家庭的最佳利益。1199年，当他从马背摔下致死时（不是在战斗中，但情况相当可疑），源家已经没有真正适合的继承人。他留下两个儿子，赖家（1182—1204）与实朝（1192—1219），两人名义上都是将军。然而，在赖朝死后的谋杀与阴谋的混乱形势中，两人都不够强大、不够成熟而无法实行真正的控制。

对家族中较为敏锐的人而言，没有任何犹豫或摇摆的空间。赖家与实朝都被家人控制且最后都被谋杀。许多阴谋背后是他们的母亲，赖朝遗孀北条政子（1157—1225）。她实际上控制政府，后来被人称为"尼将军"(意指在赖朝死后她曾宣誓当尼姑)。

政子使用的一个手段是将军摄政制度。此制度使将军成为名义上的职位,容易被操纵的朝廷贵族通常被任命为将军,而北条行使真正的控制。

1221年,太上皇后鸟羽(1180—1239,1183—1198年在位)挑战北条将军摄政失败后,北条的势力变得更加巩固。后鸟羽在安德天皇死后即位时只是幼童,但他记得当时的源平之战,并且长久以来反对源氏与北条氏。他挑战将军失败后,将军便派遣了一位执事驻在首都监督朝廷。后鸟羽被放逐至偏远的隐岐岛(位于今岛根县外海),最终死在那里。他是日本史上另一位著名的悲剧人物。

政子支配的政治和军事力量让人想起一个常被提及的问题,女武士是否存在。直到19世纪60年代之前,确实存在一些女武士,不过有些时候,传说和事实很难完全分开。女武士的数量肯定不会像凯尔特女战士那么多。巴御前(1160—1247)是著名的女武士之一,她是源赖朝的堂弟木曾义仲(1154—1184,死于源赖朝之手)的一名姬妾,因在源平合战中夺取多人首级而闻名。中野常盘是近代历史上的一名著名的女武士,在戊辰战争(1868—1889)中战死沙场。然而,女武士没有被正式认可为武士。人们对她们的称呼是"女武芸者",意思是"擅长武术的女子"。

很明显,虽然国内多事,北条时期最重要事件中的两件源自国外,即1274年与1281年蒙古两度来袭。这些外国威胁可能有助于北条在全国保持权力,因为在蒙古来袭前后的全国警戒时期,创造了一种紧急状态,使国内异议沉寂了约30年。

当成吉思汗的孙子忽必烈(1215—1294)在1260年即汗位时,蒙古帝国已经占据朝鲜、华北以及欧亚大陆的大片地域。忽必烈的下一个主要目标是宋军根据地华南。然而,他也把注意力转向日本。1268年,他派使者送信给"日本国王",声称假如日本不承认蒙古宗主地位并朝贡,将派兵攻打日本。日本当局——朝廷与幕府对这封信与后来的信函都一概不予理会,但将军把敌人可能登陆的九州西北海岸置于军

图2-8 蒙古袭来绘卷——石筑地前的军势

在骑兵战术方面,日本人没有多少甚至没有经验,因为他们的骑士跟敌人打斗时,通常一对一,而非群体对群体。武器的事使人联想到日本史上一件有趣但被忽视的问题。同时代的卷轴画明白显示,蒙古兵配备原始的大炮。然而,何以日本人不尝试制造自己的大炮并没有任何解释。大多数历史书仅单纯地叙述火器在16世纪中期首次被葡萄牙人带到日本。其后,日本人立即加以仿制,而在蒙古第一次来袭后,他们预期蒙古会再度来袭,何以日本人并未尝试仿制蒙古兵的火器,真是难以理解。

事警戒状态下。

第一次攻击在1274年11月开始。正如预料,蒙古军队企图在九州西北海岸登陆。忽必烈从朝鲜派遣约900艘船只,载运约4万兵员。他们在博多登陆,入侵者立即迫使日本守军向内陆撤退。然而,那晚蒙古军并未向前挺进,反而回到船上。不久台风来袭,船只受到严重破坏,船上许多人丧命。入侵者撤回朝鲜,兵员损失1/3。

日本人对自己的武器与骑兵战术的劣势感到震惊,并针对敌人可能再度来袭加强防御。

1281年6月,蒙古入侵军再度来袭,仍旧在博多登陆,但规模较之前更大——4400多艘战船、14万军队。至此阶段,忽必烈已经在1279年对宋作战中取胜,成为中国一个新朝代的创立人。他也尝到他在1275年与1279年两度派去日本的使臣被砍头的屈辱。这次他是认真的。

蒙古军虽然规模大，但他们遭遇了顽强抵抗，无法获得真正的据点。几星期后援军从华南抵达，但正当入侵者准备联合大举攻击时，台风再起，摧毁了他们的大部分战船。他们再次被迫撤退，兵员损失过半。

蒙古军的两次失败，一方面是因为日本人顽强抵抗，另一方面是因为他们依赖刚被征服的汉人与朝鲜士兵，这些士兵没有为蒙古作战的热情。然而，两次台风也对结果有不可否认的重大影响。这台风被称为"神风"（kamikaze），反映了日本人的一种信仰：日本是神国且受到神的保护。"神风"后来在第二次世界大战时被用来形容那些牺牲生命保护国家的自杀飞行员。

1281年率领蒙古军队入侵日本的是一名将军而非统帅（忽必烈并没有亲自参与这两次入侵），蒙古军队遭遇的台风大多发生在鹰岛附近，近年来对鹰岛海域众多沉船的考古发现和复原显示，干预战斗的"神之手"肯定得到了人类之手的帮助。在那个时候，中国的舰船被认为是世界上最好的舰船，但让很多船只经受不住暴风雨袭击的重要原因之一很显然是糟糕的手工，比如桅座（龙骨上的洞，用来维持主桅杆的稳定）松松垮垮。这可能是由于中国和朝鲜的造船工匠故意为之，也可能是由于忽必烈想要尽快发动进攻而对工人们施加了太大的压力，结果船只建造匆匆忙忙，而且建造者是学徒而非熟练的工匠。支持后一种情况（忽必烈没有必要的催促）的强大证据是船队中使用了很多没有龙骨的内河船，它们完全不适合海上的环境，很容易在暴风雨中倾覆。简言之，忽必烈和他的参谋们不是水手，把事情搞砸了。大约7万人在海中丧生，迄今为止，这仍是世界上最惨重的海难，也绝对是人类历史上最著名的愚行之一。但是，忽必烈并没有放弃入侵日本的意图，之后还策划了多次攻击计划，每次都因帝国其他地域不稳而转移注意力。日本人知道他的意图，维持警戒状态直至他在1294年死去，之后蒙古对日本的兴趣似乎消退了。

日本的胜利归因于他们的顽强抵抗、敌人的组织欠佳与低落士气，再加上好运。毫无疑问，这说法也适用于古今中外大多数的军事胜利，但日本特别好运。

外敌的威胁可能有助于防止内乱，但也助长了对北条幕府日益高涨的不满情绪。国防与长期军事警戒状态的经费很高，严重耗尽幕府的财源。幕府无法履约支付奖金给武士家族，甚至支付不起武士对国防所做贡献的基本补偿金。对于那些感觉不是北条而是他们自己获得胜利的家族，这是特别令人恼怒的。而北条决定在九州设置将军以集中更多职位于自己手中，这一举动更进一步引发了不满。

尽管幕府与许多武士家族有财政问题，全国经济形势在这时期整体来说改善了，部分原因是在地头–守护体制下社会相对和平与稳定。庄园生产力得到了提高，尽管它们仍然不是很有效率。批发食米及其他货品的海上商人因生产效率的提高而更昌盛。同业工会也变得更加强大。

佛教新宗派的出现是镰仓时代庶民生活的特色，与通常隐秘且局限于统治阶级圈子流传的平安时代佛教相反，这些新宗派的最大特色是诉求于一般民众。法然（1133—1212）创立的净土宗，相信信徒可依靠念阿弥陀佛而得救。法然弟子亲鸾(1173—1263)创立的净土真宗，将此简化成只要诚心念阿弥陀佛一次就可得救。日莲（1222—1282）提倡的宗派也同样单纯，但重点放在《法华经》而非阿弥陀佛上。

然而，并非镰仓时代建立的所有新宗派都以一般民众作为诉求对象。强调简朴与自律的禅宗，对当时的武士较有吸引力。禅宗的某些成分当时在日本已存在几百年，但在僧侣荣西（1141—1215）两度前往中国求法后才扎根下来，并很快发展成为多个宗派。

异常专断的后醍醐天皇（1288—1339）对北条将军摄政的不满达到顶点。1318年即位后，他决心重建天皇直接统治。在这方面他受到后鸟羽天皇的启发。后鸟羽一百年前也显示过同样的决心，但未能成功。

后醍醐两度尝试向幕府挑战，分别在1324年与1331年，但两次都失败了。与他之前的后鸟羽一样，他被放逐到隐岐岛。然而，与后鸟羽不同，后醍醐很快设法逃走，并成功地在本州西部集结了大量的支持者。

1333年，镰仓幕府派出能干的武官足利尊氏（1305—1358）去处理。尊氏是源氏家族一个分支的年轻族长，一个机会主义者。他认识到他与后醍醐拥有大量军队，因此他背叛幕府，宣布支持后醍醐，攻击在京都的幕府机构。几周内，另一位源氏后代的强大的年轻武官新田义贞（1301—1338）也背叛幕府，并摧毁幕府在镰仓的据点。

新时代即将来临。

2.4　内战：室町时代（1333—1568年）

1333年，在足利尊氏与新田义贞的支持下，后醍醐返回京都。他希望重建天皇的直接统治。然而，这企图仅是昙花一现，因为他很快便失去尊氏的支持。尊氏要后醍醐授将军头衔给他，后醍醐拒绝了，因为他想避免天皇的直接统治被将军、摄政或太上皇削弱。因此，尊氏不理后醍醐的中央政府，在返回镰仓敉平北条势力的短暂复兴后，他宁愿留在东部。

后醍醐认为尊氏蔑视他，因此立即派新田义贞（有时是尊氏的盟友，有时是他的对手）去教训尊氏。然而，尊氏击败义贞，义贞败逃。后来，义贞在1338年被尊氏的一名盟友杀死。尊氏占领京都，迫使后醍醐逃至京都南方约100千米的吉野的茂密山林里。在京都，尊氏迅速安排皇室家族一个对立分支的成员光明（1321—1380，1336—1348年在位）即位。两年后，在1338年，光明天皇终于授予尊氏他觊觎已久的将军头衔。

无可否认，尊氏是一位机会主义者，随时准备临机应变转变结盟对象。但除了他已位至将军外，在这方面他一点儿也不例外。今日的人们相信武士是绝对忠诚的。许多武士无疑地忠于主人，并为主人牺牲生命。然而，中世纪的武士转换效忠对象是很平常的事。14世纪中期的军记文学《太平记》的数字显示，在发生于箱根对抗尊氏的一场战役中，新田义贞的7万兵员减少至仅仅100人，尽管他的兵力在数目上比尊氏的6万人多。即使这数字有被歪曲的成分，也只能以大量武士变节投敌来解释。

这明显地显示了效忠个人的限度①，且再次证明务实胜过原则。传说中的武士形象与现实形成强烈对比，而典型的中世纪武士与第二次世界大战中的日本军人也形成强烈对比，后者比起武士似乎更愿意战斗至死，因为第二次世界大战中的日本军人误认为武士都是这样为主人牺牲生命的。第二次世界大战期间，许多日本军人对天皇的狂热效忠反映出下列事实：近代以来日本领导者对教化价值的重新学习——在中古世界狂热效忠没那么明显，恐惧与自利似乎才是决定行为的较大因素。

母衣（horo）的使用是武士的实用主义的另一个证据。母衣是用丝绸或类似的轻薄材料制成的一种斗篷，穿于背后，固定于颈部或肩部，下至腰部（"母衣"暗指褌裤）。尽管母衣也可能是穿着者用来标识身份的，但它最初是武士在骑马逃跑时用来躲避弓箭的——不过有些步兵也使用母衣。在逃跑的时候，尤其是骑马逃跑的时候，母衣会被风鼓起，让弓箭失去准头，近年来的实地测试显示了母衣的非凡功效。母衣的使用让我们知道了几件事。首先，骑马的武士肯定是精锐，理论上要忠于主人，然而他们并没有战斗至死，而是选择逃跑。其次，他们的对手毫不犹豫，试图从背后放箭射杀他们。实际上，双方都知道，母衣只能起到部分掩护作用，最好是连人带马一起瞄准，而不是只瞄准人，因为这样目标更大。一般来说，把马放倒后就能对付骑马者了（骑马者很可能会摔得失去知觉或摔伤）。

《太平记》不仅告诉我们武士的价值观，也让我们看到战争中的中古农民的生活。本书显示，农民被征战中的部队抓去服劳役，或者因军事用途，他们的物品被强行征用。农民无缘无故被不守纪律的武士杀死。

---

① 实际的效忠程度由武士的地位以及他们与主人的关系决定，比如是否成为世袭家臣。而且，日文中的"忠诚"一词在那个时代似乎更具有专业服务的感觉，而非无条件的顺从之意。

图 2-9 恶党的登场

武士们争夺战利品,或抢劫败逃的敌人,因为他们也是机会主义者。

在这样的背景下,后醍醐逃离京都去了吉野。在那里,他设立了一个流亡朝廷,因此现在同时有两位"天皇"。南北朝持续到1392年北朝(京都)与南朝(吉野)"和解"时为止。更准确地讲,第三任足利将军——尊氏的孙子足利义满(1358—1408,1369—1395年统治)答应南朝的人可以跟北朝的人轮流即位。但义满没有遵守其承诺,南朝家系不久将断绝。

与之前的源氏与北条氏不同,尊氏较喜欢在京都建立幕府,而且将幕府设在该市的室町区域。行政上,他使用许多现有的结构,诸如"守护"与"地头"。

然而,他与守护的关系问题重重,因为他既没有土地分封作为奖赏,也没有源赖朝的领袖魅力。这样一来,他既不能收买也不能驾驭他们,使他们效忠。有些守护跟尊氏一样强大。尊氏与他的大多数继承人都是差劲的领导人,没有获致多少真正的控制。争端很多,甚至幕府内部也是这样。尊氏在派人谋杀他的亲弟弟直义(1306—1352)的争端中,在铲除敌人方面继承了"家庭第一"的传统。

除了极少数例外，幕府的实际权力随着时间持续衰退。强大的"守护"家族，诸如时常占据管领职位（将军在京都的代表）的细川氏，对幕府有强大影响力。山名氏守护家族控制当时66国（地方单位）中的至少11国。

义满可能是一大例外，他不是弱势将军。他不仅"重新统一"了两个朝廷，而且企图抑制守护的权力，他利用古代大和国家授朝廷官职给许多守护的方法，迫使守护必须居住在京都，以便能监视他们。为了加强他自己的个人权力，他创立"太政大臣"一职，1395年他把将军职位让给他的9岁儿子义持后亲自出任太政大臣。然后，他模仿古代太上皇的宫殿的豪华风格，耗巨资在京都兴建举世闻名的金阁寺。

另一个有趣的举动是他向中国明朝皇帝朝贡。在1403年致明朝的国书中，他自称"日本国王，臣源道义"。这样的自称可能对日本主权造成了伤害，但也奠定了幕府不经本国朝廷直接与外国打交道的基础。

然而，1408年义满死后，幕府权力衰退尤为明显。将军的命令常被忽视，在某些情况下甚至被本身弱势的朝廷否决。例如，1443年，幕府禁止某剧团在新年表演，但朝廷许可表演，该剧团便得到了朝廷的许可进行表演。

地方守护家族继续扩大势力，成为下一个时代的大名（诸侯）的前驱。随着守护势力的扩大，理论上属于不在地主朝廷贵族的庄园实际上被瓜分了。庄园收入不再被支付给不在地主。然而，农民仍然付税。事实上，税负加重导致叛乱频繁，尽管农业生产因为工具、肥料和稻米品种的改善而有所提高。

在不受幕府权力约束的情况下，地方守护家族有时结盟，有时对抗。应仁之乱（1467—1477）使京都大片地区沦为荒地，这足以说明幕府平乱无能。在其后一百年的战国时代，内乱频繁。

在武士统治的时代，禅宗仍旧对武士具有吸引力。禅宗的精髓，诸如简朴、克制、纪律及冥想与全国的失序与混乱形成鲜明对比。它是一个诸如寂静（侘び，wabi）、枯萎（枯れ，kare，字面意义是"枯萎"或"干燥"，但有"严厉""未装饰的""自然的"等义）、古雅（寂び，

sabi）、幽玄（yugen）等唯美的时代，这些理念仍是今日日本文化的特征。这些理想之中有许多，尤其是克制与幽玄，也是本时期发展的能剧的突出特征。能剧常以悲剧性的武斗作为题材，且常带有来世报应的主题。

与能剧的来世性质并行的是若干隐世诗人与作家逃避现实世界。他们表现出一种比较早时代的诗人西行更为深刻的厌世观。例如，佛僧绝海中津（1336—1405）写道：

　　闭门千峰顶
　　往返惟雀云
　　终日看群山
　　清风满竹牖
　　夜餐有松花
　　僧衣染栗色
　　红尘宁有梦
　　唤我出山阿？

在一本葬礼登记簿上发现的一首匿名诗（约写成于战国时代公元1500年）是全国性内乱的暗喻：

　　有一雀
　　单体
　　双喙
　　互啄
　　至死

在战国时代的动乱时期，西洋人首次在日本出现。1543年9月，一艘前往宁波途中的明代平底帆船被风吹至日本九州南部外海种子岛海岸上。船上有中国船员和3名葡萄牙商人。他们带来的火器比几世纪前的蒙古人的火器更精密，因此许多日本诸侯武士接受并开始制造

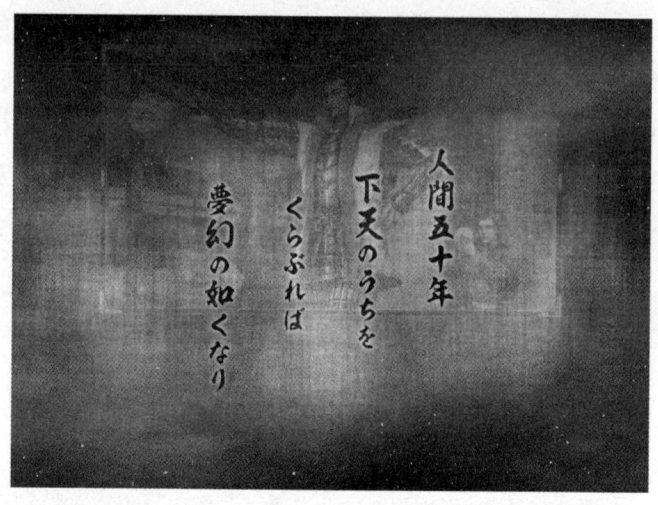

图 2-10 织田信长著名的《人间五十年》和歌

《人间五十年》和歌真实反映了日本武士阶层的境遇。

尽管近来漫画以及影视作品使得中国人认为日本武士很厉害,但事实上日本武士日子过得非常艰辛。

一、小米饭、煮萝卜两块。

二、大米饭、两指宽小鱼一条、腌萝卜一小碟、白水煮野菜一盅、酱汤一小碗。

有人可以猜出来这两个食谱有什么关系吗?很多人可能会觉得这两道寒酸的食谱没有太大区别,感觉上应该是一个人某日的早餐和晚饭的食谱。

实际上,第一个菜谱是战国时期穷人家的早饭和午饭,第二个菜谱则是战国时期富人的早饭和晚饭。看起来,这两道菜谱一样寒酸,可战国时代的人们的的确确就是吃着这样的东西一天天地活下来。吃小米饭的农民,做梦都想像贵族们那样吃上大米饭。

这些武器。同时,天主教也被带到了日本,但是,直到1549年耶稣会教士方济各·沙勿略(Francis Xavier,1506—1552,死后被天主教会封为圣徒)才将天主教有系统地引进日本。

这些最早来日的欧洲人看到一个被内战摧残的国家,有效的中央政府已不复存在,而武士诸侯只知用武力或背叛手段尽可能并吞邻近的封地。这是一个亟须统一的国家。

2.5 国家再统一：安土桃山时代（1568—1600年）

　　分裂的国家是容易被征服的国家，但幸运的是当时的欧洲列强似乎没兴趣征服日本。的确，哥伦布航海探险是为了获取马可·波罗《东方见闻录》中的中国与日本的财富，但他在探险途中因发现新大陆而转移了注意力。这片新大陆有它自己的财富。此外，新大陆比土地狭小且住满凶恶武士的日本容易征服与剥削。

　　无论如何，不久日本将重新统一。这主要归功于三位大名所取得的军事成就：织田信长（1534—1582）、丰臣秀吉（1536—1598）以及德川家康（1542—1616）。他们各有各的方法，这些反映了他们的个性。日本有一个有名的谚语说：假如鸣禽不唱歌，信长就把它杀了，秀吉会说服它唱歌，而家康则耐心等它唱歌。

　　信长是尾张国（今爱知县的一部分）大名（诸侯）。他是精明的战术家，通过若干次对抗其他大名的胜利，他从相当低微的地位爬升至掌握大权。他最重要的胜利之一是1560年在桶狭间之战（靠近名古屋）中战胜今川义元（1519—1560）的部队，当时义元的兵力远比信长的多，但信长的部队成功地包围了义元的部队。

　　1568年，将军职位名义上仍由足利家不同分支的成员所占据。当时，有几个人争夺将军职位，但支持足利义昭（1537—1597）的信长成功地占领京都。义昭顺利地接任将军。然而，从一开始就很明显，信长才是真正的掌权者。他甚至公开指令并训诫义昭。仅仅五年后的1573年，信长便借义昭与织田家族的宿敌武田家族结盟一事而将他赶出京都。

　　义昭继续保有将军头衔直至1588年，但他被逐出京都后，几乎已无意义的足利幕府实际上也算结束了。

　　信长是一个异于常人的人。他是典型的军阀，在残忍与自利方面无人能敌。他谋杀自己的亲人（例如在1557年谋杀其弟信行），但这在当时并不奇怪。令人惊诧的是，他活活烧死已经被击败的敌军2万人，包括屠杀时刚好被逮捕的所有平民。他曾屠杀和尚，因为过去约

图 2-11 丰臣秀吉像

对秀吉来说,他的世界不够大。他想征服中国明朝,以建立一个泛亚帝国。作为这个大计划的第一阶段,1592年,他派兵入侵朝鲜,但被中国和朝鲜联军击退。1597年,他再次派兵入侵朝鲜,这次战役也半途而废,因为秀吉在1598年9月病死。

100年中佛教徒多次煽动叛乱,所以他视和尚为麻烦人物与潜在威胁。佛教徒是潜在威胁,但没强大到值得他与他们和解。他宁愿消灭他们。1571年,他摧毁比叡山(位于京都)天台宗延历寺时,多达1万人被包围并随即被屠杀,其中不仅包括僧侣,也包括妇孺。1580年,他攻陷净土真宗总本山大阪石山本愿寺时,也有许多人伤亡。

当时的欧洲访客对信长的残忍无情,以及他的极端自我大为吃惊。他甚至建立一座庙宇让人来拜他,并规定自己的生日为国家假日。他相信自己的绝对霸权,可能是他不借助将军或类似的头衔寻求合法化的理由,因为这将使他在理论上与授予他将军头衔的人相比处于下属地位(信长在1577年确曾接受朝廷授予的高职位,但在几个月后就辞去了)。当然,他轻蔑地拒绝合法性在日本史上是不寻常的。

然而,毁坏之中也有建设。他把征服的土地授予他的封臣并重新

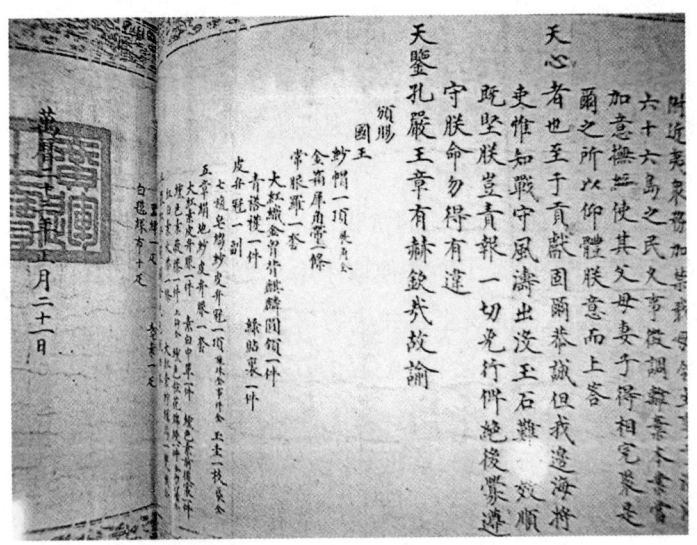

图 2-12 明朝万历皇帝册封丰臣秀吉为日本国王诏书

分配土地,这项土地政策将由他的继承人继续发展。1575年6月,他在长筱之战中率领3000步枪部队击败武田胜赖(1546—1582)。这是日本人在战争中首次大量使用火器,并显示了欧洲人带来的武器的潜能。①

之后,使用火器将成为一种趋势。早在1571年,他下令调查他控制下的农地(检地),此举让人想起1000年前的大化革新。1576年,他没收农民持有的武器,同年,他统一度量衡,这些举动也让人想起大化革新。同年,他在京都东方的琵琶湖岸的安土建造城堡。

他的最终目标刻在他的个人印章上——"天下布武",意味着武力统一天下。当他实现了约一半目标时,却在1582年在日本西部对毛利家族的战役中死于非命。具有讽刺意味的是,焚烧寺庙的信长被家臣明智光秀(1526—1582)背叛了,并被困在燃烧的本能寺中。

---

① 1549年,在葡萄牙人引进火器仅6年后,当时还是少年统帅的信长购买了500支火绳枪。然而,火绳枪在战场上的有效使用受到装子弹与射击等问题的限制。很多大名,像种子岛时尧(1528—1579)与武田胜赖之父武田信玄(1521—1573),也同样喜欢用火器,但信长似乎是火器的最有效使用者。黑泽明的著名电影《影子武士》描写的就是长筱战役。令人好奇的是,300年前,在见识到蒙古人使用的原始火器后,日本人为何不尝试制造火器。

可能他只是被烧死，但更有可能的是他首先选择了自杀。

信长统一天下的计划由他的家臣丰臣秀吉继续执行。

秀吉是另一个不寻常的人。他从地位卑微的步兵爬升为全国最高权力者。秀吉是一个思维敏捷、有才能的人，他从1558年起在信长的部队中服役，能力受到信长的赏识。私底下，信长似乎也很喜欢他，并且因为秀吉外貌像猴子而替他取了个"猴子"的绰号。秀吉不断被提拔，被认为是出色的谋士，并成为信长的主要武将之一。

信长死后，秀吉追击并打败攻击其主君的明智光秀。然后，他与毛利家族缔结了和约。

信长有三个儿子。长子信忠（1557—1582）与他一起死在本能寺。信孝（1558—1583）翌年被秀吉与信长的三子信雄（1558—1630）联手杀掉。信雄想当织田家族的主君，但遭到反对。秀吉指定信长的幼孙秀信（1580—1605，信忠的儿子）为继承人，但实际上秀吉掌握实权。和信长一样，秀吉从未实际出任将军，而和他不一样的是，秀吉接受了若干合法化的高级头衔，诸如摄政。

借着结盟（如与毛利氏）与胜利的战役，秀吉的权力持续扩张。他最成功的战役之一是1587年对抗南九州萨摩国岛津家族的战役，岛津家族野心勃勃且实力强大，当时企图向北方扩张。获胜后，他依据战略需要重新分配九州的封地，以确保效忠他的家臣能够牵制潜在敌人。

秀吉之前的信长实施过的封地重新分配政策，后来也成为德川政策的标志。这项政策有双重益处。它不仅战略性地将忠贞的家臣安排在较不忠贞的家臣之间；而且，在重新分封较不忠贞的家臣时，它也将他们和构成其传统权力基础的大多数人民隔离开来。

秀吉把大名的家人留在他在桃山（靠近京都）的城堡作为人质，在某种程度上，它也有助于压制任何形式的反抗——尽管家庭关系对于某些武人不总是重要的考虑。

秀吉减少威胁的另一政策——这也是由信长开创的——是1588年他颁布所谓的"刀狩令"，没收全国农民的武器。"刀狩"是误导的字眼，因为所有类型的武器都被没收。被没收的武器数目惊人。这是一项旨在减少农民叛乱与敌对武人利用农民兵相威胁的举措。毫无疑问，秀吉并没有忘记他本人即是从农民阶层爬升上来的。

从社会阶级的角度来看，"刀狩令"也有兵农分离的效果。这种分离因秀吉1591年颁布的"身份统治令"，而进一步厉行。这一规定禁止农民离开田地从事其他行业，并迫使武士居住在城下町——这一时代的特色。他还进一步恢复并扩大连坐责任制度，即个人犯法要处罚整个村落与城镇。很明显，这些兵农分离与连坐责任制的严厉措施，旨在防止动荡与威胁。

秀吉继续信长开创的检地，同样统一了度量衡，他还在1590年实施人口普查。1591年，平定关东奥羽。

由于一连串的军事胜利，推行了切实可行的政策，也由于信长开创事业所留下来的遗产，至16世纪90年代初全国统一基本完成了。当然，统一仍需要巩固，而这最好由秀吉来做。他必须对实现这一目标的任何威胁保持警惕。

秀吉怀疑天主教徒的活动。信长对天主教徒比较宽容，因为在他打击佛教徒时他们提供了帮助。起初，秀吉对天主教徒也比较宽容。然而，1587年，他平定九州后，曾与天主教徒有密切接触，后便发布禁止天主教令，谴责天主教。有几年之久他没有实际执行这一禁教令，而是将其视为警告。然而，1593年方济会传教士抵日，耶稣会垄断传教的局面为之打破，两修道会之间经常发生争执，因此秀吉更加反对天主教。1597年，由于怀疑传教士是外国入侵的先头部队，秀吉把26名天主教徒钉在十字架上，包括9名欧洲人。① "二十六殉道者事件"是欧洲人首次在日本因传布天主教信仰被处死。

晚年，尤其大约1590年之后，秀吉的个性似乎改变了。对任何潜在威胁的疑心使他患上妄想症。他怀疑他的侄儿秀次（1568—1595）谋反，因此迫使他自杀。为铲除后患，他还处死了秀次的妻子、三个

---

① 1596年年底，西班牙船"圣·费利浦号"在四国海岸发生船难，船长散播谣言说他们是入侵前锋，但秀吉的举动仍然显得很极端。

孩子，以及秀次的家臣。秀次的头颅被公开示众，以警告谋反者。

在某些方面，秀吉变得较像他的旧主信长。他开始表现出像信长那般的残酷与个人威风感。他的世界不允许受到破坏，给他带来坏消息的使者会有被锯成两半的危险。先前曾服侍信长的茶道大师千利休（1522—1591），既不年轻也不危险，却因触怒秀吉而成为另一位被迫自杀的人。

在秀吉死去前三年，为了确保丰臣霸权的持续，他建立了一个由日本势力最强大的5位大名——五大老组成的会议。五大老之一德川家康，是日本史上伟大的幸存者之一。

家康的经历将在第三章中概述。在此需要指出，1584年，他向秀吉挑战，但没有成功，次年他承认秀吉为其领主。虽然他们在若干战役中是盟友，但秀吉从未确定家康对他是否效忠。1590年，他战略性地把家康从靠近静冈的家康的传统中央领地调至较偏远的关东。秀吉这一招可能犯了判断错误，因为家康的250万石（当时封地大小以"石"来度量，"石"是稻米生产单位，1石约等于59.2千克）的新领地比其他任何大名都要大，甚至比秀吉自己的领地还要大。至1598年，家康已巩固了其地位，许多大名视他为领主。事实上，他的家臣之中有不下38位大名。

秀吉临终前恳求五大老照顾他的幼嗣子秀赖（1593—1615），他们答应这样做。然而，秀吉死后，家康不遵守诺言，而五大老就谁是秀吉继承人发生争执。结果，家康获胜。1600年10月的关原之战中（靠近名古屋），他打败了那些拥护秀赖的人。

这将是最后的内战吗？信长与秀吉如此辛苦赢得的国家统一现在将丧失了吗？或者家康是否能够掌控局面并维持稳定？

第二章 朝臣与武士：古代与中世史（710—1600年）

◆ 本章综述 ◆

第二章涵盖了一个将近1000年的时期，一方面概述朝廷的命运，另一方面谈论武士的境遇。在奈良时代前半期，中央集权的中国式律令国家处于最强大状态下，但衰微迹象从早期阶段起已露端倪。在接下来的平安时代，尽管宫廷文化与艺术成就达到顶点，中央权力持续衰退，而当被输入的中国事物逐渐和风化时，中国事物的重要性也衰退了。中央权力衰退的因素包括宫廷阴谋频繁（大多涉及藤原家族）、土地逐渐私有使得税收减少而税收减少使得王室失去收入来源、天皇因摄政与院政的干预而失去个人权力。

相反，地方武士一步步地扩张权力。12世纪晚期，全国两大武士家族平氏与源氏对决后，源赖朝掌握了全国最高权力，但他仍然觉得有必要获得朝廷的正式认可。他建立幕府，封建时代于此展开。然而，幕府与它之前的朝廷一样，不久便被阴谋与摄政制削弱。在侥幸渡过元朝军队的攻击与后醍醐企图恢复天皇的直接统治的事件后，与天皇制一样，幕府最后退化为几乎名存实亡的状态。势力强大的武官彼此对抗争夺霸权，全国处于内战频发的状态。

有点儿讽刺的是，日本最著名的文化成分，诸如能剧、简朴的美学、禅宗，都是在武士时代形成的。相对于平安时代农业效率低下，武士时代农业生产力增加，但农民生活似乎没多大变化。

最后，部分得益于欧洲人在16世纪中叶带来的火器，意志坚决的武士信长建立了霸权。他展开的统一全国的进程，由他的后继者丰臣秀吉和德川家康完成了。

本时期关键的发展简单摘要于表2-1。

表2-1 古代/中世日本的主要发展

发展	时期
中国式律令国家达到顶点	8世纪
当地方武士扩大权力之际，中央政府逐渐丧失收入、土地及权力	9世纪起
朝廷"高尚"文化达到顶点	10—11世纪
地方武士接管政府，源赖朝出任将军	12世纪晚期
幕府丧失支持，内乱随之而来	13世纪中叶起
内战频繁	15世纪中叶至16世纪晚期
欧洲人来到日本	16世纪中叶
全国终于统一在武士织田信长与丰臣秀吉之下	16世纪晚期
德川家康称霸	16世纪末期

典型的中世武士的行为，其自利的程度与家族关系的薄弱都与现代人的认识相反，这大多是因为近代以来武士行为被理想化与鼓吹所致。

表2-2 古代/中世日本的主要价值与做法

- 正式权威与实际权力的区别（后者常与前者分开但被合法化）
- 偏爱间接
- 务实胜过原则
- 责任的分散（善恶观念被宿命论取代，团体因个人行为受到连带处罚）
- 从外国输入的事物被和风化了
- 旧与新的混合
- 关系的私人化，但更多的是因为他们不喜欢抽象的契约，而非真正尊敬家庭（至少在武士当中）
- 武士之间的简朴与纪律的理想（但事实上并非总是这样）
- 与其忠诚，毋宁自利

第三章

锁国：德川时代（1600—1868 年）

图3-1 德川家康的黑丝战甲

德川家康合战中使用的武具，这象征他的武力权威：依靠武力夺取霸权，用霸权维持国家的统一。

17—19 世纪初的日本

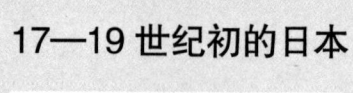

图例：
- 德川幕府所在地
- 天皇宫廷所在地
- 锁国前基督教传播地区
- 主要传教地点
- 锁国后对中国、荷兰通商口岸
- 1793—1849 年俄、英来航路线

地名标注：
虾夷、函馆、陆奥、本、新潟、仙台、福岛、会津若松、金泽、富山、桐生、东海、水户、江户、舞鹤、岐阜、南信浓、横滨、横须贺、大阪、京都、名古屋、兵库、奈良、上野、鸟羽、下田、广岛、堺、和歌山、下关、山口、四国、佐贺、大分、久留米、三重、土佐清水、岛原、长崎、九州、鹿儿岛、州

3.1 稳定才能够生存：建立德川幕府

家康决心利用他在关原之战的胜利以及织田信长与丰臣秀吉所取得的最广泛的成就。他的主要目标是确保德川家族控制全国，在这一方面，他的生存技巧具有相当的助益。

在某些方面，家康的成功多归功于决心、务实、敏捷以及好运等多种因素的合力。作为一个生活在危险时代的不寻常的幸存者，他的一生完全可以作为冒险故事与电影的题材。

家康于1542年出生于三河国（今爱知县的一部分），取名松平竹千代。他出生时，其母仅15岁，其父松平广忠（1526—1549）是三河国的低阶武将，年仅17岁。松平家族与其邻人——西边的织田氏与东边的今川氏——不和。松平家族与今川氏缔结不稳定的同盟，而且在1547年，为了加强同盟，广忠同意将他的幼儿竹千代作为人质送到今川家。然而，在前往今川氏治所骏府（静冈）途中，竹千代被织田的武士俘虏，被带去织田氏的名古屋。1549年，广忠死时，织田家族与松平家族宣布停战，竹千代重又成为今川氏的人质。

直到1560年，竹千代与今川家族同住，生活似乎相当安稳。期间，和他的父亲一样，他在十几岁时便娶妻生子，成为父亲。他甚至与今川一起参加战斗。1560年，骏河国大名今川义元在桶狭间之战中被织田信长杀死，竹千代（这时已改名为元康）摆脱了今川氏，事实上，他成了信长的盟友。

这时，元康家族（松平氏）的领地三河国的西部边界凭借这一联盟已基本安全，因此，元康把注意力转移至东边的今川领地骏河国，至1568年，他逐渐实现了对骏河国的控制。至此阶段，他再度改名——德川家康。1570年，他把治所迁至今川氏昔日治所静冈，此后十年，他利用与信长的同盟，不断扩张其领地。有时，信长怀疑家康是否效忠于他，但家康消除了信长的疑虑。1579年，他下令他的妻子与长子松平信康切腹，以显示自己对信长的效忠，因为信长怀疑他们两人与他的死敌武田家族共谋。

1582年信长死后，各大名展开激烈斗争，家康则趁乱占领武田领地甲斐国与信浓国（今山梨县与长野县）。至此，他已成为信长的继承人秀吉不可小觑的一股势力。

1584年，家康曾试图挑战秀吉的权威，但失败了。1585年，他承认秀吉为其领主。然后，他们组成了一个不稳定的联盟，该联盟协助秀吉征服关东的北条氏（与镰仓时代的北条氏无关）。秀吉把取自北条氏的领地奖赏给家康，但因仍怀疑家康是否效忠于他，因此强迫家康放弃现有领地，接受北条氏的领地。家康别无选择，只好同意。

然而，家康并未迁至北条氏治所小田原，反而选择地理位置比较接近领地中央的渔村江户。这个偏僻的小村后来发展成为世界最大的都市之一和主要的经济首都——东京。

事实上，其后几年，家康巩固了包括整个关东平原的广大领地。他建造的江户城，在明治维新后成为皇居。许多大名纷纷承认其为领主，因此他敢于废弃自己在秀吉临终时所做的保护其幼嗣子秀赖的诺言。1600年关原之战获胜后，家康事实上已经成为这个国家的最高权力拥有者。

为了使其地位合法化，1603年家康接受后阳成天皇（1586—1611年在位）颁授的"征夷大将军"头衔（自1588年以来无人使用这一头衔）。这时他61岁。与以前的天皇与将军的做法一样，仅两年后，他让位于其子秀忠（1579—1632）。虽然秀忠不是幼童，家康本人仍继续掌握实权。家康提早让位有助于确保其家族地位的持续，这一持续性因1623年秀忠本人提早让位而进一步加强。

秀赖仍是潜在威胁。家康花费了好多年消除这一威胁，1615年，他终于设法摧毁秀赖治所大阪城。失败已逼近，年仅22岁的秀赖自杀而死。他7岁的儿子国松被俘，然后被斩首处死。

第三章 锁国：德川时代（1600—1868年）

图 3-2 关原合战图局部

　　关原合战是日本安土桃山时代以及战国时代发生于美浓国关原地区的一场战役。战役双方均动员了超过10万的兵力，多数大名各自表述自己的立场，是"应仁之乱"以来全日本最大规模的内战。此战是德川家康与丰臣秀吉的家臣石田三成的直接对决。由于战争的胜负影响到谁可以拥有天下，所以此战也被誉为"决定天下的战争"。最终在小早川秀秋叛变之下，这场战争在一天内分出了胜负，德川家康取得了统治权，为其建立德川幕府奠定了基础。

　　同样在1615年，家康发布了一系列管理朝廷与武家的法度。虽然朝廷已经使家康获得了合法地位，家康也恭敬地对待朝廷，但他向朝廷清楚表明，朝廷的权威仅仅是形式与仪式上的。朝廷受制于幕府的控制，幕府保留对朝廷所有任命案的批准权。家康厉行相关法度来控制武家，武家必须遵守：

- 不得在新领地居住；
- 所有罪犯必须逐出领地；
- 大名的婚姻必须由幕府批准；
- 不准建造新城堡，甚至修理现有的城堡也必须得到幕府的同意；
- 发现相邻领地有新举动或派阀阴谋必须立即向幕府报告；
- 大名的行列必须相称于大名的位阶，有特定数目的家臣随行；
- 大名必须遵行特定的衣着规定；

⊙ 没有位阶者不得乘轿。

家康很清楚，稳定与正统对于维持控制至关重要。变革不合需要，因为它难以预测。流动性是一种威胁。人民愈是按规定的方式行事，他们愈不会构成威胁。未能按预期行事的甚至处以死刑以示惩罚。据闻家康把"失敬行为"定义为"非预期的行为"，而武士可以用剑将失敬者斩首。

1616年，家康病死，敕谥"东照大权现"。他带给全国多少和解，这还存在争议，但他对维护国家统一确实有所贡献。

他正统与稳定的政策被其子秀忠与大多数继承人所遵从，而且，这些继承人都出自德川家族。在很多情况下，他的政策可能只是建立在秀吉已实行的政策之上。

继武家诸法度（管理武家的规定）之后不久，家康发布了管理其他阶级的规定。这些法度不仅规定诸如工作与住所的类型与地点以及衣着类型，也规定细枝末节，诸如一个特定阶级的人可以给特定性别与年龄的子孙什么样的礼物，他们可以吃什么样的食物，甚至他们可以在何处建造厕所。1649年，家康的孙子家光（1623—1651年任将军）统治下发布的庆安告示，就是这类规定的好例子。

秀吉冻结阶级是厉行正统与稳定的一个重要手段。这一措施现在扩展至中国式的士农工商阶层制。农民比工匠与商人位阶高，因为儒家认为农民是主要生产者。在每个阶级内，尤其是武士阶级，有进一步的位阶细分。

朝廷贵族、僧侣与尼姑在这些阶级之外，而在这些阶级之下有"秽多"（今部落民）与"非人"两个贱民阶级。他们从事诸如屠宰、埋葬等被轻视的"不洁"活动①，或诸如行商与表演等"可疑的"活动。

---

① 理论上，不洁是定义在宗教基础上的，尤其是神道所说的污秽。这一概念可回溯至奈良时代前，大多指身体的污秽或死亡或重病，但实际上也包括广泛的"不受欢迎的事物"。月经也算是污秽，这意味女人通常被视为不洁，虽然她们未被排除于主流社会之外，但她们被禁止进入诸如富士山等圣地（事实上至今女性仍被禁止进入某些山），尽管神道最高神祇天照大神是女神。

第三章 锁国：德川时代（1600—1868年）

部落民至今仍与主流社会隔离。

理论上阶级是世袭的，阶级之间的流动很困难，但实际上这并非如一般认为的那样不可能。① 阶级的主要区分在武士与非武士之间。

武士仅占全国总人口约6%，且包括大多数的官僚，因为官僚实际上是由武士转变而来的。非武士基本上区分为居住在乡村的人与居住在城市的人。

德川对秀吉重新分配领地的政策也很重视。将军本人拥有全国可耕地的大约1/4，另外还拥有大城市、港口以及矿藏。剩下的土地依据战略需要与大名的亲疏分配给大约275位大名。大名分为亲藩（亲人）、谱代（传统家臣）、外样（效忠程度可疑的外围大名）。虽然数目时有变动，一般来说有大约25位亲藩、150位谱代和100位外样。

大名被分配领地（藩）之后，也不能放松。虽然理论上他们在诸如课税权与包括执法在内的领地行政等事务上有相当的自治权，但他们实际上被期待遵从幕府建立的典范与纲领。事实上，地方政府成了他们的义务，而他们必须履行义务从而让幕府满意。幕府始终监督他们的行为。稍有不服从的迹象，他们就被处罚。仅在德川统治的最初50年内，就有不下213位大名（大多数）因为或真或假的罪名失去整个或部分领地。同时期，172位新大名因为忠诚的服务被授予领地作为奖赏，增加领地作为奖赏的事例有206个，大名被调至其他领地的事件有281个。

秀吉强制可能是潜在麻烦的大名把家人留在幕府作为人质的做法，被家康发展成为一种名叫"参勤交代"的制度。根据这一制度，除了少数例外，每一位大名必须轮流一年在幕府，一年在其领地，而

---

① 不同阶级之间的收养绝非没有，而财富也能够为改变社会地位创造奇迹。工匠与商人之间的区别始终是微小的，在本时代后半期，农民与工匠的区别也变得模糊，这主要是由于在这两个活动领域都有兼职工作所致。理论上武士与商人之间甚至也有一些模糊，尤其早期外国贸易被允许时。幕府与大多数大名使用"御用商人"，后者在早期至少是武士阶级，尽管他们从事商业活动。本时代后期有些商人被允许享有某些武士特权，如随身佩剑。在本时代末期也有武士从事商业活动。在整个德川时代，农民与武士之间的阶级区别存在一定程度的模糊，因为村长往往也被允许享有随身佩剑的武士特权。

其家人永久居留在江户。在江户及其领地维持住所以及定期带领家臣随员往返江户的庞大费用，也有助于防止大名攒聚太大财力。事实上，这一制度将耗费大名一半甚至更多的收入。他们也必须在特定的日期沿着有幕府部队守卫的特定路线往返幕府。

德川幕府所采取的限制民众之间的流动性与防止潜在不稳定的其他措施包括：

⊙ 检查陆路旅行，旅客必须持有官方发给的旅行文件，并且通过领地之间的关卡时必须出示这一文件；
⊙ 宵禁制度防止人民未经授权在夜间走动，尤其在他们自己的城区外；
⊙ 为求封建统治的安全，捣毁桥梁；
⊙ 街道上不许牛马车通过；
⊙ 使用秘密警察刺探任何可疑活动。

对违反者的处罚通常很严厉，特别在德川直接控制的领地大城镇里。由于小偷小摸，甚至因疏忽导致自己家屋着火被处死的很普遍，因为当时的家屋大多是木制的，火灾对社区尤其构成危险。有时，全家甚至邻居随同犯人一起被处死，这是秀吉的连坐法原则被严格执行的例证。尤其是家长与五人组（由邻近五户农家组成）必须为其成员的犯罪行为负连带责任。

依现代标准来看，当时欧洲的刑罚也很严酷，但当时日本刑罚的严酷程度足以让日本的欧洲访客震惊。17世纪前半期曾在日本居留多年的法国人弗朗索瓦·卡龙（François Caron）指出："他们的刑罚方式有烘烤、焚烧、钉十字架、用四只公牛拖拽以及投入油或水中煮沸。"

意大利访客弗朗切斯科·卡莱蒂（Francesco Carletti）评论说：

许多人因为诸如偷萝卜等轻罪被钉在十字架上……有时他们把怀里抱着婴儿的女人钉在十字架上，让两人在痛苦中死去。他们的

第三章 锁国：德川时代（1600—1868 年）

处罚实在极端残忍、野蛮、不人道。

他们两人都将斩首忽略不提，当时斩首很普遍，但斩首并非对已被处死的平民最后的用刀。实际上，武士有一种"试切"（tameshigiri）的习惯，用已被处死的罪犯试刀剑是否锋利，直到"可怜的尸体被剁成碎肉，留在那里给狗、鸟吃"。好刀刃可以一击切穿三具尸体，最高纪录是七具尸体，而且试切不限于尸体。

被判死刑的武士与贵族有时也会遭受类似的命运，但多数情况下他们有切腹自杀的"特权"。这是起源于平安时代的习俗，意在显示死者灵魂的纯洁，因为灵魂被认为存在于腹部。至此阶段，切腹自杀往往已仪式化，甚至象征化，当被害人切腹后，一位备受尊敬的友人立即用剑砍下他的头颅。

刑罚的严酷与将近 1000 年前的律令制的相对宽松形成了极大反差，也显示了朝廷统治与武家统治之间的差别。同时，刑罚仍以背叛与分裂为依据，而非道德判断。

连坐法原则使人们对于接纳任何陌生人加入到他们中间显得非常谨慎。在一个行动受到控制的时代，陌生人本就很可疑了，但是，当整个社区因为一个陌生人的罪行被处罚甚至处死时，那么不接纳陌生人似乎就成为理所当然的了。至今，日本人往往不愿和陌生人牵扯在一起与这有很大关系。

严酷的连坐处罚在理论上有时也在实际上应用于大名领地的乡村，只是那里的生活相对容易。这是因为只要乡村缴纳税收，没有明目张胆的违法行为或反抗情形，许多大名通常乐于不干涉其领地内的乡村事务。除了重案之外，村里的惩戒通常由名主（村长）或百姓代（代表村民监督名主）处理，惩戒方式通常是罚款或征税，流放是最严重的处罚之一。

因此，不管村里实际的混乱情况如何，村民向大名的官员所描绘的必定是和平景象。这种恭敬的"应酬话"理念是近代日本的另一重要遗产。这是正式权威与实际权力之间的关系的另一要素，也是日本人外在与内在现实相区别的另一要素。假如某人表面上严守规则并尊重权威,且不会引发任何真正的骚乱,那么,很可能这个人就平安无事,甚至享有一定限度内的自由。据说,今日的日本仍是如此。

* * * * * *

西方人总是惹麻烦。他们不熟悉日本人的行为方式:行为难以预测且无礼,说着奇怪的难以掌握的语言,对于某种凌驾于天皇与将军之上的神力有奇怪的想法。他们的贸易有用且可靠,而且他们有一些有用的技术,但他们只会让将军寝食不安。特别是他们的不妥协的天主(或上帝)对将军权威构成的挑战是一大问题,这并非神学问题,而是政治问题。

假如西洋人信基督只是他们自己的事,而不是试图以布道与道德判断为名宣讲天主(或上帝)的权威,他们可能会受到优待。日本那时是(现在仍是)宗教宽容之地。信长对佛教徒的征战是基于政治而非宗教理由,秀吉以及德川氏反对天主教徒也是如此。

虽然日本人并不关心神学宗派,但天主教被视为比近来崛起的基督教更正教(Protestantism,一般译作"新教")更具威胁性。这可能因为天主教徒是当时在日本的耶稣信徒中的绝大多数(皈依基督的日本人几乎全是天主教徒),或者因为他们当时狂热地向欧洲以外的地区传教。然而,最有可能的,这多半是因为幕府知道天主教国家积极在新大陆建立殖民帝国。哥伦布本人即来自天主教国家。此外,天主教会甚至有自己的国家梵蒂冈,以及时常卷入政治的教皇。这都清楚表明,天主教会不仅仅关注属灵层次。①

总之,基督教(包括天主教)象征西洋人在日本的活动与对幕府权力和权威的威胁。它成为幕府采取行动以对抗这种威胁的焦点。这

---

① 英文"Christianity"一词意味信仰耶稣的各宗派,包括天主教与新教各宗派。但中文的"基督教"一词意味新教各宗派,并不包括天主教。因此,本节英文原文为 Christianity 时,译者将其译成基督教(包括天主教),因为本节所指的 Christianity 主要系指天主教。欧洲宗教改革后,天主教积极向欧洲以外地区传教,以弥补天主教势力在欧洲的衰退,新教积极在东亚传教要等到 19 世纪后。而英文的"Christian"一词,译者将其译成耶稣信徒,包括天主教徒与基督教徒,不译成基督教徒,以免被误解为单单指新教信徒。——译者注

图3-3 踏绘（左为板制、右为黄铜制）

所谓"踏绘"，指将刻有耶稣受难像的木牌扔在地上，让怀疑为教徒者用脚去踩，肯乖乖从命的定非天主教徒，或者虽是教徒却有心悔改，否则就将被处以火刑。这种方法并非松仓胜家所创，而是幕府搞出来并广泛推广的鉴别方法。

行动不仅针对西洋人，也指向信耶稣的日本人。如同当时的刑罚一样，幕府的行动是残酷的，尤其是对日本耶稣信徒。

17世纪早期，迫害加剧了。许多被怀疑是耶稣信徒者被迫踏在有十字架像或类似基督教象征的铜制平板上。有些人仍然坚守信仰，即使用来迫使他们放弃信仰的刑罚很恐怖，例如挖眼球、在父母面前折磨其幼儿。死刑执行也同样可怕，行刑方法包括钉十字架、用锯子斩首或丢进沸腾的热池里。

1638年，靠近长崎的岛原大屠杀使迫害达到顶点。在这次屠杀中，多达35000人被幕府部队屠杀，包括男人、女人及儿童，他们大多是耶稣信徒。这不是纯粹的对耶稣信徒的迫害，同时也是为了敉平民众因不满纳税而反抗一位大名而引发的叛乱。无论如何，屠杀的原因被忽略了，而该事件有效地终止了基督教（包括天主教）在日本的公开

图 3-4 岛原、天草之乱

"岛原、天草之乱"是对幕府和诸藩横征暴敛,以及迫害宗教信仰的大反抗,但它的失败也促成了幕府锁国体制的最终完成。战后,德川家光鉴于武家法度中规定诸藩不得幕府指令不得向外用兵,导致镇压暴乱的行动迟缓,遂将相关规定加以修改。

活动(虽然有些人仍秘密信仰耶稣,尤其在长崎地区)。从1640年起,所有日本人必须到佛寺登记,以证明他们不是耶稣信徒,这一规定也有助于更大程度上监督人民。

基督教(包括天主教)传教士在1614年被驱逐出境,但西方商人继续被允许来访甚至在日居留。然而,幕府逐渐感觉与外国贸易往来带来的不利超过收益。从国家安全角度来看,对外贸易不仅让幕府处于应激状态,而且某些大名借参与对外贸易之便致富对于幕府也间接构成了威胁。甚至在早期阶段,幕府就出于经济动机试图保护国内商人免受过度竞争之苦。

至1639年,所有西方人已被驱逐出境或自行离去,但是荷兰人是个例外,不过他们仅仅被允许居留在长崎港内的小岛——出岛。如果幕府不高估英格兰天主教会的势力（天主教徒在英格兰占少数），他们也许会允许英格兰继续与日本有贸易往来。这可能是因为荷兰人为了独占对日贸易特权，故意误导幕府。其后两个世纪，日本厉行闭关自守政策，而荷兰人、中国人与朝鲜人，是唯一获准与日本贸易的外国人。这就是后来被描写为锁国时代的时期。

闭关不单是指外国人被禁止入境日本，因为幕府似乎拒绝任何形式的舶来事物。从1635年起，除了极少数例外，幕府禁止日本人赴海外旅行，而且还禁止当时身处海外的日本人回国（大约有10万人，大多在东南亚），违反者将被处死。① 至此阶段，远洋航行的大型船只的建造也被禁止。获准在沿海从事贸易的船只必须出示幕府发给的官方印信。这种印信通称为"丸"，至今日本船只名称最后一字仍用"丸"。

西洋人的到来加上随之进行的国家统一过程，有助于日本人形成国家意识。17世纪初开始，南方的琉球群岛与北方的北海道即被纳入日本版图，这使得当时的日本地缘政治形态很接近今日日本。当时日本的世界地图（改造自中国事物的另一例子）显示中国是世界的中心，而非日本。很明显，德川时期的日本至少暂时没兴趣跟他们眼里的次要国家过多交往。对于德川统治者，锁国也是安全得多的国家政策。

3.2 武士与伦理

全国进入了持久的稳定与和平阶段，甚至没有任何真正的外来威胁，武士开始显得有点过剩。除了镇压农民叛乱，维护主君的名誉，以及少量的治安工作，真正的武士几乎无事可做。他们反而变成官僚与行政人员。他们的战斗也仅仅是纸上谈兵。

---

① 锁国令发布时，海外日本人人数多得令人吃惊。日本商人（与海盗）航行远至印度洋与澳洲以北的阿拉弗拉海。事实上，有许多日本人长期居留海外。在菲律宾、暹罗（泰国）有日本人社区，日本人居留地远达塞兰（Seram，今日印尼东南部）。这些人最后都融入了当地社会。H. Frei 估计，在1604—1635年间有大约10万日本人远赴海外，其中约1万人可能永久定居当地。不过，与朝鲜的往来是个例外，日本在釜山设有倭馆。

在社会秩序中占据上层阶级的这些人，为这种几乎寄生的生活感到万分困窘。他们抓住一切机会以实际行动证明他们的勇敢，更为可笑的是，他们还要卖力地证明自己的存在。

每个日本人都知道四十七浪人的故事。所谓浪人是指被免职或主家被处死或降级而变成无主的武士。德川时代有相当多的浪人，流浪乡间给村民带来麻烦，让当局担心。然而，四十七浪人被视为是武士道德的体现。

1701年，他们的主人播磨国（今兵库县）赤穗城藩主浅野长矩（1667—1701），难以忍受幕府典礼长吉良义央（1641—1708）的侮辱，拔剑砍伤了他。在幕府将军的城堡里拔剑是死罪，因此，他被迫切腹自杀，而后其领地被没收。这时，在无主的武士家臣中，有47个人发誓要杀吉良为主人报仇。他们隐藏意图长达7年，假装过着放荡的生活，然后，趁其不备时袭杀之，把吉良的首级砍下来，挂在主人的坟墓前。

虽然他们的行为被视为武士道的模范，但他们因私自用刑而被迫自杀。他们集体切腹自杀这一事实，引来了学者们的讨论和民众的议论。他们被埋葬在东京泉岳寺，现在此地已成为观光胜地。

本时期有关武士道的作品至今仍广受欢迎，包括1716年的《叶隐》与约1643年的《五轮书》。然而，最具趣味性的作品之一是本身就是浪人的山鹿素行（1622—1685）所撰写的。他曾是四十七浪人中的某位浪人的老师。

山鹿或许是最先将武士道视为全面哲学的人。① 在他的各种著作中，他强调武士道的要素，诸如忠诚与自律，艺术学习与培养的重要性以及整个人的全面发展，特别强调了解自己在生活中的角色与了解如何恰到好处地与人交往。但是，他也为武士在当时社会缺乏功能有用性一事进行辩护。他认为，武士免于工作以便能专心培养伦理德性，作为社会的模范，如果必要的话，将管教那些劣迹斑斑的人：

---

① 许多人追随山鹿，包括近代的一些人。比较著名的是新渡户稻造（1862—1933），他用英文写就的《武士道：日本之魂》（*Bushido: The Soul of Japan*）一书于1899年出版，试图向世人介绍日本，他认为武士道是日本的民族特色。

第三章 锁国：德川时代（1600—1868年）

图3-5 日本浪人

日本浪人亦称大陆浪人、国士、大男人、义盗、任侠、"英雄"，是近代日本特有的历史现象，为日本近现代社会中十分复杂又具有一定势力的社会阶层，他们是离开主家到处流浪的穷困武士。为恢复昔日的权威而具有疯狂性和冒险性，他们以天皇的亲兵自居，到处以"爱国者"的面目出现，因有一技之长而能量惊人。

武士不用做农民、工匠及商人的工作，可以专心修道；假如平民的这三种阶级之中有人违反道德准则，武士可以从速从简地惩罚他，以维护严格意义上的道德准则。

这里提到道德，但它不同于西方概念的道德。它也不是善与恶的问题，而是在社会关系与秩序的背景下做被期待的事。一旦违反，便会受到惩罚。

山鹿的著作中还有浓厚的儒学意味。儒家很关心个人应了解他在社会中的地位，遵守伦常关系，尊重秩序，各尽其责。由于这些积极作用，德川幕府开始复兴并发展儒学。然而，在某些方面，为了适应日本的需要对儒学做了部分修改。例如，中国儒学容许忠于良知，但在日本它被局限于忠于上司。幕府任命一位儒者为顾问，而且在幕府的支持下，江户设立了一所太学讲授儒学。这一时期产生了许多著名儒学家，诸如林罗山（1583—1657）、山崎暗斋（1618—1682）、新井白石（1657—1725），以及荻生徂徕（1666—1728）。

儒学的主要影响在于性别认识与两性关系的引申。像1716年的《女大学》一书教诲女性的"五不德"——不顺从、不满、毁谤、嫉妒、愚蠢，并倡导男尊女卑。该书指出："毋庸置疑，十女有七八人有五不德，而正因如此才产生男尊女卑。"这种歧视女性的观点是如此多武士偏好同性恋关系的原因之一。此外，根据中国阴阳哲学，过多跟女阴发生关系可能会严重削弱男刚。

儒者与幕府虽不完全赞成同性恋，但对此视而不见。幕府则特别加以容忍，因为在日本男同性恋者总是反映出社会阶层的情况，主动的一方往往是上司。

对于幕府，儒学并非总是好的。儒学的一个吊诡之处是它鼓励量才任用。在中国的阶层与阶级的概念中，允许基于才能的社会流动性，而在此后的几个世纪里，日本也容许某种程度的量才任用。然而，鼓励量才任用不一定符合德川幕府的最佳利益及其正统与稳定的政策。后来一些人开始抱持较为批判与质疑的态度，但这不应被夸大，因为服从仍是基准。

武士与贵族子女在家里或在大名设立的特别学校接受教育，而且富商也可以设立私立学校。后来，其他阶级的孩子也有机会在名为"寺子屋"的私塾里读书。寺子屋原先是由乡村寺院设立的，但不久便扩展至城镇。学费通常很便宜，甚至免费，因为教师往往是将教书作为慈善行为的僧侣，还有的教师是武士，他们是为自我价值感而教书的。由于教育普及，本时代后半期男子识字率估计达45%，女子达15%，整体而言则是30%。这可能是当时全世界最高的识字率。它定下了普及教育的长远方针，因为今日日本识字率仍是世界第一，达99%。

儒学的另一个具有讽刺意味的地方是，由于儒学主张应该服从统治者，所以究竟谁是统治者的问题不可避免地被提出来了。在教育普及的背景下，人民注意到中国的统治者是皇帝。这实际上就意味着将军可能被看成篡位者。

从18世纪初起，由于神道的复兴以及与神道有关的诸如《古事记》等早期经典再度受到重视，人们更加怀疑幕府。神道与《古事记》被视为纯粹日本的东西，是国学的一部分。在偶尔有外国船只遇难漂流至日本海岸或外国船只要求停泊日本港口以补给物资的刺激下，日本的民族意识崛起了；在某些方面，神道的复兴是民族意识崛起的继续。这也是感觉日本有点儿过于汉化的一种表现。国学学者包括本居宣长（1730—1801）与平田笃胤（1776—1843）等人。本居批注《古事记》，并公开批判中国事物。平田主张神道与日本的优越性，而这将给近代日本民族主义与帝国主义一些启示。

武士道的理想化、儒学的复兴、教育的普及以及民族主义的崛起，都将在近代日本的形成中发挥重要作用。当然，形成其背景的顺从主义与正统主义也是不容忽视的。

3.3 庶民、文化与经济

江户很快就变成了热闹的中心都市。幕府设在这里，大名率领家臣定期来此居留，不可避免地形成了这一现象。

至18世纪结束时，江户拥有约100万人口，使它成为当时全世界最大的都市。江户是那个时代生活的非常重要的一部分，因此这一时期也被称为江户时代。

但江户不是唯一的繁忙中心，大阪与京都都拥有约50万的人口。在大名参勤交代所经路线上，自然就产生了城镇以满足他们的多种需要。在大名的代表能够将食米换成现钞的地方，交易中心发展起来了。尽管对旅行有所限制，对城市居民惩罚严厉，许多农民还是被这些新经济活动吸引而涌入都市寻求财富。

这些各式各样的町人（城市居民）有助于形成一种新的、充满活力的文化，他们的活力协助抵消幕府偏好的永不改变的正统主义。

富商在这种新的町人文化中扮演了主要角色。因为贵族优雅的、

图3-6 大阪城远景

室町时代后期结束了群雄割据的局面,织田信长和丰臣秀吉掌权统一了全国,建筑重点转向城郭建筑。图中的大阪城是由丰臣秀吉兴建的。

克制的能剧并不合富商的胃口。他们偏好歌舞伎的色彩与虚饰,其动作夸张、剧情通俗简单,并且有诸如地板门与旋转舞台等舞台效果;他们跑去观赏文乐木偶戏。当然,优雅的、伤感的贵族诗歌也不合他们的胃口。他们偏好诸如俳句与川柳等较短且往往较幽默的诗句。[①]

他们爱好富于机智的书(洒落本)、通俗小说(读本)、商人成功故事(町人物)或引起性快感的书(好色本或浮世草子)。他们爱好色彩艳丽的木版画,它往往有明白的性意味。这种画称为春画或通称为浮世绘。"浮世"原是僧侣形容人生短暂所用的词,但在江户时代这个词意指人际关系的世界,尤指性关系。

对近代的西方访客来说,江户时代的好色性往往并不受到重视,

---

① 最著名的俳句诗人是松尾芭蕉(1644—1694)。俳句与川柳都是十七音节的诗句,俳句通常注意自然界,而川柳注意人文现象。

第三章 锁国：德川时代（1600—1868年）

图3-7 《好色一代男》插图——世之介偷看邻居女子

但这是町人文化的重要部分。① 早期的歌舞伎女演员几乎跟妓女没什么差别，而表演往往堕落至纵酒狂欢。幕府目睹歌舞伎女演员的放荡后大为震惊，于是禁止女性上台。② 幕府担心的不只是混乱。然而，替换女演员的男演员产生了完全一样的结果。幕府下令他们规矩一点儿并加以监督，但没有什么作用。

这也是艺伎的时代，艺伎往往是男性。在大多数情况下，艺伎（不管是男的或女的）只不过是有艺术天分的娼妓，因为虽然他们弹奏三味线乐器，能背诵诗句，但他们也出卖身体。幕府设法行使一定程度

---

① 许多学者指出，对性方面的兴趣仍然是今日日本社会的很大一个特色，从大量的色情物品与婚外情、性犯罪的发生率可以看出。例如，Buruma追溯今日日本的色情刊物、电影与江户时代木刻画的直接关系。

② 许多武士以及商人与农民观赏歌舞伎表演，跟演员扯上关系（演员必定出身贱民阶级）。幕府不认为阶级之间的混杂是好事。

图 3-8 宽政三美人

的控制,将艺伎与娼妓限制在城市的特定"玩乐区",就像江户的吉原町。

町人通常都比较富裕,占全国人口多数的农民则不然。由于天气多变,发生过多次作物歉收与饥荒。许多领地税负很重,这成为许多农民叛乱的原因。一些领地更因管理不善加重了灾难。还有许多人无法应付因作物逐渐专门化与商业化所带来的经济不稳定,诸如丝、棉花、烟草、糖,以及茶等经济作物。实际上,许多不成功的农民往往把他们的土地委托给别人,自己则变成佃农,尽管法律禁止这样做。结果,贫富差距进一步加大。

然而,整体来说,农民贫苦的程度被夸大了。从江户时代中期起,人口基本维持在约3000万,人口没有增长主要是由于贫苦农家杀婴。当然,杀婴确曾发生,但这并非总是因为极端贫穷才这样做的。杀婴往往只是为了提高生活水准，正如今日许多家庭限制孩子个数一样。换言之，杀婴往往是"产后避孕"的一种形态。

同样，家庭规模有时以收养方式向上调整以改善经济效率，因为每个家庭都是一个生产单位。正如乡村作为整体单位对领地藩主所辖的作物生产与纳税负责，在乡村里，则是以大家庭而不是以个人为单位的。对于这些大家庭，血缘关系并不是特别重要的。

尽管失败与苦难的情况时有发生，从整体来说，本时期农民生活条件改善了，整体的社会生活条件也改善了。事实上，本时期实施的各种法律本身就显示了财富的增加。1788年幕府发布的一项命令指出：

> 长久以来，穿着简单和用稻草绑发一直是农民的习俗。但近来他们已习惯于奢侈，忘记了他们的地位。他们穿适合较高地位者的衣服，使用油与发髻绑发。现在，他们在雨天使用雨伞与斗篷，不用草帽与蓑衣。这一切导致费用增加，乡村因此日渐衰落，人们纷纷离开乡村……农民任何时候都不可忘记他们的身份。农民从商或乡村有美发师都是不敬的。今后，农民应该避免所有的奢侈行为。他们要过简单的日子，专心农耕。

生活水准的提高显示了良好的经济状况。这一良好状态产生的原因反映了机敏与机运的结合：

- ⊙ 生产增长率比人口增长率高——在某种程度上是因为人们知道经济效率与家庭规模之关系的结果，但也是农业技术改善的结果；
- ⊙ 高识字率有助于新技术的普及与商业活动效率的提高；
- ⊙ 参勤交代制度使得大名必须获得流动性资产，以应付其各种庞大的费用，因而促成复杂的经纪和交易机制与先进货币经济的产生[①]；

---

① 大多数大名出售藩领地内多余的食米，但有些大名也把专门化的经济作物换成现金，诸如来自南九州岛津家族萨摩藩的甘蔗作物。至18世纪，这种复杂的机制甚至包括期货市场。

- 由于经济活动增加，经济活动也随之多样化与专门化，因而更进一步提高了效率、商业化与货币化；
- 和平与政治结构创造了有利于国家稳定的环境；
- 由于阶级制度，幕府未特别严肃对待商人，给他们广泛的自治，对他们课税也相对较轻。

商人的崛起对日本的未来特别重要，诸如三井、住友等大商社都是在这一时期发展起来的。获取利润的想法曾经被统治阶级轻视为不高贵，但现在已逐渐被接受。石田梅岩（1685—1744）甚至发展了一种称赞赚钱与商人角色的哲学。

然而，商人的崛起也是最终拖垮德川政策的另一因素。很明显，把商人置于底层的阶级制度与现实脱节。在此现实下，大名往往欠商人大笔债务，在某些情况下也就会受到商人的控制，这种情况时有所闻。有些商人获得武士特权，而有些武士则从事商业。作为德川政策支柱如同坚冰的阶级制度，现在不可避免地开始解冻。

3.4 洋鬼子重返与幕府垮台

日本借着长崎的荷兰商馆与西方保持某种程度的接触。日本仍对"西学"（洋学或兰学）——尤其是自然科学有兴趣，甚至非常仰慕。医生学者，诸如恩格尔贝特·肯普弗（Engelbert Kaempfer, 1651—1716）、菲利普·西博尔德（Philipp Franz von Siebold, 1796—1866），给日本人留下了特别深刻的印象。两人都是日耳曼人，但都被长崎的荷兰商馆雇用为医生。

时常有未经准许的西方人在这个闭关自保的国家的海岸登陆，有时是故意的，有时是无意的。除了极少数例外，他们不是被驱逐出境就是被处死。约从18世纪末起，当西方列强在太平洋与东亚越来越活跃时，许多国家尝试与日本重开关系，至少为他们的过境船只获得补

图3-9 富豪的娱乐

给权。但是,这些努力注定是失败的。1792年,俄国首次尝试,1804年,再次尝试,但都以失败告终。英国在1797年、1808年、1818年曾三度尝试。在日本海域附近进行捕鲸活动的美国,先后在1791年、1797年、1837年尝试,而且1846年与1849年又进行了特别努力的尝试。

至19世纪中叶,幕府已经认识到西洋人不可能不打日本的主意。但当日本知道英国在鸦片战争中打败大清帝国时,日本更坚定了不让西洋人接近的决心。在坚强的民族主义者的协助下,日本甚至尝试阻止讨论有关跟西方建立关系的问题。高野长英(1804—1850)因大胆敦促开国以与外国接触而被监禁,后来被迫自杀。甚至佐久间象山(1811—1864)的折中观点也惹来杀身之祸,他提出"东洋之道德,西洋之学艺"(东方道德,西方科学)的口号,提倡融合日本与西方的长处。

较极端的民族主义者提出"尊皇攘夷"口号。排外情绪可能获得了幕府的支持,但另一半口号不是那么受欢迎,因为这暗示对幕府本身缺乏尊敬。

从大约19世纪30年代起,人们逐渐感觉幕府正在失去控制,而人们也不再尊敬幕府。幕府未能对1833—1837年的严重饥荒做出建设

图 3-10 闭关锁国

　　丰臣秀吉之后，日本人在德川幕府领导下度过了日本历史上罕见的长达 260 年的和平。此时中国正是清朝，于此前后，西方世界同样叩响了日本的大门。首先登陆的是一个来自葡萄牙的基督教传教团，他们带来了一支毛瑟枪。日本人对基督教的兴趣远不如对枪的兴趣大，不到半年的时间便仿造出 600 支，几十年后纯熟地造出了 30 万支，使装备一直处于冷兵器时代的武士们一跃走进了近代化。

　　后来，德川幕府镇压了国内开始萌芽的基督教；除了留下长崎给荷兰和中国商人进行贸易，但必须处于日本政府全天候的监视下，其他地方的外国人一概赶跑；对于一切企图离开列岛或从国外归来的日本人处以死刑。1638 年，一个葡萄牙的官方代表团为说服日本放弃他们的孤立主义政策进行了最后一次努力，他们不避艰辛与风险来到日本，其中的 13 个人被斩首示众，当时虽还没有阿拉伯半岛电视台，这并未妨碍让世界听到德川幕府的声音，它放了幸存者回澳门，并要后者带话给西方世界："让他们不要再打我们的主意了，就当作我们不存在这个世界吧！"

性的反应。甚至在 1837 年爆发了大盐平八郎（1793—1837）领导的叛乱。大盐是大阪的儒者官吏。长久以来，他对效率低下的政府与腐败非常不满。大盐之乱是小规模叛乱，但幕府因无力敉平该叛乱以至丧失了人民对它的尊敬。后来，大盐本人虽然自杀，但他成为民众反抗腐败与效率低下的政府,以及被政府放纵的贪婪商人的象征。幕府的确进行过一系列改革,但都成效甚微。

在大多数情况下也是官吏的武士,也失去了人们的尊敬。以前因为天下承平无仗可打已经让他们倍感挫折,后来又失去了人们的尊敬则更加有挫折感;而现在甚至连他们的战技也受到了怀疑。

1853年7月,美国海军舰队司令马修·佩里(Matthew Perry,1794—1858)率领4艘蒸汽军舰强行驶入江户湾,形势变得非常严峻。佩里奉美国政府命令,向日本要求三件事情:给予船难者较人道的待遇,开放港口为过境船只提供补给品与燃料,开放港口通商。他是意志坚决的人,必要时准备使用武力,而且为了确保日本人知道他的决心及其舰队的威力,他甚至向日本人出示白旗,敦促他们投降。他向日方提交了美国总统致日本天皇的国书后便率舰离去,明言为了日方的答复翌年还会回来。

佩里离去后,幕府手忙脚乱争论此事。幕府甚至向大名要求对这种史无前例且屈辱的举动提出应对策略。然而,幕府确实无力抗拒美国。1854年2月,当佩里率领由9艘船组成的更大规模的舰队回来时,幕府同意签约。在1854年3月签署的《神奈川条约》中,幕府接受了美国的要求,包括有权在日本派驻一名领事。首任领事汤森·哈里斯(Townsend Harris,1804—1878)如期于1856年在下田港就职。这个闭关自守的国家的门户被迫打开了。

接下来,与其他列强的类似条约迅速相继签署:1854年10月和英国,1855年2月和俄国,不久之后与法国、荷兰签约。对任何一国的进一步让步都会使其他国家也获得类似的让步,因为所有国家都享有最惠国待遇。日本失去了对本国关税的控制。对于日本人,这些由"炮艇外交"签订的"不平等条约"是屈辱的。特别难堪的让步是领事裁判权,即违法的外国人由其领事审判,不由地主国的司法当局审判。此举明显地把日本归入"不文明国家"的地位,因此大大伤害了日本人的尊严,因为日本人不是蛮夷,西洋鬼子才是蛮夷。

西方商人与冒险家也陆续来到日本。他们往往并不像外交官那样举止合宜、政治正当，但一些日本民族主义者（特别是在武士之间）不需要多少挑衅甚至根本不需要挑衅就会攻击他们。①

幕府将军作为日本的军事保护者，却没有能力有效处理外来威胁，此举为幕府敲响了丧钟。幕府的反对之声不断增加，有些反对者是政治投机主义者，有些人则真正关切国家福利。

主要的反对来自外样藩，尤其是南九州萨摩藩与本州西角的长州藩。萨摩与长州是领地广大且强大的藩，两藩都嫌恶幕府，但传统上彼此之间不怀好意。

长州藩民族主义者尤其狂热。长州武士吉田松阴（1830—1859）企图潜入佩里的一艘军舰内偷渡至美国，以便学习西方国家的长处来强化日本，但偷渡没有成功。不久后，他因阴谋暗杀幕府一位代表而被处死，成为尊皇攘夷运动的殉道者。

由于气愤幕府不采取行动，1863年7月与1864年9月前后两次，长州甚至炮击在下关海峡（长州控制该海峡）航行的外国船只。长州受到英国与美国军舰的武装报复，损失了许多船只，而且许多陆地军事基地被摧毁。幕府本身也决定惩罚长州，因此在1865年与1866年两度派军讨伐。然而，重新集结的长州军现在除了武士之外也使用农民兵，他们成功地抗击了幕府军。

长州反抗德川幕府成功是一件划时代的事件，因为这是大名首次反抗幕府成功，而长州反抗成功也是因为萨摩藩决定不与幕府军联合。两藩是争夺朝廷支持的对手，而朝廷在失去实权一千多年后感觉现在正是夺回实权的机会。两藩在1863年为争夺朝廷支持而交战，而萨摩胜利了；但不久后两藩缔结同盟。他们同盟也是划时代的事件。

1867年1月，新将军庆喜（1837—1913），异常能干，进行了一

---

① 理论上，幕府拒绝为指定区域以外的西洋人的安全负责，但实际上幕府迅速处死任何攻击者。日本历史上，曾发生多次极端民族主义者攻击外国人的事件，比较著名的是1862年英商查尔斯·李察逊（Charles Richardson）被谋杀的事件，他是在横滨后面小山里骑马时被攻击的四名英国人之一，其中包括一名女士。甚至官方建筑物也不能免于被攻击，江户英国公使馆1861年受到攻击，1863年被焚毁。

系列建设性的行政改革。他还热衷于在幕府与朝廷之间进行建设性的和解。幕府的反对者现在必须迅速采取行动，拖延可能对自己不利，因为改革后的幕府将能持续下去。

在与长州有关系的朝廷贵族岩仓具视（1825—1883）的协助下，由萨摩藩与长州藩领导的外样藩同盟设法获得了一项要求废除幕府的朝廷敕令。凭借这一权威，他们在1868年1月3日占领皇宫，宣布"王政复古"。虽然幕府支持者的反抗持续了一段时间，庆喜本人经过短期的犹豫不决且不合作反抗后，奏请奉还大政。他退隐至静冈，平静地度过他45年的余生。

王政复古的天皇是一位15岁的男孩，名叫睦仁（1852—1912），年号"明治"（光明的统治）。他在1867年1月，其父孝明（1831—1867，1846—1867年在位）死后刚刚即位。孝明之死有诸多争议，而且很可能是被毒死的。①他不完全支持王政复古运动，宁愿朝廷与幕府联合。他的死当然有方便之处，倒幕派获得了最重要的天皇敕令。他的死也排除了倒幕派面对一位不情愿的、难以对付的成人天皇的可能性，而是留下一位可以操纵的男孩作为国家元首。

总之，持续将近700年的幕府统治结束了。洋鬼子回来了，没有想离去的样子。洋鬼子第一次出现时，一幅根据日本"放屁比赛"的风俗绘制的流行漫画描绘西洋人被日本人的屁吹走了。但是这个情景只是夸夸其谈，洋鬼子并没有被吹走。相反，洋鬼子最终打开了这个闭关自守的国家的门户。西洋人占了上风。

---

① 下毒理论最直率的支持者是唐纳·卡尔曼（Donald Calman），他断言孝明是被暗杀的。当时在日本的日本学专家恩斯特·沙托（Ernest Satow，1843—1929）似乎也抱持这种观点，许多现代医生也这样认为。对比之下，康拉·托曼（Conrad Totman）则认为从现有证据来看，天花是其死亡原因。

◆ **本章综述** ◆

　　武人德川家康与他后面的几位继承人，巩固了16世纪后半期展开的统一过程。基于织田信长与丰臣秀吉的成功与在许多情况下两人的实际政策，他们能够复兴幕府。德川家族占据将军职位达两个半世纪之久。德川政策的主要推力是尽可能保持日本处于稳定的正统主义状态，这包括去除西方的威胁（以天主教对幕府权威提出的政治威胁为象征）以及有效地封闭日本，使其与外界隔绝。其他的控制机制包括大名定期到幕府所在地江户参勤交代、依据战略需要重新分配各藩领地、社会阶级的阶层分离、限制旅行与交通、宵禁、监督、连坐法，以及日常生活的具体规定。违反规定通常意味着招致无情的惩罚。

　　尽管理想是维持现状，但重大的内部改变发生了。尤其，社会经济发展带来社会秩序的实际改变。例如，强大的商人阶级的崛起，以及武士因为无仗可打而弱化（武士实际上变成官吏，但却意外地被理想化）。一个新的、充满活力的、以商人为中心的市民文化出现了。此外，儒学的提倡原本旨在支持正统与秩序，却也出人意料地改善了教育水平与批判的思维。借着强调天皇为最高统治者，儒学也提出有关幕府的合法性的问题。在一定程度上反对中国对日本的过度影响、注重过去、以神道与天皇为中心的民族主义崛起了，这些发展对苦恼于腐败无能的幕府毫无益处可言。

　　这些国内因素可能最终会导致幕府的垮台，但西方列强在19世纪中叶返回日本使幕府的末日提早来临。列强要求通商和其他权利，并强迫日本签订屈辱条约。尽管幕府是日本的军事保护者，但却没有能力保卫国土以对抗外国威胁，这使得长久以来反对幕府的外样藩有机会发动有效的政变，尤其是萨摩藩与长州藩。他们的行动是机会主义与真正民族主义的混合。1868年初，末代将军被迫辞职。在两藩武士的支持下，少年天皇得以王政复古，开创日本史上的新时代。

　　本时期的关键发展摘要于表3-1。我们也看见了和今日日本相关的价值与做法。有些是必然的结果，有些似乎是选择的结果。这些价值与做

第三章 锁国：德川时代（1600—1868年）

表3-1 德川时代的主要发展

发展	时期
幕府重新建立	17世纪起
外国人被驱逐，基督教（包括天主教）被镇压	17世纪早期至中期
幕府控制政策就绪	至17世纪中期
武士角色转变为官僚	17世纪中期起
新的市民文化发展	17世纪中期起
以神道为基础的民族主义开始发展	18世纪早期起
人口停止增长，经济繁荣	18世纪早期起
教育普及	18世纪中期起
外国人又来"纠缠"	18世纪晚期起
人民对幕府愈来愈不满	19世纪早期起
外国人以压倒之势返回，日本重新开放门户，国家丧失尊严	19世纪50年代起
外样藩武士向幕府挑战	19世纪60年代早期起
幕府被政变推翻，天皇王政复古	19世纪60年代晚期

法见表3-2。

这些要点中有些与今日日本明显相关，如顺从主义与服从、教育与儒学、民族主义与对陌生人的不安。武士道的理想化很重要，不仅理想化本身重要，而且作为掩饰历史现实的象征也很重要。

某些其他要点有助于解释先前时期的矛盾。例如，严厉执行集体责任有助于压抑明显的自利表达。这暗示尽管中世纪有集体责任的法律基准，人们却明显自利，这种矛盾是由于当时的当局未能厉行法律所致。

表3-2　德川时代的主要价值与做法

- 流传广泛的正统主义与顺从主义
- 普遍的服从权威（至少形式上）与一种"有限度的自由"的理念
- 接续前代的正式权威与实际权力的区别，与引申而来的外在形式与内在实质的区别
- 继续将"犯错"与捣乱、不服从划上等号，不与邪恶划上等号
- 对性的道德观念是较宽松的
- 连坐的集体责任，靠互相监视与无情的惩罚来厉行
- 对陌生人谨慎与内团体/外团体意识强烈
- 经济的机敏，即使在许多农民家庭中也是如此
- 许多非武士的物质主义感
- 生命相当不值钱的不变观点
- 高度重视教育
- 和风儒学的复兴
- 武士道的理想化
- 强化民族主义感，尤其强调日本与世界其他国家的区别
- 被西方列强压迫的屈辱感

第四章

建立现代国家：明治时代（1868—1912年）

图4-1 明治神宫

　　日本将天皇奉为"神"，建神社祭祀。明治神宫是当时为祭祀明治天皇和昭宪皇太后而兴建的。

4.1 维新的强化

恢复统治的睦仁天皇年仅15岁,几乎不可能在无人辅佐的情况下放手进行其"光明的统治"。毫不奇怪,他的顾问是支持其主张的武士领导者。这些人大多来自萨摩藩与长州藩,少数几个来自土佐藩(在四国)与肥前藩(在九州)等其他藩。在顾问群中也有像岩仓具视这样的几朝贵族,这主要是为了提高新政府的合法性。

大久保利通(1830—1878)、西乡隆盛(1827—1877)与松方正义(1835—1924)来自萨摩藩。木户孝允(1833—1877)、井上馨(1835—1915)、伊藤博文(1841—1909)与山县有朋(1838—1922)来自长州藩。他们都很年轻,大多三十岁出头。他们大多数原先在武士阶级中的阶位也相当低。

后来成为明治政府显赫人物的伊藤博文,便是一个经典的"乞丐变王子"的例子。他出生于贫农家庭,十一二岁时跟随其父一起被一个低阶武士家庭收养。1863年,他因功绩显耀(包括焚毁英国公使馆)被封为武士。明治时代他四度出任首相并最终获得公爵头衔。

这些年轻人有双重动机:一方面,面对外国威胁,他们在民族主义的驱策下想为国家卖力;另一方面,他们想闯出自己的事业,因为在旧幕府政权下他们没有这样的机会。他们从未受到献身旧政权的束缚,但他们在思想上也未受到献身完全王政复古的束缚。这只是一个为他们自己与国家尽力的问题。至少在当下,高举权威性的王政复古旗帜似乎是着手行动的好方式。对于他们自己与国家幸运的是,他们拥有超过自己年龄的成熟与智慧;对于皇室幸运的是,睦仁照他们说的去做。

他们的首要目标是巩固新政权。人们因为动乱的政变事件而大为恐慌，群众的歇斯底里是对在长治久安的世界里发生的创伤性变革的一种反应。①与其说民众需要王政已复古的保证，不如说需要社会恢复稳定的保证。

拖延不决的武装抵抗必须迅速得到敉平。江户是有约2000兵员抵抗的中心，但至1868年7月已被完全平定。幕臣榎本武扬（1836—1908）率领一队军舰逃出江户，驶往北海道，在北海道宣布成立共和国，但1869年6月即被击败。在其后若干年反抗仍以各种形式出现，但榎本武扬失败后，至少短期内秩序已获得有效恢复。

天皇本人也必须向人民做出保证，尤其是关于日本将如何处理外国威胁的问题。1868年4月，王政复古后仅三个月，他和其顾问便公布了五条御誓文：

⊙ 广兴会议，万机决于公论；
⊙ 上下一心，盛行经纶；
⊙ 文武一途，下至庶民，各遂其志，使人心不倦；
⊙ 破除旧来之陋习，基于天地之公道；
⊙ 求知识于世界，大振皇基。

从第五条可以看出，新政府打算不对抗外国威胁，而是向外国学习，吸收其长处。以前的仇外口号"尊皇攘夷"不久将被较务实与较建设性的诸如"和魂洋才"的口号所取代。这种现代化方式与古代大和与奈良时代的现代化方式类似，如此的类似——除出人意料之外，基本上可以肯定是有意识的。过去对于现代是有用的教训。

日本幸运地被允许以自己的步调和方式向外国学习，因为就像古代的中国或16世纪的欧洲人，19世纪的西方列强对殖民日本并不真

---

① "ええじゃないか"（管他的）现象从1867年尾德川幕府即将垮台时展开，并持续了二三年。这一现象清楚地显示出快乐与焦虑、兴奋与迷惑的混合。群众的狂乱行为包括街头狂舞、衣着奢侈或丢衣服、公开做爱与纵酒狂欢、捐赠金钱与财物、故意表演猥亵、未经许可进入他人家中并拿走东西，放弃了理性行为的所有禁制与虚饰。社会心理学家Mita Munesuke比较详细地讨论了这一现象。

第四章　建立现代国家：明治时代（1868—1912年）

图4-2　东京帝国博物馆

　　明治维新以后，日本全面吸收西方文明，大胆引进西方建筑模式，旧东京帝国博物馆是当时洋式建筑代表作之一。

正感兴趣。不过这并不意味着一点威胁都没有了，并不意味着日本人可以放轻松了。1853年，佩里赴日途中在日本小笠原群岛的"前哨基地"升起了美国国旗，日本人摘下了它，并没有招来美国人的报复，佩里还对华盛顿建议，美国可以考虑占领琉球群岛。事实上，1887年，年轻的地理学家志贺重昂（1863—1927）根据对英国人占领下的澳大利亚和新西兰的观察，曾在自己的著作《南洋时事》中提出警告，西方人有可能会占领日本。志贺重昂对英国人非常钦佩，但在一定程度上也心存畏惧。志贺重昂在书中写到了1886年在新西兰时和一名毛利酋长维塔科的对话：

　　维塔科问我日本是否和英国打过仗，我回答说，日本各省过去也有很多地方部落，他们拥有广阔的领地，有些部落曾和英国人出现过争端。幸运的是，英国人并没有那么认真，没有威胁要入侵。所以我们迄今为止仍可保持独立，但我必须承认这完全是靠运气。

回头想想就会意识到，我们跟西方国家相比优势有限，鉴于此，拥有这样的自由是何其幸运。……维塔科认为，他的国家遭到快速镇压的原因是一直在和英国人打仗，说到这里的时候，他看上去悲愤交加。哎呀！日本可能会成为另一个新西兰。我抬头看着秋日南海的天空，担心远方祖国面临这个威胁。目睹新西兰发生的文化和种族压迫，作为新日本的子民，我必须立刻采取行动，让祖国的同胞们意识到这个可能发生的威胁。

西方列强在其他地方有较好的选择——这次不是新大陆，而是古老的中华世界，因为美国本身现在是西方列强之一。澳大利亚一直被认为是"幸运之国"，但对志贺重昂和赞成他观点的人来说，这个称呼也许更适合日本。

在御誓文的简短序文中，政府承诺制定宪法。实际上，政体书（宪法）在仅仅三个月后便仓促发布，但却以令人吃惊的低姿态出现。比起后来颁布且更著名的明治宪法，所谓的1868年宪法显得相形见绌，但它在理论上提出了议会、官吏公选与太政官制。太政官制是当时唯一付诸实施的项目，而其各部进一步把合法性授予政府的年轻领导人。

明治政府想要有一个中央集权的单一首都，反对存在江户与京都的"双重首都"，这也反映了大和奈良政府的做法。江户被选定为首都并改名为东京。1869年，天皇从京都迁至东京。新的太政官也设在东京。

全国土地收归国有，这是另一个奈良风格的政策。占全国土地约1/4的幕府土地，是最先被国有化的。然后，1869年3月，萨长政府领导人士说服其藩主奉还版籍，以便重组为县；不久，其他大名纷纷仿效。有些大名并非心甘情愿地放弃领地，但他们不想触怒政府且在这件事上也没多少真正的选择。1871年8月，政府更进一步，合法地废藩置县。

政府许以丰厚的俸禄并任命其为知事（县长），来说服大名接受废藩。这样大名不仅获得丰厚的俸禄，政府也接收了他们的藩债并负责付俸禄给他们的武士家臣。政府慷慨对待大名与武士（后者获得的待遇不怎么丰厚），其政治意义重大，因为此举有助于降低武装反抗政府的风险。

然而，如此的慷慨对于维新前一直不健全的政府财政来说，毫无益处。新政府在最初几年实施了一系列财政改革。政府设立新式铸币厂和新式银行制度，因此，以日元作为基础的标准化十进制货币得以建立。这些改革由大藏大臣（财长）大隈重信（1838—1922，来自肥前藩）与先前被派去美国学习货币制度的他的助手伊藤博文等重要人物监督。

一项特别重要的财政改革是1873年7月实施的固定土地税，根据地价按百分比抽税。这一措施取代了封建时代课税根据收成好坏而定的制度。现在，一般认为土地所有权属于传统上依靠土地收成而付税者（通常是家长）。这项改革有助于刺激人们提高生产力。然而，这也产生了不太令人满意的结果，佃农所占全国人口比率高达40%，因为较贫穷的农民年景不好时，不得不靠抵押土地来纳税。

新政府为现代化铺路的另一项重要改革是废除封建等级制度，这绝对不是奈良时期影响的反映。根据1868年御誓文的承诺，对阶级职业的限制于1869年被废除。阶级从士农工商被重组为华族（贵族，包括大名）、士族（武士后代）与平民，而皇室构成另一不同的阶级——皇族。1870年，一般百姓被正式允许可以取姓。1871年，"秽多"与"非人"等贱民阶级在理论上被废除并获得与平民同等的地位，但是，实际上差别待遇仍然根深蒂固。1872年，政府基于四民平等原则宣布教育机会均等，但这要在几年后才成为现实。

对旧阶级制度的最大打击或许是分阶段废除武士阶级。实际上，维新的巨变意味着大多数武士将无真正的职业，即使是官僚性质的职业。这就要求他们必须去找新工作来自谋生计。当然，有些武士继续担任行政人员，只不过这次是为政府工作，有些武士从商成功，或转任警察，或农民，但是，许多人仍依赖日益减少的俸禄。然而，1873年政府实施征兵，意味着各行各业的男子现在都有资格从军。1873年，政府实行"家禄奉还规则"，政府以公债的形式一次付清来代替给华

图4-3 最后的武士——西乡隆盛

族、士族的俸禄。1876年，又将所有华族、士族的俸禄一律废除，另发行"金禄公债"以为代偿。同年，不接受政府此种做法的旧武士最终被剥夺佩剑的权利。

这种种改革内容丰富，虽然它们象征新政府的自信与权威，然而，改革并非总是收到良好效果。许多农民强烈反对被称为"血税"的征兵与新的土地税。他们多以暴力示威表达内心的不满。

但是，最严重的不满来自旧武士，而非农民。这种不满的最激烈的表现是1877年的萨摩或西南战争。出乎意料的是，乱首是新政府最杰出的人物之一——西乡隆盛。

西乡在1873年10月遭遇了一次政治挫折。当大久保、木户、伊藤与岩仓等政府高官正在海外率岩仓使节团（1871—1873，这是向西方学习的游学团之一。使节团访问了美国与欧洲，曾企图修改德川末期签署的"不平等条约"，但没成功）考察时，西乡提出"征韩论"。这将是一个惩罚性入侵，因为有些人认为朝鲜不直接与日本新政府建立关系，是对日本的侮辱。尽管西乡参加了新政府，但他是忠实的旧式武士，有学者将其"征韩论"看作为旧武士提供目的与价值感的手段。恰逢1873年岩仓使节团返国，"征韩论"最终被政府否决。①

历史证明，"征韩论"只是被延期，并没被断然否决，但西乡很伤心，甚至因此病倒。他和他的支持者返回昔日萨摩藩首府鹿儿岛市。不久，他成为不满士族与普通反政府人士反抗的焦点。

其后几年，鹿儿岛的形势日益紧张。政府怀疑当地有人谋反，便

---

① 1874年，政府派遣远征军3500人赴台湾惩罚原住民，因为他们杀害了来自琉球群岛的船难渔民。这次远征的主要目的是通过把被杀害的琉球渔民视为日本国民，声称日本拥有琉球群岛的主权，该主权不属于清廷，远征军在这一方面获得了成功。对于旧武士来说，这也是感受到价值感的一个机会，只是这方面并不是很成功。

于1877年1月派遣军舰至鹿儿岛将弹药转移。然而,军舰受到攻击,此后战斗不断升级。2月底,西乡率领约4万人在鹿儿岛以北的熊本城和政府军交战。接下来的战斗持续了6个星期,最终政府靠征兵制征召的新式军队获得胜利。西乡带领约400人(相当于原先兵力的1%)辗转征战才退回鹿儿岛。在鹿儿岛,在勇敢的最后冲锋后,9月24日他自杀身亡。

旧武士的不满与暴力行动又持续了几年。其中一项行动是1878年5月大久保被一位视其为叛徒的萨摩旧武士暗杀。然而,西南战争是"旧武士"发动的最后一次真正的大规模行动。西乡与那些和他一起战死的人好像一开始就知道,武士时代已经结束了,而他们宁愿和那个时代一起结束。西乡迷恋死亡,他是个反对西化的极端爱国者,同时也是个真正的旧学派武士,反对商业化与工业化。

4.2　社会的西化

除了已死的西乡之外,新政府视西化为现代化的主要成分。西化将使日本更加强大,能够更好地和西方列强竞争,甚至和他们平起平坐或超越他们。这个时代的许多口号之一是"追上,超越"。西化的日本将会被西方国家更加认真地看待,而且日本也想被西方国家认真看待。新政府不喜欢幕府垂死时期签署的"不平等条约"带来的屈辱,迫切希望修约。新政府希望日本能够被平等对待,甚至幻想比西方国家更胜一筹。

西方制度与做法不仅在政治、军事、工业和经济等领域被引进,也将会被引进社会。社会的西化有时比政府希望的更繁杂,但它是政治与经济改革的重要背景。

仿效西方所带来的日常生活的变化非常多,而且往往令人困惑。从1873年1月1日起,日本采用太阳历(公历)取代旧的阴历,这意味着日期向前推进了3—6个星期。例如，1873年1月1日是农历明治五年十二月六日。电信局成立于1869年，邮局的设立在1871年。新式报社从19世纪70年代早期起纷纷设立，至1875年已有超过100家报社，这也表明了日本的高识字率。西服在进步主义者间流行开来，从1872年起政府规定政府官员与邮差等公务员必须穿西服（天皇本人几乎总是穿西服）。西式发型也逐渐流行，成为现代性的流行象征。留西式发型的男子，所占比例从1872年的10%上升至1887年的98%。吃牛肉也在进步主义者间流行开来（传统日本食品的素喜烧被认为是从吃牛肉发展出来的），牛肉餐馆开始出现，以迎合本国顾客与不断增多的外国人的需要。

虽然鹿鸣馆仅被少数人使用，但它是西化的最著名的物质象征之一。这所靠近皇居由政府建造的会馆，由英国一流建筑师约瑟夫·康德（Joseph Conder）设计，并于1883年完工。该馆常被作为举办有西方名流参加的舞会或其他社交活动的场所，外相井上馨尤其偏好这一场地。当时的内阁被戏称为"跳舞内阁"，而且日本人还创造了新词"舞蹈热"（butonetsu），几十年后，英文中才出现了"dance fever"这样类似的词语。

现代化的最大物质象征可能是铁路。日本的第一条铁路在1872年5月通车，它连接了外国人居住的横滨与品川。同年9月，铁轨延伸至东京新桥。15年内，日本铺设了1000千米的铁道，至19世纪末时已达到5000千米。

铁路对人员与货物运送的影响（进一步对经济的影响）是巨大的。在德川时代，江户与京都之间的行旅基本依靠徒步，一般费时两个星期。即使花得起钱雇请轿夫抬轿，也仅能节省大约一天而已。然而，19世纪80年代晚期连接两地的铁路开通后，费时还不到一天。此外，火车费还不到坐轿费用的三分之一。

明治时代的其他交通发展包括1869年人力车的发明（英文rickshaw源自日文人力车jinrikisha），以及1868年汽船与公共马车的载客营业（早期几乎都是由外国人拥有与经营）。

第四章 建立现代国家：明治时代（1868—1912年）

图4-4 鹿鸣馆时代的衣装

　　当"天朝"上下举步维艰地撩开西洋的神秘面纱时，日本举国喊响了全面"脱亚入欧"的口号，掀起了一波又一波"文明开化"的狂潮。

　　外相井上馨认为，日本只有成为"欧化新帝国"，才能获得列强好感，修改不平等条约。一场狂飙突进的全面"西化"运动开展起来。在政府的带领下，天皇吃起了牛肉，官员们穿起了燕尾服，举国上下刮起了铺天盖地的"欧风美雨"：吃西餐、穿洋服、说英语、理分头、跳交谊舞甚至嫁洋人，这些都被视作"上流生活"。有一首打油诗说："敲敲短发蓬松的天灵盖，文明开化的声音就响起来。"

　　需要说明一下，人力车并非发明于古代中国。1869年8月，秋叶大卫在东京发明了人力车，此后，不仅迅速传播至全日本（在10年内全国大概有15万辆人力车），而且也传至亚洲的许多地区。

　　政府重视交通发展，因为政府已经认识到，对于经济与国力来说

107

基础设施的重要性。1870—1874年间，三分之一的国家投资被投入到铁路建造。社会评论家津田真道（1829—1903）于1874年6月撰文指出，交通发展是达成国家昌盛的最重要的优先项目，甚至"应该排在军事系统与修建学校的前面"。

从社会与人口角度来看，城市内与城市间的交通发展产生了新的都市化形态。车站周边成为人口聚集区，特别是路线的交叉口。当距离不再是障碍时，都市区域也蔓延开来。人们的世界扩大了，因为他们现在能相当自由地旅行。他们也不再局限于自己的社区。

更为重要的是，交通的扩展也意味着人们生活的地方和工作的地方可以分开。就是说，乘车通勤（在这方面日本有坏名声）的时代已经开始了。在短短二三十年内高峰时刻的通勤交通已经成为问题。《二六新报》1910年3月23日号的一篇报道抱怨说："通常前几站的乘客能够设法上车，但其他站的乘客却不能，除非他们像疯子那般硬挤上车。"就像今日日本，有些男乘客趁车厢内拥挤吃女乘客的豆腐。这在田山花袋1907年的短篇小说《窥视女孩的人》中可见一斑。性骚扰在今日日本是严重问题，通勤女子有90%以上在某个时候受过骚扰。

思维模式也发生了不太显著的改变。通过译著和英文及其他语言的阅读能力的不断提高，一大批西方小说家、哲学家及科学家的著作涌入日本，从歌德至达尔文至密尔再至卢梭。各式各样彼此矛盾与对立的思想——当时人们并不这么看——开始涌进日本。

当时的日本文学显得特别的混乱：浪漫主义与自然主义分不清，功利主义与逃避主义分不清。但它也显示了西方事物对日本的影响力，就像是维新的领导人士需要天皇的权威来合法化其行为，许多作家也寻求西方人物的权威以增加其思想的分量或为他们自己的主张辩护。甚至连当代小说也常常提到这个或那个西方作家或思想家，不只是那些积极提倡这种或那种西方模式的作家而已。值得注意的是，西方模式也被用来描写那些无法适应西化过程的日本人的挫折与失败。俄罗斯文学的"多余的人"（superfluous man）的概念，对那些感觉困惑而且跟不上变革步伐的日本人特别有吸引力。①

在日本,"多余的人"意指成王败寇的残酷世界中的失败者,在这个世界中,人们突然必须依靠自己的力量获致成功或失败。德川时代严格规定的正统主义至少意味着人们有固定的地位,并且被告知如何思考与行动。现在,那样的安全感消失了,自由成为一把双刃剑。

毫不意外,"适者生存"与"自助"的相关观念变得非常流行。塞缪尔·斯迈尔斯(Samuel Smiles)在1859年发表的有关"天助自助"的《自助》一书,在1871年被译成日文并成为畅销书,这是最早被译成日文的英文作品之一。

自助哲学完全呼应的是福泽谕吉(1835—1901)的心境。福泽谕吉是明治日本最有影响力的教育家与西化提倡者之一。②

他在1872年发表的《劝学》一书中指出:

> 贵与贱、富与贫的地位差别不是天生的。只有勤勉向学、精通某技艺或学问的人,才成为富与贵,反之则成为贫与贱。

达尔文的进化与自然淘汰理论在明治时代的日本很流行,而且社会达尔文主义也很流行。这从那位创造"适者生存"一词的英国哲学家赫伯特·斯宾塞(Herbert Spencer,1820—1903)的吸引力可以看出。("适者生存"这句话常被误认为是达尔文本人所说。丸善书店在1902年就"19世纪最有影响力的书"挑选78位著名日本人所做的调查显示,达尔文的《物种起源》得23票,斯宾塞哲学得15票。)

斯宾塞受到如此的敬重,以至于明治政府中期的最高阶层私下曾

---

① "多余的人"(superfluous man)出自屠格涅夫的《罗亭》或冈察洛夫的《奥勃洛莫夫》。用现代流行术语来说,很类似查理·布朗的人物。以当代日本文学来说,参见二叶亭四迷(1864—1909)的小说《浮云》的主角。

② 福泽曾数次随官方使节团前往美国与欧洲,他与西化有如此密切的关系,以至在某时段所有有关西方的书,不管作者是谁,都被人们称为"福泽本"。早在1858年他才20岁出头时,便创办了一所学校以推广他的观点,这所新学校就是后来的庆应大学。他早年倡导人权,但后来开始以较具攻击性的民族主义方式实践其自助观点,倡导日本帝国主义在亚洲的扩张。他逐渐开始反西方。从1881年起,他因提倡"脱亚论"而闻名。

就日本应采取什么政策征求其意见。1892年8月26日,他发出的回函,依据其要求直至他死前不予公开,因为他担心这封信函会令他的国人愤怒(1904年1月18日,即斯宾塞去世一个月后,《泰晤士报》最先刊登了这封信。正如他所预料到的,这封信函引发了读者的震怒)。他提出建议说,"日本应该采取与美国及欧洲国家保持距离的政策"。应该禁止外国人拥有地产,并限制外国商业权利,而日本种族不应与外国人通婚以保持纯种。总之,日本政府至今仍因为他的许多建议受到英国人与其他外国人的批评。

当然,他的提议中有许多已被日本政府实施过。例如,日本政府于1873年通过了一项禁止外国人购买土地的法律。因此,斯宾塞的建议更像是对日本政府做法的一种支持。

除了斯宾塞之外,日本政府还聘请了许多西方专家。他们中许多人被邀请来日本,包括采矿、航海、铸币、运输、银行业、法律、政治学、农业、教育,甚至军队的专家。并非所有的外国顾问(至少在早期)都是西洋人。1872年,地方政府雇用的160名外国人中有多达42位华人。由于茶是明治早期的重要输出品,这些中国顾问中有许多人是烘茶技术的顾问。他们的角色通常局限于技术事务,做重大决策的机会相当少。至1875年,日本政府雇用约520名外国人。随后,逐渐转移至民营部门,至1897年,民营部门雇用约760名外国人。根据某些估计,明治时期政府有高达5%的支出被用来支付雇用外国人的薪资及其他费用。外国人的薪金也占日本第一所新式大学——东京大学的预算的三分之一。东京大学成立于1877年,是一个以雇用外国专家而出名的机构。

除了聘请西方人来日讲学之外,日本人还远赴西方国家学习。有大量官方或半官方的使节团前往美国和欧洲,最大且最有名的使节团是1871—1873年的岩仓使节团。该使节团有大约50名政府官员,包括伊藤、大久保、木户,以及岩仓本人,另有至少与官员人数相同的非官方随团人员(大多为学生)。在维新仅进行几年后就能够派出高官组成的使节团,这证明了新政府的自信。与其他使节团一样,许多赴海外者在回国后发表感想与印象，传播他们获得的知识。他们的游记在这个教育普及、识字率高的国家——渴望向西方学习，但仍然对它感到困惑的国家——被民众广泛阅读。

4.3 人民力量的统制

19世纪70年代崛起的自助哲学，对于新政权来说是潜在难题。假如个人变得过于强大和独立，他们可能将难以控制，政府的权威可能会受到更大影响。这将使国家受到削弱，一旦列强开始考虑对日本实行殖民统治，日本将难以抵抗列强的侵略。

另一方面，要把软弱且不效忠的人民组织起来成为强国并不容易，而政府又希望领导强国。必须鼓励人民变得强大，以便达成目标，但必须在限度内——这是德川式的做法。同时，他们刚刚获得的自由又必须加以统制。

民族主义是一个理念上的肇因，它巧妙地与国家认同感的复苏以及因外国威胁的重返而引发的危机相结合，而立基于德川时代的国学之上。凭借标语等方式，民族主义迅速在民众之间传播。

强大起来，建立强国！使你自己的成功成为国家的成功！强大起来，向西方人显示日本不是一个任人玩弄的国家！口号不仅是"赶上，超越"，而且是"富国强兵"。当时流行的是"刻苦奋斗"。

民族主义不仅需要口号，也需要象征。对于被天皇予以合法化权力的那些人，这也十分方便，因为天皇本人能够成为重要象征。对天皇的支持意味着对他们的支持，因为他们是天皇的拥护者。

在这样一个不同意识形态彼此竞争的时代，管制人民的思想并不是一件容易的工作。无论动机多么好，少数几个坚决的诽谤者就可能制造问题。一个重要手段就是教化，但有些讽刺的是，这被当时日本少数几个真正的优势之一（高识字率与教育）所阻碍。只不过，牺牲这一优势令人失望。事实上，这是建立强大的现代国家的基础。

结果是明确的。必须对教育本身进行控制，人民的阅读物也必须被管制，当然，最好能够对写作加以监控。控制下的教育意味着人们的整个世界观（人们如何领悟人生）随时可能被控制。

1872年，政府宣布全民教育是一个重要目标。至1879年，全国将近三分之二的男童、四分之一的女童正在接受至少小学水平的教育。起初，许多学校教材是西方学校教材的译本，因而学生有机会接触像平等主义与个人权利等理念。

然而，指出这种教育不合需要的正是天皇。1878年，他巡视本州期间，得出了这样的结论：西化已走得太远而且牺牲了诸如孝顺等价值观。针对这一点，在御师儒者元田永孚（1818—1891）的指导下，教育将更加重视适当的道德教育，尤其是儒学与民族主义/神道价值。国家在教材的选择上逐渐发挥影响力，到明治结束时，这一方面基本受到全面控制。在今日日本，中央政府严格控制学校教科书仍是一个大问题。

在某些方面，与英国或其他帝国主义国家一样，日本在课堂上也宣扬民族主义。但日本在教育上更进一步，严格控制学生的世界观。重要的一项举动是1890年10月发布了《教育敕语》，它实际上主要由元田永孚与山县有朋草拟（8年前的1882年，山县曾负责起草《军人敕谕》，这道敕谕后来成为1890年《教育敕语》的标准。这一标准强调了效忠天皇的重要性）。《教育敕语》给整个社会传达了一个讯息，其对象不局限于学校里的学生：

> 朕惟，我皇祖皇宗，肇国宏远，树德深厚。我臣民，克忠克孝，亿兆一心,世世济厥之美,此乃我国体之精华,教育之渊源亦实存此。
>
> 尔臣民，孝父母，友兄弟，夫妇相和，朋友相信，恭俭持己，博爱及众，修学，习业，以启发智能，成就德器，进广公益，开世务，常重国宪，遵国法，一旦缓急义勇奉公，以扶翼天壤无穷之皇运。如是，不独朕忠良之臣民，又足以显彰尔祖先之遗风。
>
> 斯之道，实，我皇祖皇宗之遗训，子孙臣民之俱所遵守，通古

今不谬之，施之中外不悖。朕，与尔臣民俱，拳拳服膺，庶几一咸其德。

所有学生必须背诵《教育敕语》，而且，在重要场合要大声宣读《教育敕语》。并非所有民众都欣然接受，尤其是教师们；而且它所代表的国家团结之路并不真正平稳，但它所包含的意识形态却变得越来越稳固。

因此，当代年轻人被教导要勤勉，要有礼貌，要献身公益，要服务国家与天皇。《教育敕语》的神道价值将天皇与国家合而为一，把这一结合与生命本身的起源看成是一样的。其儒家价值把天皇当作仁慈的父辈人物，并且也协助推动日本以前未常常出现的对家庭的尊敬。和谐始于家庭。

宪法规定人民享有宗教自由，而《教育敕语》强调神道，似乎违反了这一规定。（儒学不是问题，因为儒学没有神祇，与其说它是一种宗教，不如说是一种意识形态。）政府对此进行辩护，宣称神道是爱国表现，不是宗教，这就是"国家神道"。

《教育敕语》对于外国威胁并未使用危言耸听的措辞。但是，它的确给了人民民族主义的成就感，因为甚至那些在商业上或者在任何特定领域未能获得重大成功的人，也能感觉他们因为忠实地服务天皇及其家国而有所成就。《教育敕语》并未说这是日本人自创世以来就已经做过了吗？这不是他们的生活方式吗？侍奉天皇才是真正的日本人。那是没被扩展至外国国民的特权，这暗示他们是次等人种。

在许多方面，这是对天皇合法性的加强，让人想起1000多年前的《古事记》与《日本书纪》。《教育敕语》与其他类似文件在某种意义上构成日本的"现代神话"。它也使用古文，这绝非巧合，这使我们又看见与大和奈良时代相似的一个例子。

明治政府从日本古代领导人那里重新学习教化的价值。

4.4 朝向民主的举动

不管自助运动如何为国家利益的目的所利用，它对于新政府仍是潜在问题。它鼓励人权与民主的思想，这些是日本史上未曾听说过的思想。如此的思想可能会阻碍政府统合全国的事务。

另一方面，西方列强显然似乎更看重这些理念。政治上，日本至少跟着做，这将对日本有所帮助。西方国家更倾向于认真看待一个信奉他们自己的政治原理的国家。这有助于加速修订不平等条约，这个目标已成为日本现代化成功与被世界列强所接受的一个象征。很明显，如同自助运动一样，民主应该被提倡，但必须受到控制且在限度内。

基督教（包括天主教）也同样是潜在的棘手问题。明治政府知道，西方人认为基督教与民主是密切相关的，他们甚至倾向于通过一个国家对基督教所持的态度来评估其文明程度。在某一阶段，这看起来好像会成为一大问题。约6万名"隐性基督徒（包括天主教徒）"在维新前几年已出现，而且有些武士甚至改宗信耶稣了。1868年，新政府惊慌地重申了基督教禁令，但西方列强提出抗议，禁令遂在1873年被解除。津田真道等社会评论家甚至认为，尽管基督教是西方列强的宗教，但官方采纳它可能对日本会有所帮助。

然而，对于新政权幸运的是，威胁并未出现。基督教没有风行起来，从未有超过全国人口1%的日本人被基督教所吸引。即使当它对有潜在影响力的日本人有吸引力时，也往往被大和化了，即被改变成较有弹性且强调诸如责任与努力工作等价值观。① 很快日本就能够向西方宣布，日本很高兴欢迎基督教，因为日本知道基督教不会真正成为问题。

较有问题的应该是在19世纪70年代与80年代早期从事"自由民权运动"的非基督徒。至1880年，日本已有大约150个民权组织。1881年，自由党成立——这是日本第一个主要政党。而仅仅一年后，

---

① 内村鉴三（1861—1930）是一个重要例子。他轻视宗派的理念，而且还是一个坚决的民族主义者，坚持必须建立未被西方影响所侵蚀的日本基督教。今日日本人举行基督教（包括天主教）婚礼的占总婚礼数的一半，但这只是特殊化的社会风尚，不可与真正的基督教相混淆。

第四章 建立现代国家：明治时代（1868—1912年）

图4-5 明治天皇

日本社会在明治维新之前与中国存在很大的差别。

江户时代末期，日本的教育已经达到了相当高的水平。这可能是很多人没有想到的。这也为日本后来的工业化奠定了基础。中国"百日维新"之时，梁启超就认为，中国科举网尽举国上才之人，专事空疏无用之学，使学生"悉已为功令所束缚、帖括所驱役，骛身灭顶，不能自拔"。

而江户时代的日本，教育已经广泛普及，并且形式多种多样。譬如日本当时的公立学校叫"学问所"，主要教授中国古代哲学和文学，平时教小孩子们识字。

第二个主要政党立宪改进党成立，呼吁制定英国式宪法与议会。从这时起直至今日，日本政党一直频繁地成立、解散、重新组党，以及改名，尤其是19世纪90年代。

民权运动人士也没忘记政府在1868年答应尽早建立国会的承诺。19世纪70年代结束时，"国会期成同盟"声称代表了全国范围内的约13万会员。当时人们普遍对政治感兴趣，这不仅从政治主题的小说的风行，也从无数国内产生的要求制定适当的新宪法的建议反映出来。

民主运动不是一个简单的运动。毫无疑问，它包含着真正希望建立较民主形态政府的成分。其中,有些是受到崇高理想与梦想的驱策。同时,民主运动也包含对政府领导人士不满的成分,因为他们以天皇的名义垄断权力,是一个寡头政权。相比之下,后者有些是受自利与务实主义的驱策。两个主要政党的创立人——板垣退助与大隈重信,曾经是政府成员,但两人都不是来自萨摩藩或长州藩,且两人的动机都包含个人野心与不满。板垣是因为"征韩论"失败而下野的政府官员之一。大隈是伊藤博文的有名的对手,但他的名声被伊藤掩盖。

寡头执政者对这种种讯息不是没听见,就是完全不表示同情。他们知道,不管他们喜不喜欢,民主都是一种必要的表象。这样做有其政治意义,因为西方列强将对此印象深刻,而且也能降低反政府情绪。但它必须在有所控制的情况下且在某种限度内付诸施行——理想情况是,这只是一种表象,并没有多少实质,这是自古以来日本人的做法。它必须是符合寡头执政者的有条件的民主,一种"威权的民主"。

对自相矛盾的处理并不是容易的工作,而且也不总是一帆风顺的。然而,在日本人融合冲突的能力和德川时代"限度内的自由"的协助下,最终达成了一种平衡。只是,这种平衡往往兼具压抑与自由主义共存的形态。

1875年,政府提出限制言论自由的严苛法律。然而,同年天皇却再次承诺将成立国会,而且政府也同意成立参议院讨论立法,成立最高法院的前身,并举行地方长官会议。地方长官会议结束几年后,地方议会(町村会、府县会)选举规则才得以颁布。地方议会选举权受到限制,地方议会权力也受到限制。但在1879年3月首次召开的这些地方议会,是在西方世界以外成功运作的最早的"民选"政治机构。

1880年,另一项严苛、不民主的法律(《集会结社条例》)被通过。该法律限制公共集会,并明令诸如警察、教员、学生及军人等职业的人未经批准,不得参与政治。就在该法律发布不久,政府允许两个主要政党成立。1881年,伊藤再度承诺将成立国会并制定新宪法,这次他特别指出了期限——10年内。

尽管民众提出了许多建设性的提议,但宪法不会由民众制定,因为这是威权民主最有代表性的表现。伊藤获得天皇授权,由他本人草拟宪法。

假如必须有宪法,伊藤想要的是德意志/普鲁士式宪法,而不是大隈想要的英国式宪法。普鲁士式宪法将使天皇(或他的策士)保有大权,并限制政党参加内阁。德国的影响力已经在山县有朋控制的军队中占据优势,而且也将在法制上占优势。[①] 政府领导人士普遍是亲德的,而不是一般认为的亲英。

1882年,伊藤赴欧洲考察各种宪法,这足以证明他对普鲁士模式的偏爱,而且他在返回日本后,便与多位专属德国顾问一道进行草拟宪法的工作。依照伊藤所喜好的步调,草拟宪法工作进展相当缓慢。这样,他就有时间设下安全措施,以平衡危险的民主实验。1884年,大幅度修正的华族令采取公、侯、伯、子、男等爵位的世袭制度,而贵族院议员从华族中选任。伊藤本人最后获得最高阶的公爵。1885年,废止太政官制,建立内阁制度,内阁部长大多是那些寡头执政者。伊藤本人出任首相,是日本史上出任这一西式职位的第一人。然后,当宪法草案在1888年4月完成时,伊藤迅速成立超内阁的枢密院,以审议宪法并代表天皇批准宪法。他辞去首相职务,以便他本人能主持枢密院并确保他的宪法草案被批准。

宪法在1889年2月11日公布,它是西方世界以外地区采用的第一部完整且正式的宪法。根据《日本书纪》,日本国成立于公元前660年2月11日,而宪法公布这一天是建国周年纪念日。政府故意选这一天公布宪法,因为这个日期与宪法本身都是创造日本现代神话机制的一环。

对日本现代神话来说,尊敬天皇非常重要。事实上,不仅宪法第一条强调天皇不变的主权,宪法本身也以天皇赠给人民的礼物的形式被提出。天皇在公布宪法的誓词中强调,宪法的系谱回溯至天照大神本身,而宪法仅仅是以现代形式来重申日本天皇始终遵守的训诫。

[①] 德国参谋本部制度从1878年起被日本采纳。在指挥事务上,参谋长仅对最高统帅天皇负责,不对政府或陆军部长负责。法制起先倾向于采用法国模式,但后来逐渐由德国模式所取代。1896年颁布的法典以德国模式占优势。

图 4-6 伊藤博文

伊藤博文从英国留学归来,大倡优化种族之论,认为黄种人荏弱不堪,远不及白种人。他当政后,即实施"谋种"政策,凡欧美白人入其境内,辄鼓励日本女子与其野合,以改良种族。谭嗣同对此十分羡慕,然亦知此法断难行于中国,于是喟然作诗曰:"娟娟香影梦灵修,此亦胜兵敌忾俦。蓦地思量十年事,何曾谋种到欧洲?"

虽然表面上对天皇表达崇高的敬意,但细读宪法后发现其地位事实上是矛盾的。理论上,他拥有绝对权力,但实际上其权力受到限制。天皇的所有命令按照规定必须由一位国务大臣副署。毕竟,政府必须统治,而政府不能冒天皇独断的风险。

宪法规定成立两院制国会,由参、众两院组成。贵族院(参议院)由高阶贵族、被选举的低阶贵族以及天皇任命的人士(通常是学者)组成,而众议院仅由民选议员组成。但每年纳税至少15日元的成年男子才有投票权,大约是成年人口的2%。内阁大臣不对国会负责,而是对天皇负责。在指挥事务方面,军方也仅对陆海军最高指挥官天皇负责。人民享有各种民权,如言论、宗教、结社的自由等,但另一方面这些自由一开始就在诸如"在不得危害和平与秩序的限度内"这样的限制下才能实行。

宪法在某些方面使民主向前迈进了一步,但以天皇名义行动的寡头执政者仍占上风。宪法允许政党有发言权,但寡头执政者没有义务倾听。宪法未容许有效的政党政府。

内阁的性质在宪法中并不十分清楚,但首相黑田清隆(1840—1900)解释说:政府必须始终坚定地持守超然立场,与政党保持距离,走正义之路。照黑田的说法,内阁是"超然内阁",因为内阁超越政党政治的政党利益。

几天之后,伊藤说了大致一样意思的话:天皇立于人民之上,与各政党分离。因此,政府不能偏袒任何政党。1890年7月1日国会举行首次选举,而且确定在是年11月25日召开国会。

同年10月,政府发布《教育敕语》,意图制衡这些危险的民主措施。自由与权利必须被引导至正确的目的。

《教育敕语》当然是需要的。选举显示,寡头执政者低估了政党政治人物。凭借他们在地方议会的经验中发展出的选战技巧,改革后的自由党获得了众议院300席中的130席,而改进党获得41席。对于寡头执政者来说,这并不是一个好兆头。许多独立候选人与小党候选人也指出,他们决不会不加批评地接受寡头执政者的任何威权决定。

民选议员在国会上公开批评寡头执政者的高压,并利用一切可能的手段发挥其影响力。例如,首次预算在国会受到抗拒并必须削减10%以上,寡头执政者与支持他们的精英官僚的薪资特别受到影响。

其后几年,寡头执政者诉诸令人质疑甚或完全非法的手段强行通过其政策。偶尔,伊藤会采取措施以争取支持,暗示提案是天皇的个人请求。黑田首相的继任者,山县和后来的松方,都诉诸贿赂与恐吓。在恶名昭彰的1892年2月的选举中,由于松方企图操纵选举而政府露骨且残酷地加以干预,造成25人丧生。

几个月后松方辞职,伊藤二度出任首相(直至1896年)。这一次,伊藤变得比较务实,他认为,现在不仅要对付敌人而且要向敌人学习

（这是传统的日本人做法），甚至在某种程度上与敌人合作。于是，他迅速与国会展开颇具建设性的合作式谈判，甚至建议组织旨在赢得国会选举的执政党。然而，山县与其他强硬派寡头执政者对伊藤的软弱作风大为震惊，伊藤想成立执政党的计划被制止了。政治圈弥漫着不安且紧张的气氛，独裁与民主不可能安逸地同床共眠。

4.5　战争与政治

当国内发生麻烦时，把注意力转移至国外往往会有所帮助。至19世纪90年代，西方列强企图殖民日本的威胁已基本过去，但并不是说完全没有了威胁。列强仍积极在亚洲大陆扩张，当时有一句流行谚语说朝鲜是"一把对准日本的匕首"——一把给西方人而非朝鲜人使用的匕首。

日本政府未批准西乡1873年提出的"征韩论"提议，但是日本一直保持着对朝鲜的浓厚兴趣。1876年，借用列强曾对日本使用过的"炮舰外交"，日本迫使朝鲜签署《江华条约》——对朝鲜而言这是一个"不平等条约"。该条约使日本享有贸易特权与治外法权。自此以后，日本开始涉入朝鲜政治，包括1884年的政变企图。日本也将与在朝鲜同样享有权利的中国摊牌。

依据自古以来的传统，假如可能的话，日本宁愿避免与比自己强大的国家对抗。但19世纪末叶的清代中国因内忧外患而元气大衰，日本并不认为这样的国家比自己强大。事实上，日本似乎一直准备与中国就朝鲜问题打一仗。

1894年春，朝鲜国王请求清廷出兵协助敉平东学党之乱。清廷应朝鲜之请及时出兵，而日本也出兵。虽然不久乱事即告平定，但双方都拒绝撤兵。日本似乎决心一战，并于7月先发制人击沉中国一艘载运水兵的军舰。稍后，日本在8月1日正式宣战。中日甲午战争爆发。

在随后的战斗中，日本在陆上与海上都占据优势，但最具决定性

第四章　建立现代国家：明治时代（1868—1912年）

的因素是日本在海军战术上的优势，该战术是日本向英国海军战术模仿而来的。

9月，中国北洋舰队在鸭绿江口受到重创，11月，北洋舰队基地旅顺港被日军占领，1895年2月，北洋舰队最终在威海卫被摧毁。

1895年4月，两国签署《马关条约》，清廷必须支付巨额赔款，放弃在朝鲜的权利，割让台湾岛及其附属岛屿、澎湖列岛与辽东半岛给日本。

这是日本在亚洲建立帝国的第一大步，而且西方列强也注意到了。特别是对朝鲜与中国东北地区有野心的俄国，很快便采取行动。《马关条约》签署后不到一周，俄国联合德国与法国建议日本放弃辽东半岛，以免引起这一地区的不稳定。急于与西方列强亲善的日本政府接受了这一建议，但引起国内民众的不悦。

仅仅几年后，1898年，还是这三国开始在中国划分势力范围，日本民众的不悦转变成愤怒。日本人尤其怨恨俄国，后者获得租借辽东半岛25年的权利，而辽东半岛正是俄国强迫日本放弃的。

至此阶段，借着政治改革与对清战争的胜利，日本已成功获得西方国家的尊敬。它也成功地获得对不平等条约的部分修正。甲午战争爆发前几周，英国已同意放弃治外法权，并允许日本局部恢复关税自主权。直到1897年，其他主要国家纷纷效仿，但完全恢复关税自主则要等到1911年。

然而，甲午战争的胜利与修约成功并未给日本政治形势带来预期的稳定。领导人士因辽东半岛事件受到严厉批评，政治形势在某些方面恶化了。

政治舞台退化为旋转木马。政党成立、解散、改组、改名，重新采用原来的名称，或者使用他党名称但党名前面加上"真"字。政治人物经常更换党派，改变效忠对象。辞职与复职时有发生。1896年中期与1901年中期之间，首相更换七次，其中三次是因为伊藤博文辞去首相职位。

一个重要情况是1900年伊藤设法成立了他的新政党，这一执政党

图 4-7 中日甲午战争期间的日本旗舰"松岛号"

1885 年时,李鸿章曾预言说,大约 10 年,日本富强必有可观,此中土之远患,而非目前之所忧。在发出这一预言的第 10 个年头,预言不幸成真。

叫"立宪政友会"。但他仍引起山县等强硬保守派的不悦,并于 1901 年 5 月第四次辞去首相职位,这也是他最后一次辞去此职位。他厌倦政治,但仍担任政友会主席直到 1903 年。作为一股有实力的力量,他的政党一直维持有效实力到第二次世界大战爆发前不久。

1901 年伊藤辞职后,山县再度受邀出任首相,他已经不只一次担任首相,他也厌倦了。所以,这职位改由其党羽桂太郎(1848—1913)接任。虽然出生在一个长州武士家庭,而且只比伊藤和山县小几岁,桂太郎通常被视为"第二代"人物。元老时代行将逝去。桂太郎有时被称为元老,但实际上他被较年长的元老视为晚辈。

桂太郎在任四年半,为政治带来相对的稳定,是明治时代在任时间最长的首相。原因之一是国外事件压倒国内问题,即 1904—1905 年的日俄战争。

自从1895年三国干涉还辽以来，日本与俄国之间一直暗潮涌动。俄国继续其在东北亚以修建更广泛的铁道为象征的扩张政策。1900年，华北爆发了仇外的义和团事变，包括日本与俄国在内的八国联军将其敉平。但在乱事平定后俄国拒绝撤军，其他七国大多对俄国的这一举动表示惊愕，尤以日本为甚。

务实的伊藤希望日本与俄国做个交易：日本承认俄国在中国东北地区的权利，以换取俄国承认日本在朝鲜的权利，但遭到俄国反对。山县与桂太郎也反对这样做，两人深信日本与俄国难免一战。他们宁愿获取英国的支持，这一支持由1902年1月的日英同盟所达成。

这是一个划时代的结盟，是一个西方国家与一个非西方国家之间以平等条件首次缔结的军事条约。

这一结盟未承认日本控制朝鲜，但承认日本在朝鲜的"特殊权利"。这一结盟并不意味着，假如日本与俄国发生战争，英国将与日本并肩对抗俄国。但它让日本相信，在这样的战争中其他西方国家不太可能采取不利日本的行动。

战争决定在1904年1月下达。日本军力现在相当可观，自从1897年以来，国家预算有一半以上用于军事支出。但在日本包括军方在内有许多人，仍不确定与俄国这样的大国发生战争会产生什么结果。不少人希望，初战告捷将使其他国家做出有利于日本的干预。

1904年2月6日，日俄断交。2月8日，日本攻击旅顺港的俄国军舰，2月10日，正式对俄宣战。接下来的一个月，日军登陆朝鲜，向北进军并于5月越过鸭绿江进入中国的东北地区。与此同时，日本海军登陆辽东半岛并占领南山与大连。8月，日军包围旅顺港，直到1905年1月才攻陷。1905年3月，日俄激战，造成大约7万日军死伤，俄军伤亡人数基本相当，日军占领沈阳，但这不是决定性的胜利。

双方当时都觉得难以支撑下去。俄国国内发生革命，因此尤其处于不利地位（这是1905年革命，不要与较出名的1917年革命相混淆），俄国必须调动波罗的海舰队前来。英国不让该舰队通过苏伊士运河，这意味着该舰队必须绕道而行。5月底,该舰队在马拉松式航程的最后一段企图突进前往海参崴时,在对马海峡被东乡平八郎司令(1848—1934)指挥的日本联合舰队拦截并摧毁。当日本秘密要求美国西奥多·罗斯福(Theodore Roosevelt)总统调停时,这决定性的胜利使日本处于优势地位(日本在前一个月已寻求调停,但胜利当然有助于讨价还价)。

罗斯福确实出面调停并获得成功。对于日本,这是一场有实力的胜利。根据1905年9月签署的《朴次茅斯条约》(Portsmouth Treaty),中国恢复其东北地区主权(虽然实际上大多只是名义上而已),日本在朝鲜的权利获得承认,俄国将旅顺、大连租借权与南满铁路的大部分权利转让给日本。在这场战争中,日本耗资巨大,必须向英美两国大量借贷。因此,日本急于向俄国索取赔款,但赔款索取不得,让日本民众十分气愤。日本代之从俄国获得库页岛的南半部。

这场战争使日本在人员与财政上损失惨重,但因此却在国际上获得了尊敬。俄国绝非西方列强之中最强的,但它是最大的,而日本战胜俄国是一个非西方国家首次战胜一个西方国家。

日本现在达成了赶上列强并被列强认真看待的目标。不像几十年前所担心的,现在不再有被列强殖民的威胁,日本准备加入列强行列。日本已经占有台湾岛,而且现在它又获得了中国东北地区、库页岛南部的领土,并确立对朝鲜的支配权。像新西兰等西方边陲国家甚至开始担心被日本殖民。到此为止,日本已学会如何玩一个成为列强的游戏。①

日本随即建立对朝鲜的控制。1905年11月,朝鲜政府被"说服"成为日本的被保护国。日本士兵攻占王宫的事实,促使朝鲜政府做出了这样的决定。伊藤博文亲自出任朝鲜统监。朝鲜官员被日本国民所取代。朝鲜军队被解散,被迫接受日本的"保护"。西方世界对朝鲜人的抗议不予理睬。1908—1910年间日军共武装镇压了1450起朝鲜

---

① 日本战胜俄国是产业革命后一个非西方国家首次战胜一个西方国家。产业革命前非西方国家打败西方国家并不稀奇,例如17世纪中叶郑成功把荷兰人逐出台湾。当时郑来自大明帝国,而荷兰本土是像台湾那么大的小国。——译者注

第四章 建立现代国家：明治时代（1868—1912年）

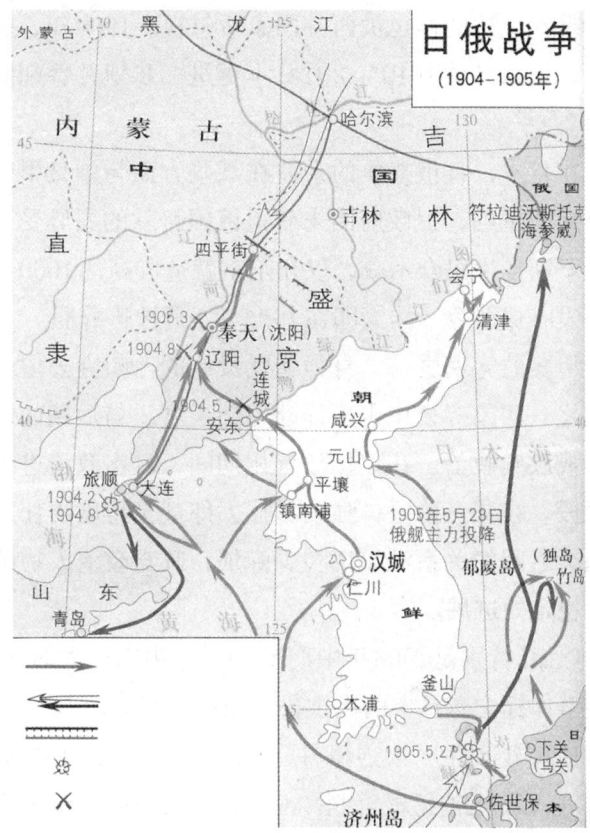

图4-8 日俄战争示意图

图4-9 东乡平八郎在指挥对马海峡海战

人的暴动，这同样也被西方国家所忽视。1909年，朝鲜人曾试图暗杀伊藤，但这导致1910年8月日本更进一步地并吞朝鲜，却未遭到国际反对。

在日本，日俄战争的余波在某些方面与中日甲午战争类似。胜利本身是荣耀的，但政府因未获得俄国赔款的屈辱受到严厉批评。全国各地不断发生民众示威，仅在东京就造成高达1000人死伤，因此政府必须发布戒严令。桂太郎在1906年1月被迫辞职。

伊藤的党羽之一，身为朝廷贵族的西园寺公望（1849—1940）取而代之，西园寺公望也出任政友会主席。与后期的伊藤一样，西园寺也赞成政党政治。在他担任首相期间，日本政治进入另一个相当稳定的阶段。在某一阶段，强硬派桂太郎甚至再度出任首相。超然的内阁与国会之间的关系没发生多少麻烦，政党政治人物感觉他们正获得缓慢但稳定的进展。

然而，特别是1908年中期至1911年中期桂太郎再度出任首相期间，某些事件标志着日本的民主仍有威权气味。

1910年发生"大逆事件"，数百名左翼人士涉嫌阴谋谋杀天皇受到审问，26人被秘密审判。对5名主嫌的证据似乎相当充分，但对其他人的证据则相当可疑。尽管如此，仍有24人被判死刑：其中12人获得减刑，剩下的12人在1911年1月被处死。

明治时代的最后10年间，当局展开了一系列对左翼活动的镇压。政党政治是一回事儿，社会主义是另一回事儿。就像基督教（包括天主教），社会主义似乎从未在日本生根，虽然我们可以说当局从未给社会主义机会。无论如何，社会主义者在日本必须保持极低姿态，直到第二次世界大战结束后。

由于"大逆事件"，警视厅在1911年设立特别高等警察，这是恶名昭彰的"思想警察"。虽然民主可能在表面结构与制度上有所进展，但内部实质则不一定如此。这种双重性仅是一个长期传统的延续，真正民主的缺乏也是如此。

4.6　指导下的经济发展

日本的经济发展是让西洋人留下深刻印象的该国现代化的另一方面。明治时代开始时，日本已经拥有若干主要的生产要素，而且日本充分利用了这些要素并发展出其他要素。日本拥有：

- 大量的劳动人口；
- 受过教育的劳工；
- 大抵顺从的劳工；
- 农业人口多，可以把一大部分人口转移至工业部门；
- 民营部门（大多是商人）累积的资本；
- 商业手法的确立；
- 尽管自然资源缺乏，基本能源诸如木材、水并不缺乏，煤矿有一些，甚至还有铁（铁砂）。

日本缺乏的是科技与企业家。

日本相当迅速地弥补了科技方面的不足，包括装备与专门技术。这大多是以进口外国装备、雇用许多西方技术顾问以及派遣日本人到海外学习等方式达成的。

日本没赶上工业革命，但另一方面却因"晚发展"工业而受益。日本可以利用其他国家经过一个世纪左右的昂贵的试行错误后才发展出来的最新科技。

至于企业家人才，这显然不能留给外国人。建立与拥有主要现代工业的至少应该是日本人自己。来自德川时代的商社通常不太愿意接受建立现代工业的挑战，因为他们认为那样太冒险。事实上，三井与住友是唯一这样做的大商社。多数情况下，开创企业反而是由政府或构成政府的那些低阶武士阶级（往往是农民出身）所发起的。

明治日本的两个最出名的企业家，三菱创立人岩崎弥太郎（1835—1885）与大阪纺织厂及几十家其他公司创立人涩泽荣一（1840—1931），都有这种农民－武士背景。两人都是实现自助创办企业的代表。涩泽尤其受到政府的照顾，因为他常说商业成功的目的是为了国家也是为了个人的利益——而这正是政府想听的。他建立学校与养老院等慈善行为，也使他在民众之间大受欢迎。赚钱获利在德川时代往往被人们认为是羞耻的事，而涩泽对这一观念的改正做出了很大贡献。政府也为这事再度感谢他，因为旧有观念可能会给日本成功的经济发展造成阻碍。

然而，至少在明治早期，政府对缺少民间企业家感到失望。结果，政府必须自己建立许多企业。政府希望这些企业的成功将成为民间企业的模范，但实际上收效甚微，且毫无吸引力。铁路是一个成功例子。虽然在19世纪70年代几乎所有铁路建设都是由政府投资的，至1890年大约75%的铁路建设是由民间企业承建的。另一方面，政府在纺织工业上的尝试则是有目共睹地不成功。幸运的是，涩泽个人创立并拥有的大阪纺织厂则是成功的模范。政府在19世纪70年代也建立弹药、砖头、水泥及玻璃等方面的工厂，并接管大量矿场与造船厂。

尽管政府期待，而且一直努力，明治早期经济情况并不太好，而且在19世纪70年代末期日本面临金融危机。这不仅因为有些官营企业效益不好，而且因为庞大的外国顾问支出、旧大名与武士的俸禄、平定1877年的"西南事变"的开销，以及支撑纸币的硬通货的相对短缺。严重的通货膨胀发生了。例如，1877年至1880年间，米价就翻了一番。

1880年，政府宣布出售非战略性官营工业的对策。买主很少，政府最终不得不以远低于成本的价格处理官营工业，有些甚至低于成本价格的10%。一个极端的例子是釜石制铁所。在这里，政府投资了约220万日元，但以仅仅1.26万日元（仅为成本的0.5%）的价格卖给当地一名商人。销售往往以非正式方式进行，没有投标，官营工业被卖给与政府素有来往且被视为可靠的人。很明显，这些人感觉对政府有义务，而这义务对于政府与大企业之间正在增长的利益关系有所助益。该销售也有助于将大部分工业集中于少数规模越来越大的公司（后来被称为"财阀, zaibatsu"）手中。

第四章　建立现代国家：明治时代（1868—1912年）

其他对策包括建立央行（日本银行，1882年）与预算结余。这些紧缩措施尤其对农业部门造成困难，但另一方面，这一情况有助于将劳工转移至较现代的工业部门。至1886年，日本已经拥有稳定的金融体系，低利率，经济进入上升期。直到明治时代结束，国民生产总值平均每年稳定增长超过3%。政府积极促进的出口

图4-10　岩崎弥太郎像

也稳步增长，从19世纪80年代晚期的国民生产总值的6%—7%涨至明治末期的20%左右。

尽管工业化有所进展，整体来说，明治经济还是以农业为主导，在整个明治时代占劳动力的半数以上。但农业价值在国民生产总值中所占的比例不断下降，从1885年的42%跌至明治时代结束时的31%。相比之下，同时期制造业所占比重增长超过一倍，从7%增至16%。

在制造业中，轻工业中的纺织尤其重要。政府促进国内纺织生产作为削减进口的手段，往往采取提供廉价设备的方式鼓励业者。纺织厂老板也可以雇用工资极低的女工，并且可以在农村设立的工业区建造厂房。这意味着建厂费用便宜，并且更容易获得当地提供的农村劳动力。1880年，纺织生产约占制造业总生产的25%，20年后涨至40%。1884年进行的一项对非官营工厂的调查显示，61%是纺织厂。

在明治时代的最后10年，电器产品迅速发展成为另一重要制造工业。虽然政府阻止西方人在日本设立企业，这一领域的日本公司往往与西方企业合作以获得西方科技。

今日著名的NEC（日本电器公司）在1899年成立时是美国西方电器公司和它的日本代理商的合作企业。东芝公司在20世纪初成立时是美国通用电器公司与两家日本企业的合作企业，即东京电器与芝浦电器（三菱集团的企业）。

19世纪70年代，日本工业成品的进口是压倒性的（成品占所有

图4-11 三菱第一号馆

进口货物的91%，大多是纺织品），同时也是农产品的出口国（包括生丝，占所有出口货物的42%）。至第一次世界大战时，即明治时代结束不久，形势得以扭转。至此阶段，超过半数以上的进口货物是农产品，而90%左右的出口货物是工业成品（纺织品约占半数）。日本促进棉纺织业来取代进口纺织品的手段如此成功，以至明治时代结束时日本已能够出口棉纺织品，即使日本生产的棉花品质差且棉花原料必须进口。日本已成为一个工业加工国家。

明治时代末期，重工业也蓬勃发展，部分原因是为了配合日本的军事活动。具有重要战略意义的造船业在明治时代最后约15年获得了显著提升。从19世纪90年代中期起，政府提供高额津贴，鼓励购买日本制钢铁船。15年间，航运业与造船业获得的政府津贴占所有政府津贴的75%。与纺织业一样严重依赖进口原料的钢铁工业，因政府1901年在北九州设立八幡制铁所而得到大力发展。直至20世纪30年代，该工厂的生产量仍占全国钢铁总产量的半数以上。

整个明治时代，政府在经济上扮演着重要的指导角色，发展并维持与企业界的关系，为政府支持的领域与公司提供协助。明治时代如同今日日本一样，政府指导角色的确切性永远是激辩的主题。① 政府的指导并不总是特别有帮助，因为政府当然会犯错且不总是首尾一贯。尽管政府有目标，但达到目标之路往往一点儿也不平坦。但有一件事是确定的——政府不愿把经济发展完全交给市场力量。今日的日本政府也仍然如此。

4.7　一个时代的结束

　　1912年7月30日，睦仁天皇死于糖尿病。日本的"现代神话"让天皇在国家的兴隆上扮演了核心角色，但他个人实际参与了多少这一时代的伟业并不确定。

　　大约从1890年之后睦仁天皇很少公开旅行，即使从这时起以天皇为中心的新思想受到特别有力的提倡。他退出公众生活可能是由于其有点儿平民化且令人困窘的个人习惯所致。

　　然而，作为一个时代的象征，全国民众哀悼他的逝世。9月13日，他的葬礼那天，乃木希典将军（1849—1912）甚至依照被理想化的武士殉死传统切腹自杀，其妻静子（1858—1912）也追随她的主人自杀。殉死被禁止已有一段时间，有些人批评乃木的行为是不符合这个时代的，但一般民众为他所表现出的武士精神而感动。正如小说家田山花袋（1872—1930）在其回忆录中所评论的，那与那些在战斗中牺牲以协助日本成为国际大国的人所表现的精神是一样的精神。

　　明治天皇或明治时代的伟业不是毫无保留地受到所有人的称赞。批评天皇是叛国罪，最高可判死刑，即使批评天皇个人很罕见，但还

---

① 较流行的模式之一是查莫斯·约翰逊（Chalmers Johnson）所描述的"发展国家"模式。事实上，他将这一模式应用于昭和日本，但他认为其起源应该是在明治时代。"计划－理性"模式把国家视为建设性地干涉经济，不让经济听任市场力量的支配，以便以适合于国家利益的方式指导与发展经济。相比之下，Penelope Francks 对政府不想单单依赖市场力量表示认同，但她认为国家参与的建设性被夸大了，经济发展并不像"发展国家"模式所提出的那样有计划。她认为，实际的政府的干预并非事先计划的，而是对临时情况的应急反应。

是时有发生。1904年日俄战争时，女诗人与谢野晶子（1878—1942）发表了一首著名的诗《你不要死去》，批评天皇怯懦，未亲赴前线。

大多数批评不是针对明治天皇个人，而是对在其名义下所取得的成功有所保留。明治时代最有名的小说家夏目漱石（1867—1916）觉得西化引进了一种冷酷的自我主义模式，产生了孤独的人。他还认为变革速度太快，无法适当地加以吸收消化。1909年，当日本处于国际声望的顶峰状态时，他发表《从此以后》（それから）一书指出：

> 看看日本……她试图挤进列强行列之中……她像一只想长成母牛一样大的青蛙。当然，不久她会破裂。这斗争影响你我以及每一个人。由于跟西方国家竞争的压力，日本人没时间放轻松……难怪他们都是神经病患……他们只想到自己与他们的眼前的需要。看看日本全国，你不会找到充满希望的地方。到处都是黑暗。

一个较不出名的人可能发现，自己为了表达这些观点而站在了当局的对立面。更多的了解日本本身漫长自利历史的人，可能不会形成这样的观点。

一个发生如此巨变的时代所造成的一定程度的不确定、迷惑、焦虑，以及因卷入个人无法控制的事情而产生的无助感是能够被理解的。日本人自己就日本的西式现代化撰写讽刺诗文是很常见的。当代许多流行歌曲也含有负面情绪。很明显，民众好像随时准备动怒，抗议政府未能为战争胜利获得适当的奖赏或者在解除不平等条约方面没有突出进展。这样的状态暗示着紧张与挫折，但同时也强化了民族自豪感。

这个时代结束时，尽管人们显然持有消极悲观的情绪，但是民族自豪感和乐观精神仍占上风。当天皇逝世时，田山花袋以充满民族主义的自傲心情回顾明治时代的伟业：

> 尽管在逆境中成长并克服各种障碍与危险，领导日本成为今日国际上的了不起的国家，谁不被明治天皇陛下、"睦仁大帝"、维

新之主如此辉煌的一生感动得落泪？

……我曾经以摄影单位士兵的身份参加对俄战争。我看见天皇的道德力量远播，令人敬畏地展现出来。当我看见日之丸旗在锦州与南山据点飘扬时，我跳起来欢呼，并意识到我的血管里的血液是日本人的血液。思想上我是自由思想者，但我的精神是日本民族主义者的精神……

而现在……我们亲爱的、仁慈的明治天皇，我们的力量与支持，死了！

虽然天皇可能是神，但甚至连他们也会死。现在的问题是，这个国家会变得怎样？日本会满足于其成就并进入巩固的阶段吗？或者如夏目寓言里的青蛙继续增长，最终崩溃？

◆ 本章综述 ◆

日本在相当不确定的状态下进入明治时代。王政复古是否会成功？外国是否会接管日本？这些都不确定。幸运的是，外国似乎对入侵日本不感兴趣，至少暂时是如此，而且幼年天皇也不招惹麻烦。以天皇的名义领导政变的年轻武士们，能够在变革之际巩固政府并为国家带来某种程度的稳定。

他们的目标是建立一个能与西方匹敌，甚至最后能超越西方的强大国家。首先必须让西方列强认真看待日本，至少认真到吓阻他们殖民日本的念头，且要他们废除德川末期签署的屈辱条约。这意味着现代化，而现代化意味着大幅西化，这个过程不仅会使日本获得西方的认可，而且假如做得好的话，将使日本采纳西方的长处以便让日本更强大、更有竞争力。

然后，这不仅是向西方学习的问题，因为在某些情况下这些现代国家建造者似乎也会留心日本过去的有用政策。

新政府早期实施的改革，包括为了中央集权而迁都，以及为同样目的废藩置县。封建阶级制度被废除，包括武士阶级，政府领导人多出身于此。推行这些政策引起了某些人的不满，这种不满情绪因1877年的西南战争达到顶点。与此同时，由于武士传统主义者被消灭这一结果，使得政府更容易沿着西方路线进行现代化。

为了赢得西方列强的认可，沿着有潜在风险的路线前行对于日本是非常重要的。这些包括允许基督教（包括天主教）活动，采纳西方经济与政治制度，并展示军事力量。事实证明，开放基督教并没有什么风险，因为基督教对大多数日本人没有吸引力，即使他们有机会接触它。在经济方面，西方顾问与技术的帮助，以及"日本式"政府的指导与支持，使得日本能够利用现有优势，迅速崛起为重要的经济强国。明治时代结束时，日本已建设成重点发展重工业的加工国家。

政治西化显得较为困难，必须更谨慎地进行。表面上看，民主改革给人留下了深刻印象，尤其是新宪法的制定与国会的成立，但这些都必定受到掣肘。寡头执政者的内阁仍然是"超然"内阁，它本身就是法律，而自由是相当限度内的自由。受到西方的自助与适者生存理念所鼓舞的个人，被鼓励以自己的能力去追求成就，同时也为国家昌盛这更伟大的目标去这样做。借着体现在《教育敕语》与学校教科书中以天皇与国家为中心的教化，自助成为民族主义者的成功主义，这使刚获得解放但有点儿迷惑的人民力量被统制并朝向国家目标前进。

军事方面，日本很快便学会了如何以现代武器与征兵制来打西式的战争。在西南战争中借机对不满的旧武士练习作战后，日本击败了衰弱的大清帝国，然后又击败了国内危机重重的俄国。因这些胜利直接或间接获得的领土，尤其是朝鲜，是帝国建造之路上的里程碑。

日本的现代化并不是一帆风顺的。有较多计划外的发展，有很多尝试和失败，机遇也起了较大的作用，这些都不是政府能预料到的。他们借贷、临时而作、学习及计划，起到作用的还有好运与成功的决心。并非全国人民都是快乐或为之自豪的，但大多数人如此，而假如能以拥有一两个殖民地的强大西式国家的方式来界定成功的话，那么日本是成功了。

日本朝向成功的主要发展摘要于表4-1。

表4-1　明治时代的主要发展

发展	大约时期
理论上天皇统治得以恢复，实际上寡头执政者掌权	19世纪60年代晚期起
制定早期主要的改革，诸如土地国有、废除封建阶级	19世纪60年代晚期至70年代中期
在西方顾问的协助下，社会与经济开始西化	19世纪70年代早期起
自助思想风行	19世纪70—80年代
"自由与人权"思想	19世纪70—80年代
政府出售企业给民间企业家	19世纪80年代早期
政党成立	19世纪80年代早期起
个人成就被引导至国家目的上，尤其借助教育媒介和以天皇作为中心	19世纪80年代早期起
宪法公布，国会开议	1889—1890年
《教育敕语》公布	1890年
重工业发展，日本成为加工国家	19世纪90年代起
中日甲午战争，日本获胜	1894—1895年
不平等条约获得大幅修订，日本被西方列强认可	19世纪90年代中期起
英日同盟	1902年
日俄战争，日本获胜	1904—1905年
日本吞并朝鲜	1910年
社会主义在大逆事件中被镇压	1910—1911年

明治时代也显示出与今日日本非常相关的价值观与做法，这通常是对日本过去的继承。这些摘要见表4-2。

表 4-2　明治时代的主要价值与做法

- 吸收潜在敌人的长处
- 混合旧与新、本国与外国文化的能力
- 许多外国因素的"和化"
- 务实主义
- 限度内的自由
- 正式权威与实际权力的区别
- 外在形式与内在实体的区别
- 愿意学习
- 决心成功
- 专心
- 儒学(和式)
- 家庭价值的理想化
- 强化民族主义
- 尊敬天皇的恢复
- 不喜欢基督教式的宗教僵化思想
- 经济的机敏
- 被权威指导的普遍倾向,甚至追求个人目标时也是如此
- 怀疑社会主义
- 通过宣传与教育控制人民的世界观

在仅仅半个世纪内,日本从一个被西方国家斥为偏僻落后的国家到被认可为列强。在如此短的时间内,就有此成就,这对世界史上任何国家来说可能都是最不平常的。

第五章

野心过度：太平洋战争

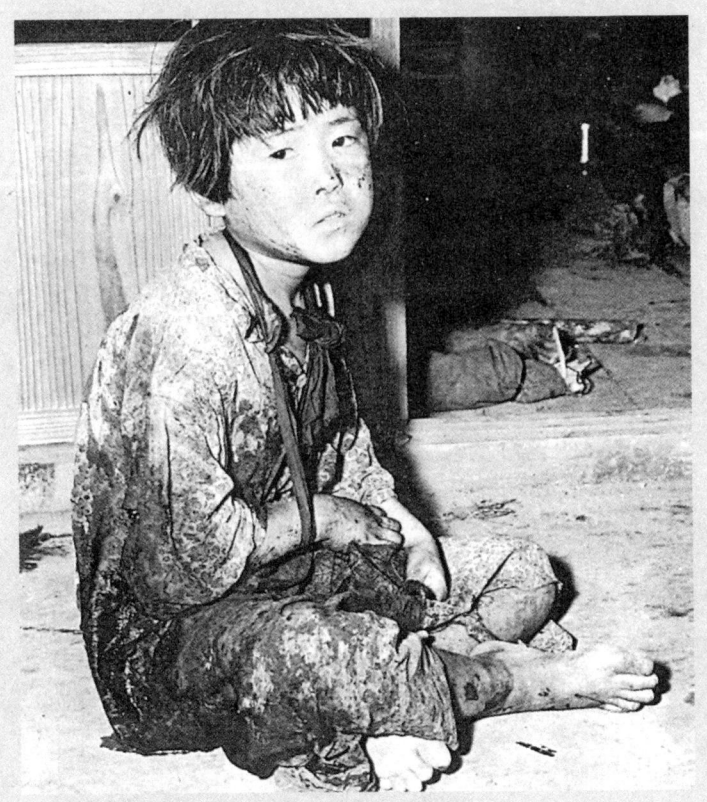

图5-1 1946年6月21日冲绳南部街头一景

日本野心膨胀过大，终于尝到苦果，本土陷落，民众堕入苦难之中。

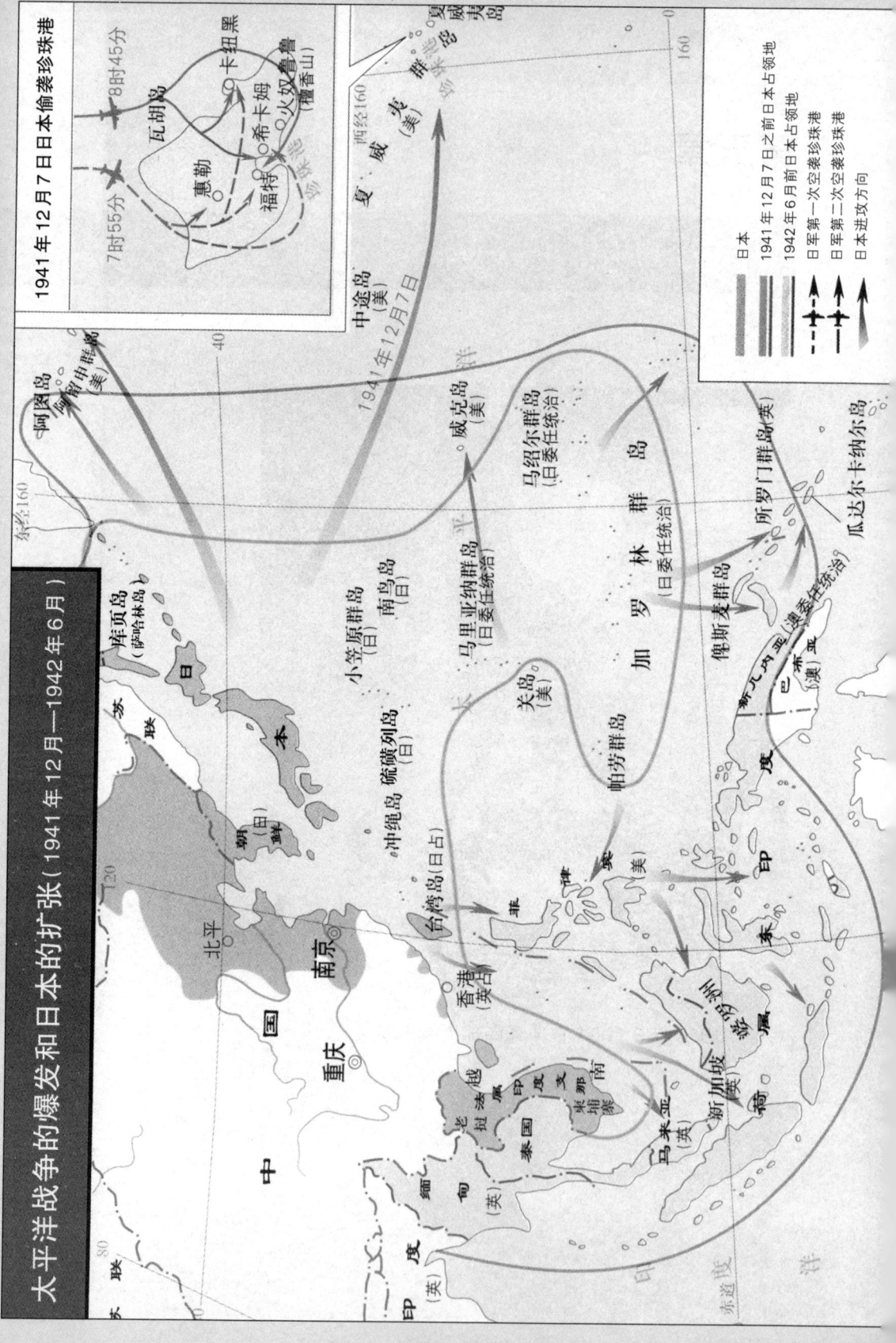

5.1 脆弱的大正民主（1912—1926年）

1912年，当明治天皇的儿子嘉仁（1879—1926）登基时，国内形势一片大好。意味"伟大的正义"的吉利的名字"大正"，被选作新时代的年号，它暗示作为列强的自信并承诺智慧与正义。

然而，对于嘉仁个人来说，前途看起来并没有那么光明。渐渐地，人们开始怀疑他身心是否健康，这大都是由于他出生后曾患脑膜炎，但他这时已经30多岁了，而且疾病的影响应该早已稳定下来了。几乎可以确定的是，现在困扰他的是令人困窘的病痛。医生们判断他可以继承皇位，但他的病情很快便显著恶化了。3年内，他不能正常走路或说话。这种窘境持续了几年，直到1921年11月其子裕仁（1901—1989）开始摄政。

嘉仁不确定的统治以一场政治危机拉开序幕。1912年底，西园寺内阁拒绝同意让意图扩军的陆军增编几个师。陆军大臣辞职，而陆军拒绝换人，导致内阁垮台。在山县与其他元老的游说下，桂太郎同意组织他的第三次内阁。但他是不受民众与各政党欢迎的人选，他们把他视为元老继续独裁的象征。主要政党现在不仅包括（立宪）政友会，还包括新近成立的（立宪）国民党。这两个政党发起"拥护宪政运动"，并得到几万民众的支持。

这两个政党也对桂太郎提出了不信任动议，桂太郎以说服新天皇下令撤回动议作为回应。天皇的命令被忽视——这是他受到极低尊重的证据。1913年2月，几万愤怒的示威群众包围国会大楼，迫使仅在职不到两个月的桂太郎辞职。这是日本史上人民力量首次促成政府垮台。

在桂太郎之后出任首相的是海军上将山本权兵卫（1852—1933），

他是政治中立派,对政党政治有很好的处理办法。政党逐渐强化它们在内阁的代表,但还不能说政党政治确立了。1914年,年迈的大隈重信接替山本出任首相,过去他可能是个政党人物,但这一阶段他受到元老们的严重影响。1916年,寺内正毅(1852—1919)接替大隈出任首相,他坚决反对政党政治,是一位不受欢迎的首相。

第一个真正由政党控制的内阁是1918年接替寺内的政友会的原敬(1856—1921)领导的内阁。但他不一定是民主的理想代表。虽然他以平民政治代表人物而广为人知,但事实上他是高阶武士的后裔,并且有很好的人脉关系。他经过元老们的细查与认可后才成为首相,是政策性拨款政治(pork-barrel politics)的早期典型,他也诉诸诸如雇用职业打手恐吓对手一类的非民主手段。1921年,他被暗杀后,接下来的几个内阁都是非政党内阁。

这是大正时期的政治模式。就像明治时期,民主与自由有所进展,但仍然受到威权与压抑的制衡。

一方面,有影响力的东京大学法学教授美浓部达吉(1873—1948)提倡民主宪政。他还提出天皇作为国家机构的观点,与明治时代政府所提倡的天皇权威的绝对性相对立。另一方面,东京大学另一位法学教授上杉慎吉(1878—1929)则主张天皇是绝对的。

至少这是一场辩论。然而,1925年,通过了一项压制性的治安维持法,实际上它是把倡导国家政治体制的根本性改变视为犯罪行为。同年,投票权被扩展至25岁以上的所有男性。这好像是光明与黑暗的相互作用。

1923年9月,大正日本的最黑暗时刻之一来临了。日本发生了有史以来最大的自然灾害——关东大地震。这次地震造成10万多人丧生,另有更多人受伤。300多万人无家可归,失去家屋的人大多是因为地震后的火灾,而不是地震本身。谣言很快蔓延开来,说有些火灾是朝鲜人纵火所致。还有谣传称,朝鲜人借机抢劫并在井里下毒等对日本人施加进一步的伤害。有些日本人甚至认为,地震本身是因为朝鲜人居住在日本土地上使神明心烦意乱而引起的。在地震发生后几天之内,

图 5-2 关东大地震中的难民

在相对缺乏法律秩序的状态下（当局事实上发布了戒严令），估计有多达6000名朝鲜人被义警谋杀。①

民众中的反朝鲜分子不是唯一利用这种缺乏法律秩序状态的人：宪兵杀害了许多激进分子及其相关人员，包括著名的无政府主义者大杉荣（1885—1923）及其妻子和年仅6岁的外甥。

在国际舞台上，大正日本同样要经历光明与黑暗。政府对军费支出与增长施加预算限制，认为与其相信军事力量，不如相信外交。在本时期最后几年，当币原喜重郎（1872—1951）担任外相时，尤其如此。然而，军力支持的侵略扩张主义的理念是不会停止的。欧洲列强的注意力显然集中于第一次世界大战，日本名义上以英国的盟国身份参战，但实际上几乎没参加战斗。日本充分利用机会，出兵迅速占领了德国在山东的势力范围以及在太平洋的岛屿属地。

日本最极端的行动是在1915年初向袁世凯提出"二十一条"的要求。这些要求不仅谋求中国承认日本的据点，如新近获得的德国在山东的势力范围，以及在蒙古、中国东北地区的进一步特权。日本也要求中国政府、军队及警察任用日本顾问。这些要求将有效地将中国置于日本的控制之下。中国震怒了并向西方列强求援，但列强并未采取

---

① 由于神户居民冈本嘉夫的帮助，我对这次迫害朝鲜人事件有了深刻了解。他的父亲虽然是日本人，却被误认为是朝鲜人，受到迫害，仅免于一死。

任何决定性的行动。最后，中国被迫签署"二十一条"的修订版，只是任用日本顾问的条款被删除。

不仅中国，西方列强对日本提出的"二十一条"要求的动机也尤为关心。美国尤其表示反对，从此便以非常怀疑的眼光看待日本。

虽然如此，日本作为胜利的盟国，在1919年凡尔赛（巴黎）和会中有重要地位，和其他胜利国享有同等的投票权。同样，日本在1921年11月—1922年2月召开的华盛顿会议中也占有一席之地。这一会议旨在把焦点置于多边而非双边协议，以创造一个新的、更加稳定的国际秩序。根据该会议的一项限制海军的决议，日本的主力舰限制为3艘，而美国与英国都是5艘。这比起法国与意大利分别为1.75艘远较有利，但日本国内许多人却为此愤愤不平，他们认为日本与美英两国应该享有同等的海军地位。

不平等待遇感在大战期间经常刺激日本，这往往是有几分理由的。日本在1920年是国际联盟的创始会员国之一。在这特别的国际主义方面，日本领先美国，后者一直不是国际联盟的正式会员国。不久，日本因把种族平等条款加入国际联盟宪章中的提议未被采纳，感到非常不安，以至幻想破灭。这多半是因为澳洲的反对，当时澳洲已经实施白澳政策几十年了。

日本人不安的一个主要来源是美国国会通过的一系列排华、排日的种族歧视法案。1924年，移民法案尤其有效地禁止日本人移民美国。自从19世纪80年代以来，日本移民大量进入美国，尤其在美国于1897年并吞夏威夷后。至第一次世界大战，仅加州一地就有超过10万日本移民，而由于大量移民，在加州造成极度排日的风潮。自发的限制没有成功，导致1924年法案的制定，国会故意紧缩移民配额，对日本移民产生特别影响。日本人民为此愤愤不平，并大大削弱了那些倡导在基于《华盛顿条约》所建立的国际新秩序中与美国合作的人的力量。

谈到种族态度，特别是对待朝鲜人所表现出的，日本人自己根本不是道德模范。只有当他们自己是种族歧视实际或潜在的受害者时，他们才谈到种族平等。但是，日本获得一项讯息，日本人终究是不会被平等对待的。日本因为其成就受到尊敬，并在国际社会中被视为列强，但日本将永不被真正平等地对待，只因为其人民不是白人。日本可以永久或偶尔地以西方方式行事，但日本永远不是真正的白人国家（日本在后来的年代被诸如南非等国视为"名誉"白人国家，但这种基于经济权宜的奖励并不是真正的接受）。那么，为什么要去烦心？在西方国家支配的世界中，一些西方的东西仍然有助于日本成为强国，并继续让日本保持强国的地位。但这个叫作民主的讨厌东西是否有用，则是另外一个问题。

5.2　昭和时代一开始就遭遇麻烦

裕仁在其父于1926年12月25日去世时成为天皇。虽然年仅25岁，但他作为摄政已经获得了宝贵的经验，而且他还造访过许多国家。一方面借着他对英国君主制的仰慕，另一方面由于美浓部达吉的影响，他很愿意成为一个君主立宪制的君主。当前的问题是宪法有关君主的角色非常暧昧。

但立宪制度不是对裕仁的唯一影响。小时候，他在军人的强烈影响下成长，首先是乃木希典将军，接着是东乡平八郎舰长。他的家庭教师还包括民族主义者杉浦重刚（1855—1924）。作为一个个体，裕仁孤高，远离民众。他在名义上是神明，而实际上是一个对普通百姓的生活几乎一无所知的精英。

裕仁的年号是"昭和"，意味着"百姓昭照万邦协和"。事实上，昭和时代的特色几乎从一开始就是来自国内外的危机与戏剧性的事件。

在国内，经济并非处于良好状态。第一次世界大战对日本有好处，使日本能填补西方列强因战争在亚洲留下来的市场缺口。在战争年代，工业生产增长4倍，出口增长超过2倍，而经济整体而言增长约50%。由于需求旺盛，日本能够实验新科技与产业多元化，尤其是财阀能从战争中获利。但战后物价崩溃，持久的经济不景气开始了。当大财阀与中小企业之间的差距变得更大时，所谓的"双重经济"变得更糟了。1923年，因关东大地震后的重建出现了一个短暂的复苏期，但接下来在1927年发生的金融危机中，全国有四分之一的银行破产。丝仍然是一个主要的出口项目，但价格在20世纪20年代晚期暴跌超过一半。农业部门在1930年受到米价暴跌的进一步打击，而且当日本承受当时全球性经济大恐慌时，首当其冲的是农业部门。1926—1931年间，农村现金收入指数从100暴跌至33，是城市收入跌幅的2倍以上。

都市人口增长迅速，这本身就是社会问题的一个根源。1895年，当时4200万日本人中只有12%住在人口超过1万的城镇，但至20世纪30年代中期，当时7000万人口中居住在人口超过1万的城镇中的增至45%。当然，并非所有的都市居民都富有，享受高质量的生活，但一般而言，乡村生活与城市生活差别很大。乡村的特色是生活水平较低、生活方式较传统，而都市生活的特点是至少有致富的希望、摩登生活和西方事物，其象征是日文"モガ，モボ"（摩登女郎，摩登绅士）。这在乡村社会引起了更大的不满。这对军方是有利的，因为兵员有很大部分来自乡村，而且军方跟乡村居民一样共享保守且较不国际化的生活。

军方与许多民众逐渐对经济与政治发展感到愤愤不平。人们普遍认为，大企业对政治有太大的影响力，大到腐败的地步，甚至政治人物自己也这样想。1927—1929年的政友会政府被最大反对党的立宪民政党称为"三井内阁"。1929—1930年的民政党政府，反过来被政友会称呼为"三菱内阁"。

许多人把腐败的真正根源指向西方的影响，他们把议会制度、大企业、个人主义及相当自由的都市生活方式等统统视为西方的邪恶。日本采纳西方经济与政治制度，但到底达成了什么？人们逐渐对此表示不满，尤其是这些制度未能阻止西方的经济大恐慌。相比之下，纳粹在德国与法西斯在意大利的兴起是一个信号，或许较不民主的制度将比较有效，甚至某些西方国家也开始这么想。

第五章 野心过度：太平洋战争

图5-3 皇姑屯事件

当人们逐渐对民主感到不满与难以容忍时，来自军方的呼声要求通过领土扩张政策以解决日本所面临的灾难。日本的目光投向中国。当政治人物还在犹豫不决时，军方已开始放手一搏。

1928年6月，日本关东军极端分子蓄意在中国沈阳附近炸毁一列火车，军阀张作霖（1873—1928）被炸死。爆炸案的策划人声称这是中国土匪干的，他们希望利用这个事件作为在东北地区发动军事行动的借口。日本军方温和派试图阻止形势进一步恶化，但爆炸案阴谋者仅受到象征性的惩罚。裕仁责备田中义一首相未能采取果决的行动，田中因而辞职，但裕仁本人也未对爆炸案阴谋者采取行动。

接替田中出任首相的是滨口雄幸（1870—1931）。很快，他也面临危机。在1930年伦敦海军会议中，他未能获致对日本主力舰比率的重大改善。伦敦会议旨在检讨华盛顿会议有关海军限制的协议。这事在日本国内引发民众的愤怒。滨口被一名狂热的右翼青年枪击，终因伤重不治而死。几年后，日本退出所有有关海军限制的条约。

1931年9月"九·一八事变"爆发。这几乎是1928年关东军炸死张作霖战术的重演。靠近沈阳的一条铁路又被日军炸毁，他们再度声称是中国人干的，他们希望这能引发危机，进而强化日本的军事立场。事变是由石原莞尔（1889—1949）领导的一群中阶军官执行的，但这次它得到了军事指挥部高阶人物的默许。

这次温和派没占上风。与1928年的事件不同，这次日本军事干预在爆炸案发生后迅速发生，事实上在几小时内就采取了干预。政府没有能力阻止。由滨口的继承人若槻礼次郎（1866—1949）领导的民政党内阁，因无力解决危机而在几个月后辞职。在若槻之后出任首相的是年迈的犬养毅（1855—1932），他试图控制军方，但在就职仅几个月后就被极右翼海军军官暗杀。犬养毅是第二次世界大战前最后一位代表政党的首相。

据说裕仁对军方在中国东北的行动大为震惊，其弟秩父宫亲王劝他干预，但他拒绝这样做。我们可能永远无法确定他实际赞成或不赞成军方的行动到何种程度，但他不采取行动与他的沉默却使一般民众认为他是支持军方在中国东北的行动的。

很快，日本在中国东北的军事干预使关东军在1932年3月成立了"满洲共和国"。这个陆军建立的国家在同年9月被日本政府正式承认，并在1934年3月改名为"满洲帝国"。皇帝是著名的清朝末代皇帝——傀儡统治者溥仪（1906—1967）。

"九·一八事变"引起国际联盟的反应。由英国李顿爵士（Lord Lytton）率领的调查团在1932年初来到中国东北调查。根据他的报告，国际联盟大会在1933年2月谴责日本的行动。日本迅速退出国际联盟。

在野党受到恐吓，军方现在几乎不受控制。"思想警察"活跃，有错误思想的人被暗杀是很平常的。天皇本人似乎对军方的扩张计划不构成障碍。军方毅然保护他，以免受到有错误思想的"邪恶顾问"的左右，那些顾问见解太过于西方化与自由主义。美浓部达吉便是许多受害者之一，他因有关宪政的见解被控叛国。他的著作有很多被收回。

复兴日本的运动往往被称为"昭和维新",但这些运动对不同的人意味也不同。尤其是20世纪30年代前期与中期,为了促成维新运动甚至发生过多起暗杀事件。

最有名的政变"二二六事件"发生于1936年2月26日凌晨。由下级军官率领的1400名士兵突袭几所政府大楼,杀死或刺伤多位主要政治人物与皇室顾问。他们的目标是要成立一个相对同情其极端民族主义理念的军政府。但他们并未获得全面支持,而且军方高层对他们的行动的看法存在分歧。令许多人吃惊的是,影响最终结果的决定性因素是裕仁。叛军宣称他们绝对效忠天皇,但是,当裕仁因为叛军攻击其顾问而震怒,并拒绝跟他们扯上任何关系,坚持把他们作为叛徒审判时,叛军运动受到了严重削弱。裕仁还拒绝给他们切腹自杀的权利。叛军领导人希望能提供给他们一个申辩的场所,但当局甚至连这个也没有答应,因为审判是秘密进行的。最后,19人被处死,其他70人被关进监狱。但公开表示同情的高阶军官没人被判刑。

"二二六事件"是裕仁坚决干预与军方受到抑制的一个罕见个案。大体上,军方在裕仁的昭和头十年以牺牲议会政府为代价,获得对全国的控制。他们具有侵略性的反西方、反自由主义的情绪(许多民众也如此),没有使"百姓昭照万邦协和"(昭和)的时代有一个好的开始。

5.3 扩张主义背后的意识形态

在"二二六事件"中,因共谋被处死的人中有一位激进民族主义者北一辉(1883—1937),他是昭和维新运动的重要思想家。他意图发动军事政变,除掉无能的政府领导人,以恢复天皇与人民的直接关系。他认为天皇是绝对的,但有趣的是,他不把天皇视为神,这可能是他毁灭的原因。无论如何,北一辉认为天皇应暂停实施宪法并排除政治人物与企业家的腐败影响,以便指导全国土地与资产的公平再分配。他还将解放处于西方帝国主义桎梏下的亚洲国家视为日本的一个特殊使命。日本一旦恢复元气与活力，就能领导团结的、自由的亚洲。

北一辉的信念只是当时用来为日本扩张主义辩护的一套意识形态的一部分。尤其普遍的是，天皇是绝对神的概念与日本占领并控制亚洲以便解放亚洲的理念——日本特有的反帝国主义的帝国主义的理念。

天皇是绝对的神的概念在很大程度上归因于1890年的《教育敕语》的意识形态基础。这在20世纪30年代被大大地强化了。其顶点是《国体之本义》（国家的基本原则）——天皇制的经典。这份有如书本一般的文件是由文部省（教育部）于1937年3月出版的。它使用非常类似《教育敕语》的术语，而且同样为学校教师与其他有权力的人使用，以便对学生灌输他们认为正确的观念。1937年，至少有36%的人处于义务教育的年龄层，因此这是一个很好的教化标的。

它是一份诉诸感情而非理智的文件，内容充斥着矛盾，其刻意矫揉造作的用语使文件超过大多数读者的阅读能力。同时，这样的用语使它兼具古代与权威的风格。其要点是强调天皇的神祇起源以及完全牺牲自我服从其意志的重要性，以至于效忠天皇与他的国家变成了人生目标，而不仅是一种责任。

《国体之本义》如此定义日本国：

> 天皇接受建国者的神谕，其不间断的家系永远统治日本帝国。这是我们永远不改变的国体。因此，基于这个大原则，全国人民团结成为一个大家国并服从天皇的旨意，加强忠孝美德。这是我们的国体的荣耀。

天皇是"现人神"（神的化身），"天照大神的直接后裔"，服侍他"不是责任，也不是服从权威，而是内心的自然表现"。与西方国家不同，西方国家的公民是"不同的个人的集合，统治者与公民之间没有深厚的基础来团结他们"，而"天皇及其臣民来自同样的本源"。"天皇与臣民的关系是父子关系，这关系是一种自然的关系"，不是像西方统治者与公民之间仅仅是契约式的关系。日本真正信奉"天人合一"

的天道。和谐也是这种关系的特色,因为"和谐是日本建国伟大成就的一个产品"。最终的和谐是天皇与臣民之间的和谐,说得更确切一点,"和谐的极致是臣民为天皇牺牲生命"。在近代,"西方个人主义与理性主义带来腐败",而"我们必须扫除精神的腐败与因沉迷于自我而产生的知识的蒙蔽,回到纯净的心灵状态"。这不仅是为了日本甚至亚洲,而且是为了整个世界:"我们应该这样做,不仅为了我国,也是为了正在挣扎着跳出个人主义僵局的全人类。"

在《国体之本义》发布后大约10年的时间里,许多接触过日本人的西方人惊讶地发现,不仅平民,许多高层和很有才能的日本人似乎也相信这一宣传——甚至有些协助策划这一论调的人也相信。事实上,至20世纪30年代末期,所有50岁上下的日本人曾经或正在一个受到控制的教育环境中接受这样的教育:依据1890年的《教育敕语》,向人们灌输以天皇为中心的世界观。这包括许多位居高职的人,他们之中有些人可能真的搞不清神话与现实的区别。无疑,许多民众就是这样被教化的。同时,对天皇制的质疑将会让自己有生命危险。恐惧也起到了它的作用。

天皇在战前意识形态中所扮演的重要角色,有时使得《国体之本义》的其他要点被忽视。这些要点之一提倡下列理念:日本人"与自然合一"且比受到个人主义污染的西方国家享受更纯净、更自然的生活。对环境决定论有特别兴趣的著名哲学家和辻哲郎(1889—1960)是起草《国体之本义》的委员之一,他肯定会将日本人和与自然特别和谐的理念放在该文件中非常重要的位置上。虽然那可能不是他的真正目的,但它被用来作为日本在亚洲大陆扩张的另一个理由。日本人声称,他们在亚洲大陆扩张的目的不仅是挣脱西方政治、经济制度的枷锁,而是要在更深的层次上恢复天人之间的和谐。

其中,天人合一被称为"结"(结び,musubi),它是一个复杂的术语。它融合了"结合"、"和谐"及"联结"的意义。它有"生殖"的含义,以及"生命力"的引申之意,还有与新生命有关的"原始纯粹"的含义。

对"结"的最清楚的英文解释,可以在河合达夫1938年发表的《日本扩张的目标》(*The Goal of Japanese Expansion*)一书中找到：

> 在他们作为一个独特的种族的进化过程中，在他们的自然环境与他们各式各样令人振奋的气候的影响下，日本人获得了对美丽与纯净的爱好。他们靠近自然居住……作为神明的子女，我们的祖先过着与自然和谐的生活，获得自由的社会观，而这种社会观发展成为四海之内皆兄弟也的理想。同时，在察觉到自然的力量中有神秘力量的运作后，他们有系统地陈述"结"的哲学……我们的祖先观察不间断的四季循环与快乐的生物繁衍，他们察觉到在自然运行里有一个力量或原则的存在，这个力量或原则创造、滋养以及繁衍各类事物。他们称呼这个力量为"结"……日本历史就是他们对自然的信仰（大和民族与自然环境之间的和谐与天人合一）的发展的记录……保存自然与重新发现自己！——"结"的哲学如此传授。

河合继续解释日本人如何试图使退化中的中国恢复"结"的精神，这样做是为了中国本身以及全亚洲的利益：

> 遵从"结"的指令，日本连同复兴的中国将与那创造与滋养生命的宇宙力量合一，并协助促进美化与净化亚洲生活的无止境的过程。这是日本的中国政策的基础。

并非所有日本人都使用如此冗长华丽的哲学辞藻，来为日本的对华政策辩护。许多人只是像纳粹那样提到生存空间的需要，忽视了仍处于低度开发的北海道。生存空间观往往与一个明显经过选择的论证连接在一起：只有移民、向国际市场进军及领土扩张三种方式才能减轻过剩的人口压力。日本大概除了第三种选择外别无选择，因为西方国家的排日移民法与贸易关税已有效地阻碍了前两个选择。似乎没人准备考虑诸如德川时代曾经实行的很有效的人口控制这样的选择。

另一个较简单的辩解是因"九·一八事变"出名的石原莞尔的辩解。

第五章　野心过度：太平洋战争

图5-4　"七七事变"所在地卢沟桥

　　对1937年卢沟桥事件起因的解释，真是千奇百怪。其中最有意思的一种说法是：日军是被中国人内部的阴谋拉进来的，并不是有意要打这一仗。更具体点说，就是"共产党策划卢沟桥事变"，说共产党在卢沟桥挑动日军和国民党军开战，自己好从中渔利。那么，"共产党"是如何"策划卢沟桥事变"的呢？照日本所谓正规历史学家的说法是：刘少奇带着学生在中日两军间点鞭炮，引发双方误会而开战。

　　这种说法当然荒唐可笑，且不说刘少奇这一年五月就已经回了延安，根本不可能身外化身：一个在延安，另一个化身到卢沟桥带学生在两军之间放鞭炮。再说，用鞭炮引发战争，这好像是世界军事史上独一无二的一例。

　　他希望日军占领并重新组织亚洲，使日本能利用亚洲的资源，为获得世界上的重要地位的决战做准备。这场战争将是日本与美国之间的战争。石原的这一想法是受到中世僧侣日莲的影响，日莲认为将会有一场终结所有战争的大决战。石原也采取哲学立场，认为战争带来毁灭，将为重建铺路，因此是文明进展的一部分。尽管有哲学的虚饰，在其人生观里所有的事物都从属于军事考虑———种单纯的军国主义。

　　石原本人并没有特别受到喜爱，且从未受到同僚们的十分信任。这些因素使他的个人影响力受到限制。然而，石原认为日本必须获得亚洲资源，为将来与美国对决做准备，他的这一观点逐渐得到支持。

随着20世纪30年代局势的发展，他所主张的利用军事行动控制亚洲的理念逐渐胜过较不具侵略性的泛亚洲主义观点。

一个"较软性的"观点是汉学家橘朴（1881—1945）提出的。他认为，作为最有资格的国家，日本应该在亚洲建立的不是军事领导地位而是文化与政治领导地位。这将创造一个文化政治的亚洲实体，这个亚洲实体能够制衡已经存在的西方文化政治实体对亚洲的影响。遗憾的是，除了提出儒学与皇道作为这个亚洲实体的普遍指导原则外，橘朴未提议任何组织这个亚洲实体的具体手段。他在这些事情上的沉默使得军国主义者较容易占优势。

5.4 战争准备

确实，日本能够从大陆的资源中大大获利，尤其是日本本身十分缺乏的自然资源。但当日本对大陆资源的欲望呈现越来越具侵略性的军事气氛时，有点儿讽刺的是，日本经济正进入复苏阶段。20世纪30年代早期，日本已经采取果敢且史无前例的"凯恩斯"措施，利用政府赤字支出来刺激经济在通货紧缩后复苏，并阻止衰退。日本使日元脱离国际金本位，导致日元贬值约50%，而如今价格更加便宜的日本产品出口却有所增加。至1936年，日本已成为棉花布匹的最大出口国。日本是最先从世界经济大恐慌中脱困的重要国家之一。事实上，20世纪30年代剩下的几年中，日本的年平均经济增长率是5%，而在1929年与1937年间日本国内生产总值增长超过50%（对比之下，同期的澳大利亚国内生产总值仅增长10%）。

这一经济好转显示，20世纪30年代的日本有军事扩张以外的其他选择，问题是日本是否想追求其他选择。作为一种选择，依据明治时代口号"富国强兵"的精神，日本可以利用较强劲的经济来建立更强大的军队。

问题是，虽然从全国水平看经济似乎健全了，但并没有足够的人

第五章 野心过度：太平洋战争

从中获益。大多数人仍是被雇用于农业的农村居民，但农民收入是恢复最慢的。至20世纪30年代中期，他们的收入仍然只有他们在20世纪20年代中期的大约半数。尽管生产力提高了，但是农业就是没有制造业那么有效率，因为其劳动力比率是它在国民生产总值中所占比率的2倍以上。在制造业方面，尽管棉花布匹出口成功，纺织业正稳定地让位于诸如机械等较重型的制造业。① 事实上，纺织厂往往设在地方城镇，这为农村增添了苦恼。

由于工业逐渐托拉斯化，都市工人的境遇往往没好多少。从20世纪30年代早期起，政府有意推行一种工业合理化政策，授权重要工业企业的联合。这大大地帮助了原已富有且有势力的财阀变得更富有、更有势力。至1937年，单单三井与三菱两大财阀就持有全国工商业所有资本的1/7差不多。大财阀企业（工人人数超过5000人）工人的平均工资，是小企业（工人人数不到30人）工人工资的2倍以上。

政府与财阀的关系并非总是绝对的信任。政府里有许多人感觉财阀影响力太大、腐败、颓废且难以控制。他们宁愿不要合理化至如此程度，以至于只有少数财阀在控制，把所有其他大企业都排除在外。这是政府奖励日产与丰田等"新财阀"的一大理由，这两家公司在汽车制造等领域尤其活跃。

受到德国的启发，政府从20世纪30年代中期起制定了一连串的法律，给予那些主要工业公司以帮助。这些法律依靠外汇限制与企业必须被日本人经理控制才能发执照的要求，把外国竞争者排挤出去。福特公司是一个特别的威胁，而1936年《汽车制造工业法》条款的生效日期被追溯既往，所以福特公司1935年在横滨建造的工厂实际上成为非法企业。这项法律也给生产军车的公司以免税等援助，由此将那些公司置于政府控制之下。在石油、钢铁、机器工具、造船及飞机等工业方面，也通过了类似的法律。

在政府加紧对工业控制之际，军方也加紧对政府的控制。"二二六

---

① 1929—1937年，化学品、金属、机械在国内生产总值中所占的比重从30%上升至50%。1920—1940年，钢铁产量增加了11倍，机械增加了6倍，化学品也增加了6倍。

事变"后，广田弘毅（1878—1948）领导的新内阁成立。广田在职仅几个月，但很同情军方。他大幅增加军事预算，鼓励重工业朝军需工业方向发展，并重新制定只有现役海军上将与陆军上将才能出任陆军与海军大臣的原则。

1936年11月，再次对苏联意图感到不安的日本与德国签署反共公约，不久后意大利也加入其中。这个公约基本上是以交换情报的方式，彼此协助对抗共同敌国苏联的协议。

1937年7月7日"卢沟桥事变"后，日本正式和中国开战。合法派驻的日军在北平（北京）附近演习时声称受到中国士兵开枪射击，这一事变就这样展开了，双方在局部地区发生了武装冲突。事件很可能是日军故意挑衅的。在一个月内，冲突进一步升级至全面战争，尽管日本从未正式宣战。

即使起初的冲突是偶发的，日本政府或天皇都没尝试阻止冲突升级。不仅不阻止，新任首相近卫文麿（1891—1945）还积极主张对中国作战。中国在蒋介石领导下也并不退让。

8月战斗蔓延至上海，11月上海沦陷。然后，日军转战首都南京，12月，经过了几天的战斗，南京陷落。之后，日军肆行屠杀、强奸、酷刑、抢掠。中方死伤确切人数将永远无法得知。中方估计的数目高达34万，而日方提出的数字低至3万。能够确定的是，好几万人被杀，其中有许多人是平民。

日军在南京的暴行有些被拍摄下来。有些亲身参加屠杀的日本士兵受良心谴责，公开发表见证。当时派驻南京的天皇的弟弟三笠宫亲王（1915年出生），许多年后接受一家大众报纸访问时承认了大屠杀的存在。但即使在今日，仍然有些日本人否认曾发生过南京大屠杀，这其中包括位居高职者。还有些日本人否认日本从事的战争是侵略战争。

令日本人吃惊的是，中国人在南京事件后并未投降。双方陷入僵持状态，日本有少许斩获但没什么实质进展。日本领导人士开始担心，中国战役可能长期拖延并削弱日本，并将自己暴露于苏联的攻击下。这样的担心并非全无根据。苏联曾公开表示对中国的支持。20世纪30

第五章　野心过度：太平洋战争

年代晚期，苏联与日本之间也有逐渐严重的军事冲突。最大的事件是1939年5月苏军协助在中国东北边界诺门坎和日军发生冲突的蒙古人。日军损失将近2万人，是明显的败仗。当德国违反德日反共公约的宗旨，在1939年8月与苏联签署互不侵犯条约时，日本更加惊慌。

日本感觉被德国背叛了。无论如何，当希特勒公开宣扬雅利安人的优越性并形容日本人是"二等人种"时，日本对这位昔日偶像的信心已经大受打击。不少日本人担心德国可能把日本视为"黄祸"而与之敌对，甚至美国等其他西方国家可能与德国联手对付日本。他们从未能打消这样的疑虑。

但德国在第二次世界大战（1939年9月爆发）早期阶段的成功向日本暗示，采取亲轴心国（德国与意大利）政策将是有益的。结果，日本在1940年9月签署德意日三国同盟条约。这一条约的要点包括，假如任何缔约国受到目前未在欧洲参战或未参加中日战争的国家攻击时，缔约国承诺彼此协助。当然，这意指美国。

日本在亚洲的利益也得到了承认。这一利益集中于日本领导的"大东亚共荣圈"的梦想。这是一个欠缺明确界定的梦想，但这一梦想的较理想化的版本甚至包括澳大利亚、新西兰等国。

三国同盟给了日本在亚洲大陆扩大活动的信心。几乎在条约于柏林签署的同时，日军进入法属印度支那北部。法国殖民当局没做什么抵抗。美国以限制对日出口航空燃料、钢铁及废铁等物资作为反应，但避免诉诸军事行动。正如对德国在欧洲的行动与三国同盟条约的签署那样，美国民众对日本在亚洲的行动很气愤，但一般而言，美国人民支持政府的不干预政策。

1941年6月，德国撕毁互不侵犯条约，入侵苏联。至少在苏联与德国交战时，日本感觉它在中国东北的势力范围是安全的。日本可以把注意力转向南方。尤其是日本想获得一个据点，从这一据点日军可移动进入资源丰富的马来亚与荷属东印度群岛。1941年7月22日，日军进一步向法属印度支那南部移动，即使日本已经意识到这可能会引起美国的反对。

图 5-5 南京大屠杀

在《黄金武士——二战日本掠夺亚洲巨额黄金黑幕》一书中称,侵华日军在南京城犯下的滔天罪行不仅是屠杀了30万中国军民,而且首次披露日本皇室曾利用"金百合"计划亲自参与抢劫财宝,从南京掠夺走的黄金至少有6000吨。

第五章 野心过度：太平洋战争

美国政府的反应是冻结日本所有在美资产，并全面禁止美国产品向日本输出。这些物资包括军需品石油。日本的石油90%以上依赖进口，而其进口石油中有3/4来自美国。

非公开地，罗斯福总统（Franklin Roosevelt）立即同意了一项假想的暗中轰炸日本的计划。该计划是大约7个月前驻中国的美国飞行员志愿团体飞虎队队长陈纳德（Claire Chennault）所提议的。飞虎队成为正在进行抗日战争的中国政府的雇佣兵。陈纳德热衷于对日本发动先发制人的战略轰炸。他曾接近美国政府寻求暗中支持，并获得对飞虎队的一些财力支持，但他的计划未被批准。1941年5月，罗斯福的顾问卡利（Lauchlin Currie）访问中国并在回国后重新提出该计划。罗斯福与他的一些高级参谋以及英国，对此计划表示好感但觉得它不够实际。然而，7月23日，即日军在法属印度支那向南推进的翌日，罗斯福与海军上将哈特（Hart）与特纳（Turner）等高级军事官员签署题为《中国政府的飞机需要》的JB355文件（编号691）。①

该文件授权使用66架洛克希德哈德逊轰炸机与道格拉斯DB-7轰炸机（后来又加上其他类型的飞机），进行下述清楚陈述的目的：摧毁日本的工厂，以使弹药生产及维持日本经济结构所需的主要物品陷于瘫痪。由于在获得飞机方面有所耽搁，并且受到其他事件影响，该计划没有得以执行。

这样反而最好，因为JB355在作战行动上从一开始就注定是失败的。距离它们在中国的基地约2000公里，这些飞行缓慢的轰炸机将在其护航的战斗机的保护射程之外，几乎肯定会被日本最新式三菱零式战斗机迅速摧毁。有经验的军人与政治领导人士同意如此不切实际的计划，我们只能把这一愚蠢行为归因于日本的行为使他们感受到了挫败感。当然，根据记录，赫尔国务卿（Cordell Hull）与罗斯福本人不

---

① JB355文件于1970年解密，但似乎存放在华府的国家档案室直至1991年才被人发现。但卡利与一些飞行员已证实这一高度机密计划。例如，美国广播公司在1991年11月22日播出的新闻录像《先发制人》（Beaten to the Punch）节目将该计划透露给更多观众。录像显示这个文件本身完备，有罗斯福与高阶军方人物的签名，并包含对卡利与其他人的专访。这个文件的可信性不仅被卡利，也被诸如耶鲁大学盖迪斯·史密斯（Gaddis Smith）等专家证实。

只一次表达他们对日本的愤怒与他们想教训日本的意愿。①

石油禁运远比JB355有效,这导致日本只剩下很有限的石油储备。显然,对于日本这是一个无法维持的情况。早在1941年9月3日,日本领导人士就已决定,如果有关石油的禁运10月初以前仍无法解决的话,日本将对美国发动战争。(截止期限后来延至11月30日。)

同时,1941年1月海军上将山本五十六(1884—1943,山本五十六是在其父56岁时出生的,因此取名"五十六",读音是isoroku)提议的攻击珍珠港计划,终于被批准,并在南九州鹿儿岛湾进行演练。在日本,有些人仍希望外交能奏效,像近卫首相(尽管他对中国抱持好战态度),但是,赫尔国务卿特别坚持日本必须彻底改变其政策,只有这样美国才会做出让步。他要求日本不仅撤出法属印度支那,并且也撤出中国。10月,近卫辞职,陆军大臣东条英机(1884—1948)继任首相。

11月底,日本做出最后让步,同意从印度支那南部撤出,但不撤出中国。赫尔不接受,日本并不期待他接受。在南云忠一舰长(1887—1944)的指挥下,他的舰队正在从千岛群岛起航前往夏威夷。那是一支从事致命使命的大舰队,由总共载运超过400架飞机的6艘航空母舰、2艘战舰、3艘巡洋舰、9艘驱逐舰,以及20多艘潜水艇组成。

12月1日,裕仁天皇正式批准战争,而战后他声称:"作为君主立宪的君主,我没有选择余地,只有认可东条内阁开战的决定。"然而,更重要的是,他还说:"假如当时我能预见未来,我可能会尝试否决开战决定。"那就是说,并不是他感觉完全无法干预,而是他不愿意尝试,因为当时他认为战争结果将对日本有利。

裕仁有一段时期认为,日本可以给美国一个决定性的打击,以促成双方和谈。在这一点上,他与大多数人意见相同。在日本,只有最狂热的人才会认为日本能完全击败美国。而直接对抗较强大的敌人且冒着屈辱失败的风险,这并非日本人传统的做法。但有一种普遍宿命论认定日本与美国的某种形式的对决是必要的,而且大多数人认为

---

① 丘吉尔本人提及罗斯福在1941年8月的一句评语。罗斯福说,国会可能阻止他宣战,但不能阻止他参战。这清楚暗示,如果必要的话,罗斯福准备暗中行动。

日本有很好的机会与美国打成平手，就像对俄战争。那就是说，他们能够与一个较强大的敌国作战至对方感觉厌烦并准备讨论和平条件，这个和平条件将使日本在1941年处于比较有利的地位。或者他们是如此认为的：当时日本人普遍认为西方人柔弱，因为自私而缺乏献身主义，无法忍受持久且艰苦的斗争。

5.5 太平洋战争

日本在太平洋战争中的首次攻击并不是针对美国珍珠港，而是对英属马来亚。"珍珠港事件"发生前大约90分钟，约5000名日军攻击吉兰丹（Kelantan Sultanate）哥打巴鲁（Kota Bharu）的一支英军部队并获胜。

日本了解，无论如何，对美战争几乎肯定也意味着对英战争。为了战争需要，他们需要马来亚资源，而他们知道英国没什么好怕的。几个月前，德国一艘潜水艇的指挥官把他们截获的英国参谋长对战争内阁的机密报告传送给日本，这是德国罕见的协助日本的表现。该报告称，新加坡与英国在东南亚的其他领土无法抵抗日军的攻击，而且如果有援军的话，也仅是少量。这一情报不仅使日本安心攻击英军阵地，也使日本不再顾虑投入这么多资源攻击珍珠港与美国阵地。

偷袭珍珠港在当地时间12月7日早晨将近8点时发生。第一波攻击由183架轰炸机组成。约1小时后，由167架轰炸机组成的第二波来袭。那里的美军毫无准备，致使4500多人死伤，其中有3/4丧生或失踪（被认定可能丧生了）。美国还损失了4艘战舰、约180架飞机、3艘驱逐舰。此外，4艘战舰、约80架飞机及3艘轻型巡洋舰严重受损。日本方面的损失只有5艘潜水艇、29架飞机、约60名士兵。

虽然美军损失惨重，日军其实能够且应该对珍珠港施加更重的攻击。南云舰长被许多同僚批评只发动了两波空袭，且未能摧毁大油库、机器工厂与其他修理设施、飞机库及许多未受损或仅局部受损的舰艇

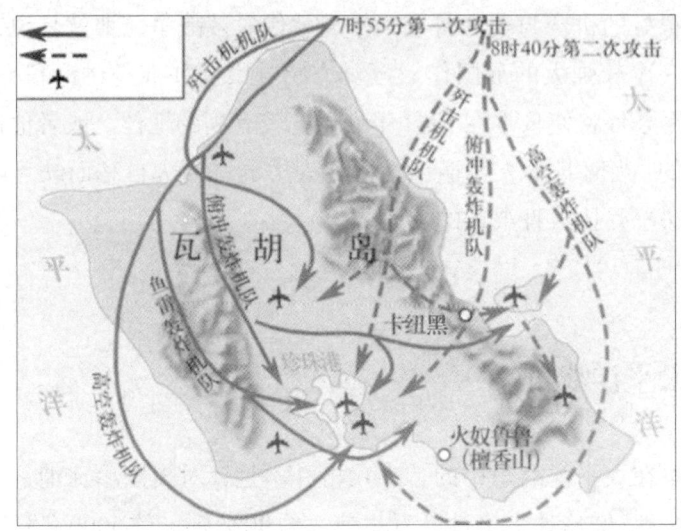

图5-6 偷袭珍珠港示意图

图5-7 偷袭珍珠港

第五章　野心过度：太平洋战争

与飞机。军事上，这次攻击并不是真正的成功。这主要是因为日军好像并不相信他们能够对珍珠港施加巨大损害，因此过早撤退。

这次攻击不是军事行动有效性的典范，但它当然足够把美国立即拖进战争以报复日本。美国人民对日本的卑鄙偷袭公开表示愤慨，不干预主义因此被抛弃。

日军未经宣战就发动攻击，这一事实对于许多人来说是行为卑鄙的确切证据。日本声称，这不是他们故意疏忽，而是因为在华盛顿的日本大使馆人员外交失误，导致攻击发生一小时后通知才到达，而不是攻击前半小时通知到达。这已成为有争论的问题，但事实上这整个问题因被忽视的吉兰丹攻击而成为学术问题。即使通知在攻击珍珠港前半小时准时到达，这个通知也仍然是在攻击吉兰丹一小时后抵达，而后者也同样未经宣战。换言之，尽管日本官方否认，"珍珠港事件"无疑是一件未事先正式通知的蓄意攻击——这件事被日本高阶军人视为耻辱，包括一流的战斗机飞行员坂井三郎。另一方面，鉴于日本在甲午战争、日俄战争中所使用的战术，这次"偷袭"对任何人来说都不应该令人吃惊。

尽管日本未能事先正式宣战，但美国领导人士是否真的未防日本会出这一招的问题，更加引人争论。一个极端的说法，有人认为"珍珠港事件"是罗斯福及其同僚的阴谋，他们知道所有有关日本即将攻击珍珠港的事，但允许或甚至鼓励这件事发生，牺牲美国人的生命，以便把美国拖进对日本盟国德国的战争。另一个极端的说法，有人只是感觉日本在美国自鸣得意时出其不意。支持与反驳这两种意见的证据都有，而事实真相可能永远无法查出。①

---

① 有关"珍珠港事件"的著作非常丰富，而且对事件的解释也各式各样。大抵修正论的观点倾向于"阴谋论"或"隐瞒论"，且此倾向在战后几年达到顶点，他们包括约翰·弗林（John Flynn）、乔治·摩根斯坦（George Morgenstern）、查尔斯·比尔德（Charles Beard）、罗伯特·迪巴德（Robert Theobald）、哈斯本·金梅尔（Husband Kimmel）。有关后来的修正论例子，见英国广播公司第二台1992年4月5日《观察时代》（Timewatch）节目录像《珍珠港的牺牲》。反对修正论者的人包括塞缪尔·莫里森（Samuel Morison）、罗贝尔特·沃尔斯泰特（Roberta Wohlstetter）、戈登·普朗治（Gordon Prange）、亨利·克劳森与布鲁斯·李（Henry Clausen and Bruce Lee）。

当然，关于这次偷袭事先无疑有许多示警信号，包括密码拦截、雷达信号、目击、美国情报员获得的情报，以及荷兰等其他国家给美国的情报。关键是这些警告当时是否被认真看待。当时，被认为对日本及其军事能力多少有些了解的驻东京美国大使馆的一名海军武官，正在谈论"24小时内打垮日本"。海军里有许多人正在谈论要在参加大西洋战役前"打倒这个黄皮肤的小弟"。这样的态度不足以认真看待日本的军事威胁以密切注意所有的征兆。无疑，美国人的确骄矜自满。

　　另一方面，有另一件可确定的事：确实渴望一战的人（包括领导阶层的某些人）因"珍珠港事件"而得以实现愿望。日本可能给予美国比人们想象的还要重的一击，但至少战斗已开始了。不管背景如何，事实仍然是"珍珠港事件"有效地克服了不干预主义，并把美国拖进对德战争中，因而帮助了英国，这正是丘吉尔非常想要的。罗斯福本人后来告诉丘吉尔与斯大林，倘若不是日本偷袭珍珠港，他将很难把美国人带入战争中。但这是对目标完成的满意表达还是仅仅是事实陈述？这是有关"珍珠港事件"的无止境的、错综复杂的争论的暧昧性质的典型范例。虽然这一争论对于那些对日本有兴趣的人是很有吸引力且有意义的，而对于专攻美国政策的史学家仍然是一个主要关注点。

　　但是，对于日本轰炸珍珠港，或者更确切地说，日本袭击美国或英国，我们还有一个更大的问号。1940年9月27日签订的《德意日三国同盟条约》有一个很重要的条件，如条约第三条所述：

　　　　德意志、意大利和日本同意按照上述路线努力合作（尊重各国对特定地理区域的领导权）。三国进一步承允如果三缔约国中之一受到目前不在欧洲战争或中日冲突中的一国（即美国）攻击时，应以一切政治、经济和军事手段相援助。

　　也就是说，日本没有受到攻击，反而攻击了英国和美国领土，因此希特勒没有义务协助日本。事实上，他甚至都不知道日本要偷袭珍

第五章 野心过度:太平洋战争

珠港,连日本驻德大使大岛浩男爵(也是希特勒的朋友)也不知道。希特勒是从英国广播公司的报道上得知这次袭击的。三天后,他最终对美宣战。他这么做的原因很可能是,当时恰逢1941年12月的第一周,德军在苏联境内大举后撤,他也许希望能够说服日本在东线进攻苏联,这样就能减轻德军的压力。他的这个心愿有些异想天开,因为两年前日本刚刚在中国东北大败于苏联之手,他们不愿再次碰运气与苏联对抗。希特勒可能还认为对美宣战近在眼前、无可避免,立刻宣战有助于获得日本的支持。事实上,除了部分美军被绑在太平洋战场,希特勒从日本那里得到的帮助非常有限。

有些日本中学教科书指出,希特勒是遵循《德意日三国同盟条约》对美宣战的。事实并非如此。他这么做其实是无视了《德意日三国同盟条约》。这绝对是世界历史上最关键的决定之一——也有人可能会说这是世界历史上最失策的决定之一。

从日本观点来看,事实是他们现在正与美国交战。尽管在日本有人批评仅出动两波攻击是不够的,但人们仍热烈庆祝,包括皇宫里的人。由于日本在太平洋战争早期阶段获得了一连串胜利,欢乐气氛也随之而来。

"珍珠港事件"发生仅几小时后,美国在菲律宾的空军受到日军攻击以致严重受损。大约一星期内,泰国因外交上屈服而被日军占领。马来亚外海的英国小舰队受到重创而瘫痪,日军因此能在这一地区推进。12月11日,关岛沦陷,若干其他太平洋岛屿在其后两个月沦陷。12月25日,香港被占领。1942年1月19日,婆罗洲投降。2月15日,日军出人意料地从陆地攻击新加坡后,新加坡无条件投降,这是英国军事史上最糟且士气最低落的时刻之一。大多数英国人认为新加坡难以攻陷,而且它拥有约7万战斗人员,相当于攻击新加坡的日军人数的2倍多。2月底,苏门答腊、帝汶岛与巴厘岛也陷落了。3月6日,巴达维亚(雅加达)投降。3月8日,仰光陷落。3月9日,爪哇陷落。1942年1月2日,菲律宾首都马尼拉陷落,但巴丹岛支撑至4月初,而科雷吉多尔岛(Corregidor Island)支撑至5月7日。3月,美国远东军司令麦克阿瑟（Douglas MacArthur，1880—1964）奉华盛顿方面命令，离开在菲律宾的基地前往澳大利亚。他的名言"我会回来"（I shall return）成为激励太平洋地区盟军的口号。

日军的初期成功，部分原因是盟国在欧洲被占领，但大部分原因是日军攻击的强度。这是出乎盟军意料的。对于新加坡的沦陷，丘吉尔评论说："日军的猛烈、技巧与力量远超过我们的预期。"很多人同意他的看法。西方人严重低估日本，这包括日本的西方盟国。希特勒尤其因为劣等人种日本人部队在新加坡轻易打败白人部队而感到不安。

在日本人自己看来，日本人的强度是强在他们的精神。他们感觉自己的力量比受到物质主义与利己主义削弱的西方人还要大，这种精神力量包括战斗至死的决心。例如，在1943年5月盟军反攻阿留申群岛成功的战役中，日军有2351人丧生，仅有28人投降。这84∶1的死亡对投降的比率，对于日军来说并不罕见。它甚至被某些个案所超越，例如北缅甸战役的死亡对投降比率是120∶1，并且被俘虏的日军不是受伤就是昏迷或失去战斗能力。这与盟军一死四投降的比率形成强烈对比——几百倍的差别，盟军的这一比例被集体投降的事例大幅拉高，如在新加坡的英军。

但是如后来的口述资料所显示，并非所有日本人都准备战斗至死。有些人确实投降了，尤其是在战争的后期阶段，虽然到那时许多人发现难以这样做，因为任何一方都仅捕获很少的俘虏。①

但整体来说，大多数日军宁愿战死不愿投降。当然，许多人被教导相信为国牺牲个人生命是对天皇-神的终极服务，个人存在的目的与终极净化。口述资料再度显示这种死亡愿望的程度，而死亡愿望有

---

① 日军"有计划且纪律良好"的投降的一个例子是，42名日军（是俘虏他们的澳大利亚部队人数的2倍以上）于1945年5月3日在新几内亚沃姆格勒投降。据作为审问员兼译员的Thompson指出，这批人的投降是例外情况。

时使那些企图为此牺牲但未能如愿的人感到极度痛苦。①一直到最后，盟军从未确定日本民族是否会毁灭自己而不愿投降，就像"一亿玉碎"（有如宝石的一亿人自我毁灭）。大多数日本人认为，战斗至死符合光荣的武士传统，但很少人了解传统的观点是如何被理想化了的。

从一个较不光彩的角度，许多日本人也十分相信，假如被俘，他们将被敌人残酷地折磨，而死亡则不会太痛苦。甚至那些没受到教化或折磨威胁所左右的人，仍宁愿死亡，因为他们认为投降将为他们自己及家属带来羞耻与烦恼。那些在战争结束时仍活着但被俘的人，宁愿家人以为他们阵亡了，这与盟军战俘形成鲜明对比，后者必定要求通知他们的家属他们仍活着的事实。

真正且完美的战士战斗至死的信念被理想化，使日军残酷对待那些未能如此的盟军战俘。日军虐待盟军战俘是出了名的。日本战俘营的盟军战俘死亡率大约为30%，而德国与意大利战俘营的战俘死亡率还不到5%。但是，假如日本人被认为玷污名誉或不纯净，日本人也用几乎同样的残酷对待他们自己人。②

那些被分配至战俘营工作的人，通常属于这一类，因为真正的战士与俘虏等"不适合的人"不相往来。他们苦恼、厌恶自己被分派这样的工作，这可能也是他们对待战俘偏激的一个原因。

对盟军战俘的残酷因过去几十年日本人对西方的愤怒与不信任而恶化。对于视自己为优秀、不承认与日本人对等、但现在在战斗中显得较软弱的西方人，日本人也愈来愈蔑视他们。日本人为事物分等级的习性也应用于种族，而许多人不需要《国体之本义》等的教化来说服他们自己日本人是优秀的民族。作为种族，他们是纯净的，他们是

---

① 例如由横田宽口述的题为"志愿者"的故事。横田是自杀飞行员，但因为机械故障等问题而壮志未酬。他说："俗话说：'武士道是找地方死。'那是我们的热望，我们怀抱多年的梦想。一个为国牺牲的地方。我很高兴生为男人，一个日本男人。"他是众多高估死亡在传统武士道中的角色的人之一。他也提到羡慕那些被挑选从事自杀飞行使命的人，提到那些像他这样中途返航而受到鞭笞的人，即使中途返航是因为他们无法控制的原因。他的痛苦一直持续至战争结束很多年后。

② 不名誉的理念也与不完美、不纯净有关。对纯净的关切有时使日本人残酷无情地对待他们认为不纯净的任何人，不管是不是日本人。这可能是一个罪犯、一个生病或受伤的士兵。

完美的。次级与不纯粹的人不值得尊敬——即使他们不是俘虏,正如被日本占领的亚洲国家中许多国家所发现的。

当然,也总是有虐待狂,他们积极地沉溺于屠杀、折磨的战争机会,并证明他们的男子气概。所有的交战国都有虐待狂,日本当然不例外。有时,日本甚至鼓励这样的行为,以作为磨炼部队的一种手段。例如由宇野信太郎口述的题为"间谍与土匪"的故事。自认是砍头艺术行家的宇野,以屠杀与折磨的能力自豪。他和他的一些上司把这看作教育其部队的一个重要项目。

有点儿讽刺的是,日军的战斗强度与初期胜利的轻易获得反而对他们不利。轻易获胜给他们一种虚假的无敌感,并因此打消先前计划的快速打击然后和谈的构想。他们的残酷激起盟军的战斗精神,也使盟军不太可能以有利于日本的条件接受停火要求。

早在1942年4月18日杜利特空袭(Doolittle Raid)时,日本的不败战绩已受到打击。这是从远离日本海岸的航空母舰起飞并由詹姆士·杜利特(James Doolittle)上校指挥的16架美国B-25轰炸机的空袭东京行动。这次轮到日本冷不防被袭。日本还没有人了解到底发生了什么事,B-25轰炸机就开始进行轰炸了。令日本人关切与困窘的是,这些轰炸机没有一架被防空炮火击中。所有飞机都飞至中国降落,在中国降落时有8名飞行员被日军俘虏。其中3人被视为恐怖分子处死,导致德国抗议盟国日本处死这些人而立下令人不快的先例。其他人在日本的生化战实验中作为实验人体被活体解剖。①

不到一个月后的1942年5月7—8日的珊瑚海战役,是对日军士气的一次更严重的打击。这一行动粉碎了日军入侵新几内亚莫瑞斯比港

---

① 生化实验大多在中国东北哈尔滨的平房区进行,由石井四郎少校(后来晋升将军,1892—1959)领导的七三一部队主其事。早自1932年起,战俘与包括妇孺在内的敌国平民就被作为活的实验对象,叫做"丸太"(原木)。有时整个村落被感染瘟疫细菌或类似的东西。从事实验的人包括日本平民,他们似乎已习惯于这一工作。尽管有各种计划与尝试,实际上,日军似乎没有将生化武器用于太平洋战争以对付盟军,但日军广泛使用生化武器对付中国人。日本正规军本身似乎对这些战术或实验所知甚少或一无所知,而至少有1万日军成为自己国家的细菌战的意外受害者。

的计划。日军也失去了一艘航空母舰，还有一艘严重受损。实际上，美方也蒙受了较大损失，但这次战役是日军攻势在太平洋的首次受阻。

6月4—6日的中途岛海战，对日军是一个非常大的打击——事实上是太平洋战争的决定性转折点。日本一直计划要占领夏威夷西方约1500公里的中途岛，

图5-8 中途岛海战

并将此地作为战略基地。但其计划被盟军情报当局发现。与珍珠港的情况不同，这次情报得到了有效利用。仍由南云指挥的日本舰队损失了4艘航空母舰，同时还损失了2000多名船员与1艘重型巡洋舰。

此后，尽管在亚洲大陆有若干次胜仗与进攻，但从太平洋开始，日军的运气每况愈下。占领新喀里多尼亚、斐济与萨摩亚的计划被放弃，占领澳大利亚与新西兰的构想也被放弃。1943年初，日军被逐出新几内亚与瓜达尔卡纳尔（Guadalcanal）。日军在瓜达卡纳尔之役损失25000人，而美军只损失1500人。

1943年，日本为资源短缺所苦。对于许多亚洲国家，日本必须以较间接的控制取代直接控制。日本给其占领下的缅甸与菲律宾等国名义上的独立。日本强调其自西方帝国主义手中解放亚洲的解放者的角色,企图维持占领国之间的团结并将日本作为领袖。结果是"满洲国"、中国、泰国、缅甸、菲律宾及"自由印度"的傀儡统治者于1943年11月6日在东京发表《大东亚宣言》。这个宣言抨击西方帝国主义并重申亚洲合作。这些国家的许多人民可能起先把日军当作解放者而表示欢迎，但事实上至此阶段他们已因日军的残暴而感到极端幻灭。日军的占领往往使当地居民的食物与其他资源被剥夺，而人员被强迫征召服劳役，有时甚至被运至日本本土。

日本人本身也受制于资源限制与严厉的劳工动员法律。自1943年

图5-9 1942年美国的飞机制造厂

9月起,所有25岁以下的未婚女子被动员从事农业或工业劳动。同年,国内食物缺乏也变得严重,至年底时,食物配给每天只有1405卡路里,仅为标准热量的一半。

在1944年这一年里,日本加紧努力备战,准备作孤注一掷的冒险。国内的战争机械生产显著增加。这一年生产了28000多架飞机,而1941年只有5000架。但这仍然远远低于美国或许多其他盟国的产量。1941年至1944年间,日本生产了58822架飞机,而同一时期英国生产了96400架飞机,美国生产了261826架飞机。当然日本飞机可能在技术上很先进,但数量就是赶不上。

1944年,日本在中国战场取得了多次胜利。然而,日本无法摧毁美国在四川的空军基地,这意味着美国能够利用这一基地以远程B-29轰炸机轰炸日本。美国飞机轰炸日本愈来愈频繁,而且未遭遇到多少抵抗。同年7月,日本在极为激烈的战斗后失去了马里亚纳群岛的塞班岛,这对日本是特别严重的打击。美国现在也可以利用塞班岛作为轰炸东京的基地,本土防卫因此变得迫在眉睫。

失去塞班岛对于东条本人是一个惊人的打击,因为他在仅仅几个月前还声称塞班岛是无法攻陷的。他因此不但辞去了首相职位,也辞去了陆军参谋长一职,小矶国昭(1880—1950)继而接任首相。这使东条与日本战争努力的信心受到严重影响。许多高阶军方人物也注意到德国运势的衰退,转而恢复到战前的认知:日本胜利是完全不可能的。不少人认为应该尝试以日本能获得的最好条件和谈。这样的条件当然比不上1941年所希望的条件,但至少能结束战争。此时存在着一种错误的想法,认为苏联可能会对日本有利。事实上,1943年,苏联答应一旦德国被打败后,苏联将加入盟国对抗日本。然而,小矶内阁心中却盘算着苏联可能帮忙,因此决定继续作战。日本仍抱有些许希望,认为双方可能达成妥协:假如日本本土严防死守至造成盟军大量死伤的话,盟军可能同意和平条件而不愿人员继续死伤。

这一年稍后采取的一项偏执的防卫措施是有系统地使用自杀神风飞行员,正式名称是"神风特别攻击队"。神风意指13世纪蒙古军队入侵日本时保护日本的神风(飓风)。虽然有时使用正规飞机,"自杀飞机"通常只是备置机翼与粗糙的驾驶机械装置的炸弹。它们无法偏离其原定的目标,并且没有回程燃料。盟军管它们叫"马鹿炸弹"(白痴炸弹),而它们的飞行员通常是只受过几个星期训练的少年。

神风特攻队在1944年10月25日的菲律宾莱特岛战役(The Battle of Leyte)中首次被使用。麦克阿瑟履行他会回来的承诺,于10月20日登陆莱特岛。接下来10月23日至26日的莱特岛战役据信是世界史上最大的海战,结果日本海军被有效地摧毁。虽然日军仍然在群岛的各地区直至战争结束,有些日军在战争结束几年后仍躲藏在森林里,但是他们对当地的控制逐渐但确定地被腐蚀了。1945年2月,盟军夺回科雷吉多尔岛,3月中旬,光复马尼拉。

马尼拉的收复对当地居民是一出特别的悲剧。2万名被困的日军几乎都决心战斗至死,当美军猛烈进攻时,这些日军都狂暴起来。虽然这是相对少为人知的暴行,类似南京大屠杀的强奸、抢劫与谋杀的场面发生了。在马尼拉光复之前的一个月期间,估计有10万居民被杀。在战争的最后几个月,在菲律宾的日本平民也在日军治下受苦。1945年5月,撤退的日军谋杀了随军日本平民的大约20个小孩,以免小孩的哭声让敌人探知他们的位置。①

英军于1945年3月夺回缅甸古都曼德勒(Mandalay)后,也在5

---

① 美国陆军战罪部门后来获得关于此事件的报告,并判定其为"所有文明国家嫌恶的极恶行为"。但它被交付给日本当局,因为当时有关战争罪审判的法律未规定对自己国家国民的残酷行为是战争罪。结果如何并不清楚。类似行为发生在冲绳保卫战,而且毫无疑问也发生在其他地方。

月光复仰光。此时，恶名昭彰的日军使用当地人与战俘建造缅甸铁路的残酷行径才被人发现，盟军的抗日决心因而更加坚定。这是日军在1942年10月与1943年11月之间执行的一项计划，目的是要从泰国获得补给。这一计划造成约6万名工人丧生，包括当地劳工与大约1.5万名英国与澳大利亚战俘。

1945年的前几个月，美军使用远程B-29轰炸机加紧轰炸日本，大多是低空飞行的夜间出击。3月初，在攻占小笠原群岛的硫磺岛后，美军轰炸日本更加方便了，因为硫磺岛提供了一个介于塞班岛与日本之间的便利的中途基地。日本人实际上没对这些空袭进行报复。在1944年6月与1945年8月战争结束之间的总共31387架次的出击中，美军只损失74架B-29轰炸机，损失率不到0.25%。最大规模的一次对东京的空袭是3月10日，造成约10万人丧生。据说除了因"文化遗迹"而不被列入轰炸对象的京都与奈良等外，日本大城市的设施大多受到40%—50%的损害。至5月底，估计至少有1300万日本人无家可归。

4月1日，美军开始攻击冲绳，这是日本本土的一部分。4天后，小矶首相辞职，年迈的海军上将铃木贯太郎（1867—1948）接任。5月8日，德国战败，盟国向日本集中兵力。对于日本，形势看起来很糟。

经过将近3个月的激战后，6月21日，冲绳陷落，其中11万日军和大约15万日本平民丧生。美军方面，约1.3万人丧生，4万人受伤。在整个战争中，这是最高的美军伤亡数字，这说明日本的防卫确实很顽强。在冲绳战役中，日本还动用了大约2000名神风飞行员，并且有大量惊慌的平民集体自杀，因为当局告诉他们，美国入侵者是无人道的怪物。他们宁愿跳崖自杀，也不愿被这样的敌人羞辱。①

战败已成定局。虽然铃木本人并不特别坚持继续作战，但军方（尤其是陆军）的主流意见仍是要坚持战至最后一兵一卒。人们觉得，

---

① 这类自杀的沉痛事例显示出日军如何被教导去憎恨、害怕美国人。但是，一旦美军抵达，便证明这是毫无根据的。正如幸存者自己所指出的，许多美国"魔鬼"对待冲绳人比本土日本人对待冲绳人要好。这使得许多冲绳人感觉被本土日本人背叛了，这种感觉至今仍未完全消失。

第五章　野心过度：太平洋战争

投降就是不尊敬那些在战斗中牺牲的人。对这些事他们抱持强烈的宿命论。

7月17日，杜鲁门总统（罗斯福已于1945年4月去世）在德国波茨坦会晤斯大林与丘吉尔，讨论战争形势，会期两周。蒋介石以电话方式参加会议。那一个月，美国成功地试爆了一枚原子弹，而杜鲁门得知试爆结果后才决定发表对日宣言。这就是7月26日发表的《波茨坦公告》。斯大林的名字在这一阶段还未出现，因为苏联还未对日宣战，但苏联不久便正式支持这一宣言。这一宣言要求日本无条件投降，否则将面对"迅速而彻底的毁灭"。这一宣言也提到占领日本、整肃军方领导人士、建立一个新的民主政治秩序，以及承认日本主权，但仅限于明治时代开始时建立的国境。宣言并未特别提到天皇。

日本不接受这一宣言。①盟国希望避免攻击日本本土四大岛所必定带来的人员惨重伤亡。这项攻击日本本土的计划叫作"奥林匹克行动"。美国很可能也希望迅速结束战争，以防止即将对日作战的苏联得利。美国可能甚至想让苏联对美国的新的原子科技留下深刻印象，或者只是想用真实的目标试爆。还有一点儿可能是美国高估了日本的原子武器发展，而想要确保先发制人。无论如何，美国决定对日本投掷新发明的原子弹。

8月6日，一架美国飞机在广岛上空投掷了一枚原子弹。这是世界史上首次将这样的武器用于战争，它造成9万人立即死亡或不久后死亡。②此后，可能有大约同样数目的人因原子弹爆炸效应而死亡。广岛市的建筑物有80%以上被摧毁。日本未能迅速地做出正面反应，8月9日，美国在长崎投掷了第二枚原子弹，造成5万人立即或不久后

---

① 对于宣言，铃木内阁使用"默杀"字眼。该词基本上意味着"蔑视"，但日本声称他们使用该词来表示"此时无可奉告"，即日本只是希望有更充裕的时间考虑这一宣言，而不是真正拒绝它。但这样的观点未能考虑到铃木较清楚地暗示日本拒绝这一宣言的其他评语。

② 确切的死亡人数难以确定。一般的数字是14万，但1945年广岛市当局指出，截至1945年结束为止被证实死亡的人数是87833人。有关原子弹爆炸（尤指广岛）及其对受害者的影响的著作非常多，最著名的英文著作之一是1966年出版的《黑雨》，作者是小说家井伏鳟二（1898年出生）。

171

死亡，而此后3万多人因原子弹爆炸效应死亡。

美军在长崎投掷原子弹的前一天，苏联宣布对日作战，几乎同时攻击中国东北。这对日本是另一个不祥的打击。

除非日本准备看见日本民族彻底毁灭，日本现在没有其他现实的选择，只有接受《波茨坦公告》的条件。高层会议在9日晚间召开。与会者中有些人的确宁愿毁灭也不投降，有些人想继续作战，以获得较好的和谈条件，有些人则准备屈服。裕仁准备接受《波茨坦公告》，条件是要维持天皇制。透过瑞士与瑞典的中介获悉这事的美国，拒绝做出完全的保证，但容许天皇在盟国最高指挥官与日本人民的意志制约下统治。

在14日召开的另一场会议中，目的是讨论美国的反应，与会人员仍然无法做出决定。在铃木首相的要求下，裕仁投下决定性的一票，他说日本将必须"容忍无法容忍的"。

消息传出后，并非所有人都愿意接受他的决定。许多低阶军官试图阻止他录制翌日将向全国广播的"投降演说"。约500名军事人员选择自杀，而不愿公开反抗天皇。这些人包括几位高阶军方领导人士，像构想出"神风飞行员"理念的海军中将大西泷治郎（1891—1945）。他是支持顽强防卫日本本土以获得较好投降条件的若干人之一。

8月15日，天皇的录音演说透过无线电向他的臣民们广播，把不幸的局面告诉他们。这是天皇首次利用无线电广播，也是他的大多数臣民首次听见他说话。他优雅但过时的宫廷语言与日常用语差别很大，许多人根本不知道他在说些什么，所以必须依靠他人的解释才能弄懂。甚至那些了解宫廷语言的人也不完全明白他的意思，因为他的用语模糊，未明确提到"战败"与"投降"。他反而提到"世界大势亦不利于我"，其口气宛如日本决定停战是为了拯救人类免于被西方国家消灭，而不是因为日本战败。

但这一信息最后还是传达了——日本战败了的信息。几周后的9月2日，正式投降文件在停泊于东京湾的美国"密苏里号"军舰上签署。当天签署前，天皇发表敕令，授权签署投降书并命令日本臣民

第五章 野心过度：太平洋战争

遵守降约。

从1931年"九·一八事变"开始的14年战争中，日本有将近300万军人伤亡，50多万平民伤亡。大多数伤亡发生在太平洋战争的4年间。对于首次在战争中战败（对照个别战役）和面临大和国家历史上首次被外国占领的日本来说，所有的牺牲都是徒然的。在日本及其他地方有人声称，由于美国使用原子弹，日本战败是不公平的，但这样的观点只是掩盖了即使从传统战争的角度日本也被彻底打败的事实。

在1945年9月9日致其子明仁的一封信函中，裕仁将战败归因于低估英美两国，过度依靠精神而不依赖科学，以及只知如何前进的傲慢的军方领导人。

日本已经成为列强，但其野心膨胀太大。夏目漱石说对了，青蛙膨胀自己直至破裂。骄傲的明治日本现在在裕仁领导下处于屈辱立场。就某种意义来说，还有立场可立乃是幸运的，因为盟国之中有不少国家希望日本彻底毁灭。根据1944年11月进行的一项调查，13%（超过1/8）的美国人希望日本人彻底被消灭。这样的观点不限于一般民众，在国家领导人中也存在。甚至人道主义的罗斯福似乎也有消灭日本民族的念头。

裕仁将日本战败归咎于过度依赖精神，他可能说对了。但现在日本仍需要依靠巨大的精神力量，以再度崛起为受人尊敬的国家。

◆ 本章综述 ◆

明治末期开始出现的脆弱的民主在大正时代出现了短暂的全盛期。然而，它很快被时时存在的权威主义———一种逐渐带侵略性的军事性质的权威主义———所取代。日本在明治时代获得成功后就相当自信，因为日本如此迅速地获得列强地位，甚至凭借军事力量获得自己的殖民地。日本以如此的野心持续走同样的路，以至于造成日本与西方盟国对立的结果，虽然日本传统上不愿与更强大的敌人对抗。

毫无疑问，某些外部因素促成了日本的行为，一个特别的刺激是西方国家以种族理由拒绝把日本视为真正的平等对手。西方列强本身的帝国主义政策也给予日本这样的讯息：夺取领土是列强的行为方式。

但他们的扩张主义行动路线的主要动机，是日本人彻底相信他们自己作为优秀种族的命运。这一动机被教化所加强，而且反映在《国体之本义》的理念中，即从西方帝国主义手中解放亚洲的泛亚洲主义、"结"，等等。

军方愈来愈急于证明日本的优秀。在海外，他们故意制造挑衅事件，而且取得了一些成功。在国内，他们干预政治，必要的话会实施暗杀。他们也协助将正处于改善中的日本经济转变成准备战争的经济。他们操纵天皇，通常以天皇不公开反对他们的行为的方式获得天皇的"授权"。

由于不满足于在亚洲的斩获，日本准备挑战列强中最强大的美国与英国。日本希望趁英美两国忙于欧洲战事而获得更大的斩获，然后提议和谈。一个迅速、决定性的打击也许能教训这个傲慢的国家。

然而，最初的成功后来却对日本不利。战争初期轻易获得成功，而日本将成功归因于日本精神的优越性，使得日本想继续战争，而不愿按照原来的计划提议和谈。轻易获得胜利也使日本将对西方人的挫折感转变为轻视，这种轻视加上日本人自认为的优秀使得日军对盟军变得残暴，西方人因此也更坚决地抗拒日本。这使得早日和谈更加困难。

现在，日本注定已经深陷战争之中，不久以后，形势变得对日本很不利。过度膨胀的野心迅速消退，最后缩小至这样的希望：顽固防卫日本本土以说服盟国给它一个比较体面的投降条件。盟国不会如此作为。美国已研发出了原子弹，使用原子弹将比攻打日本牺牲少得多的盟国士兵的生命。日本被警告，但日本犹豫未决。当日本成为世界上第一个核弹受害国时，日本清楚继续抵抗已毫无意义，所以无条件投降了。现在，日本的野心被粉碎了。

日本这一重要时期的主要发展摘要于表5-1。

表 5-1　从明治结束至第二次世界大战结束的主要发展

发展	大约时期
脆弱的"大正民主"与军国主义权威并存	1912年至20世纪20年代中期
经济灾难	20世纪20年代
西方国家对日本种族歧视	20世纪20年代早期至中期
新天皇软弱	20世纪20年代中期
军方在国内外出尽风头,制造事端	20世纪20年代晚期起
日本陆军建立"满洲"	20世纪30年代早期
日本蔑视西方大多数国家	20世纪30年代早期
政党政治结束,军方几乎不受抑制,暗杀事件时有发生	20世纪30年代早期起
经济改善,但由于城乡收入差距大,问题仍存在	20世纪30年代早期起
经济朝备战方向调整	20世纪30年代早期至中期
扩张主义意识形态占优势,包括借由"天皇制"的教化	20世纪30年代中期起
对中国的非正式侵略战争	20世纪30年代中期至晚期
日本进入与德国之间的不安定的结盟	20世纪30年代中期至晚期
日本持续扩张引起美国的报复	1940—1941年
日本对盟国作战,希望在亚洲迅速有所斩获,然后撤退	1941年年末
早期胜利促使日本继续战争	1941年年末至1942年年初
战局变得对日本不利,但叫停已经太迟了	1942年中期起
野心缩小至本土防卫	1944年中期起
随着原子弹的投掷,日本无条件投降	1945年中期

这一时期的主要价值与做法在许多方面是早期价值与做法的强化,在此以表5-2做摘要叙述。

表5-2 从明治结束至第二次世界大战结束的主要价值与做法

- 对外国人的怀疑与不安
- 对自由与真正的民主的怀疑与不安
- 决心成功
- 强烈的民族自尊与民族主义精神
- 服从权威(虽然往往是被迫的)
- 尊敬天皇
- 人民的世界观受到控制
- 了解经济的重要性
- 缺乏邪恶行为的明显概念
- 正式权威与实际权力的区别,但实际权力仍需被前者予以合法化
- 阶层再兴,这次被应用于种族上
- 纯净概念的强化,尤其被应用于日本本身
- 日本的武士传统的理想化
- 情感重于理智的倾向
- 梦想缩小的倾向
- 某一种宿命论

假如日本能节制其野心,而且能稍微压抑自尊,容忍西方国家的种族歧视的话,20世纪的历史可能就会改观。后见之明真令人惊叹。

第六章

自灰烬中复活的长生鸟：战后的成功与挫折

图6-1 经济高速成长下的大阪

无条件投降以后，日本在一片废墟上复兴，优先经济建设，于60年代经济高速增长。

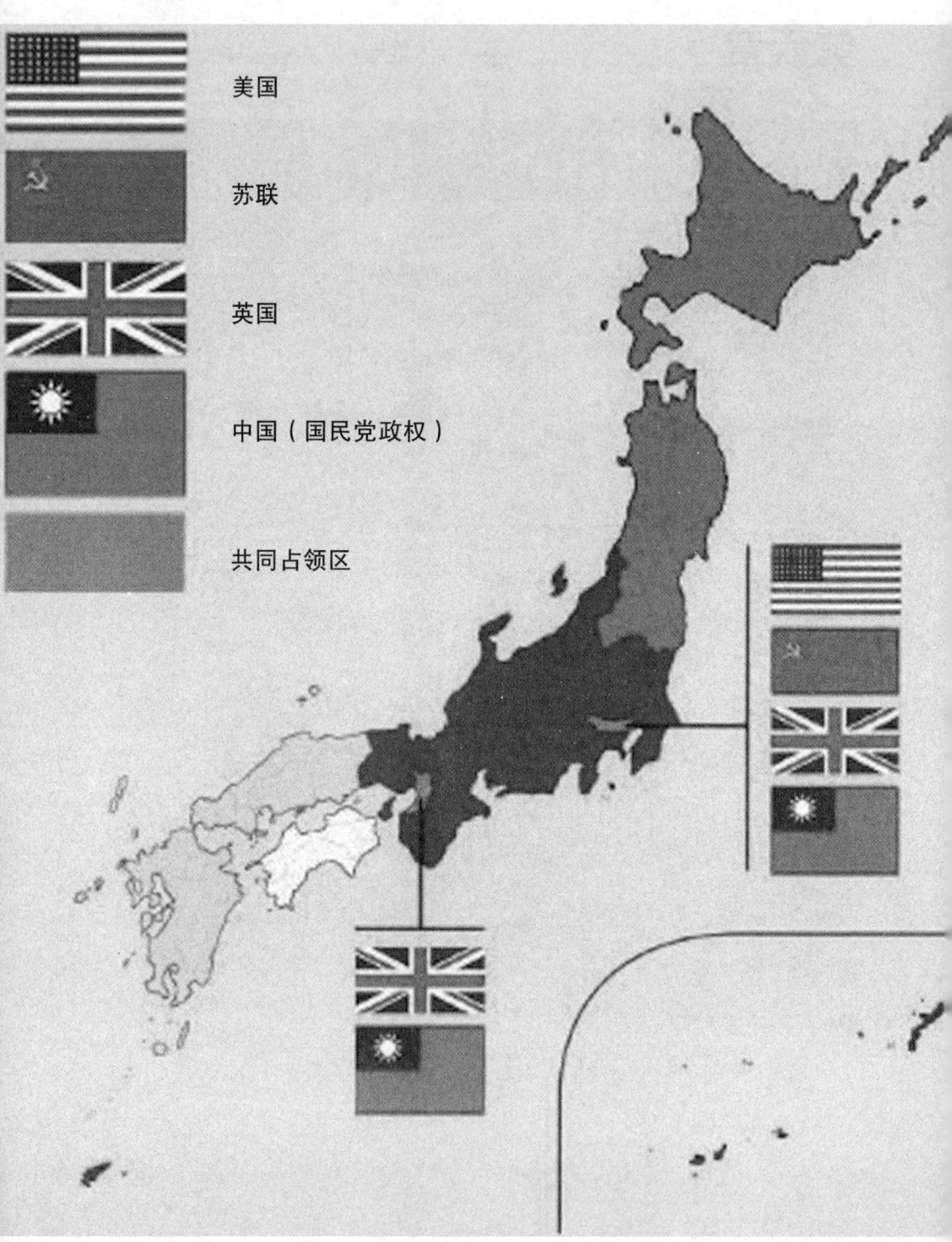

6.1 美国梦想的新日本

1945年8月底，盟军抵达日本。9月2日日本正式投降后，盟军的占领正式展开。日本人原本担心盟军残酷报复，但因为占领军最高指挥官美国麦克阿瑟将军的受降演说而大大安心。麦克阿瑟强调必须把仇恨摆到一旁并展望和平的未来。他也表达个人对日本人民重建国家与重获尊严的信心。

中国政府接受日军无条件投降的受降仪式。

麦克阿瑟将军的属下没让他失望。当然，不可避免地会有若干残酷对待日本人的事例，但一般来说，占领军对其昔日敌人显示出仁慈。日本人自己也极为合作。结果，占领军的规模很快从50万减少为仅仅15万。

显然，除了对食宿急迫又严重的实际关切外[1]，日本人民处于混乱与焦虑的状态中。日本人被教导去相信他们是神明的后裔，是优秀的、无敌的，现在他们的这种信念受到严重打击。他们对本国政治领导人士，尤其对军方领导人士的信心，也受到严重打击。许多日本人对那些领导人士感到愤慨、幻灭与遭到背叛。有些人甚至对裕仁有负面想法，虽然对天皇制本身并没有很负面的想法。

麦克阿瑟不仅以其演说，也以其做法让日本人感到安心。当年65岁的他，自从38岁以来就一直担任将军——当时是美国历史上最年轻的将官。他是一位天生的领导者，威严且自信，坚定但仁慈，拥有几乎弥赛亚式的信念，深信上帝给他一个塑造历史的命运。他既民主又

---

[1] 全国每五栋房屋之中约有一栋被毁（以东京与大阪来说，有超过半数房屋被毁），而食物极度缺乏。占领军提供一些食物援助，但要到1946年初才提供大量的食物援助。1945年底，许多日本人耗尽几乎全部精力只为了获得足够的食物来存活。

图6-2 公元1945年9月9日9时·南京

中国政府接受日军无条件投降的受降仪式。

权威,他最知道什么是对他统治的人民有利的信念,在某些方面他让人想起明治时代的寡头执政者。对于一个习惯于被领导的民族,他是受欢迎的新领袖。他被日本人推崇为新幕府将军,日本的美国皇帝,甚至于神。他的部属习惯于半开玩笑地说,假如你早晨过早起床的话,你能够看见他在距离盟军总部很近的皇居护城河水面上行走。①

在理论上,占领日本是盟军的事,不仅仅是美国的事,更不是一个人的表演。麦克阿瑟的正式头衔是盟军最高指挥官。在这些盟国中,中国与苏联没派部队来日本。中国为国内问题忙碌。苏联要求划定北海道为该国的占领区,而当这一要求被拒绝时,苏联拒绝派兵来受美国指挥官指挥。英联邦部队倒是扮演明确但有限的角色,大多局限于本州西部的一个区域。四个主要盟国——美国、英国、苏联及中国于1945年12月底在东京成立对日理事会(Allied Council),每两星期开会一次。也有由所有11个战胜国组成的远东委员会(Far Eastern Commission),从1946年2月起在华盛顿开会,以决定一般占领政策,然后通过对日理事会转达。

但实际上占领日本几乎完全是美国的事,而麦帅是司仪。他把对日理事会视为"累赘",把远东委员会视为"只不过是辩论社",而不理睬他们。他想继续他的工作,而不管怎样他与华盛顿的构想大多已正在实施中。

华盛顿与麦帅不仅有把军国主义与极权的日本加以解体的计划,也有重建乌托邦新国家的较宏伟的梦想。华盛顿从1942年中旬就已开始策划,曾参与罗斯福新政的人提供了很多意见。② 麦帅的计划似乎较晚成形,但幸运地和政府的计划相当类似。

华盛顿的政策常常由国务院的"幕后"人物拟定,如休·波顿(Hugh Borton)与乔治·布雷克斯里(George Blakeslee)。波顿是一个因对日

---

① 西奥多·柯恩(Theodore Cohen,他本人是占领当局的一个重要人物)一再指出,麦克阿瑟身边的人对他有各式各样的感受,尊敬他,但又对他自负与不承认他人成就而感到生气。
② 新政人士是支持新政(罗斯福总统在20世纪30年代为减轻经济大恐慌的影响所推行的社会与经济改革)的自由主义者。他们特别关注达成较平等的财富分配以及支持工会而非大企业利益的劳工改革。

本的了解受到赞赏且不喜出风头的人,但他在重建日本中所扮演的角色未受到足够的重视。波顿出版了若干有关战后日本的书,大大地淡化了他自己的重要角色。但从当时的重要指令与文件可以发现他参与了大多数的决策。他似乎参与了大多数有关占领日本的政策。这些政策大多在1945年10月以直接发给麦帅的一项指令传达。这一指令是"日本投降后致占领日本盟军最高指挥官的最初基本指令",简称为JCS1380/15(JCS是指联合参谋长)。此文件不应与同年8月公布的较模糊、较简单的指令US Initial Post Surrender Policy for Japan(简称SWNCC150/4)相混淆。

JCS1380/15概述了用来改造日本的、被理想化了的美国式民主。假如被保留的话,天皇将扮演作为名义上国家元首的纯粹象征角色。民权与个人自由将得到保障,必要的话由新宪法施行。包括妇女在内的所有成人都将有投票权。军队与旧式警察将被废除,财阀将被解散。军方、政府与商界中曾对战争做贡献的所有人将被整肃免职。鼓励成立工会,而且工会会员的权利会受到保护。

麦帅大致类似的理念以较夸张的方式表达。他在回忆录中将自己的职位比喻为亚历山大大帝、恺撒及拿破仑:

> 我必须身兼经济学家、政治学者、工程师、工厂总经理、教员,甚至神学家。我必须重建一个几乎被战火完全摧毁的国家……日本已成为一项实验的全球最大实验室,将一个民族从极权军事统治之下解放出来,从内部进行政府自由化。显然这个实验必须超过盟军的最初目的——摧毁日本再度发动战争的能力与惩罚战犯。
>
> ……我感觉我构想中的改革能够使日本跟上现代进步思想与行动的改革。首先摧毁军事力量,惩罚战犯,建立代议政府的结构,制定现代宪法,举行自由选举,允许妇女有选举权,释放政治犯,解放农民,建立自由劳工运动,鼓励自由经济,废止警察的压迫,发展一个自由与负责的新闻业,从事教育自由化改革,打破政治权力的中央集权、政教分离……

第六章　自灰烬中复活的长生鸟：战后的成功与挫折

图 6-3　麦克阿瑟像

　　许多西方评论家毫无保留地认定"放弃战争"条款是麦帅写的，而今日日本许多人宁愿相信这是日本人写的。

　　事实上，这是一个"推诿责任"的经典个案。麦帅写下这一条款并把它交给草拟新宪法的小组，这是无可争议的。小组的一名成员李察·普尔（Richard Poole）证实了这一点，他认为这个条款是麦帅本人写的。但在麦帅的回忆录中，麦帅否认这是他自己的主意且硬说这是当时的首相币原喜重郎提议的。罗伯特·华德使人们注意到美国国务院的一项有关战后日本的计划。这项计划是休·波顿在 1945 年 5 月 9 日草拟的，它提到"现在存在的一项广泛共识：战后的日本不应被允许保留陆军、海军或空军"。虽然华盛顿的这项特别计划提到"战后"时期且不是一个永久的安排，并且可能没有特别传送给麦帅，1945 年 8 月的一份早期文件 SWNCC150/2 倒是清楚地提到"完全且永久地解除日本的武装"。波顿本人认为"放弃战争的原则"是麦帅的主意，而后来他认为解除军备是他的国务院同事乔治·布雷克斯里（George Blakeslee）的主意。在较广泛的意义上，我们也不应忘记，半个世纪前日本自己把朝鲜军队予以解散。

　　为了恢复日本人的尊严与士气，他鼓励他们不要凡是日本的东西就放弃，而是"寻求把他们最好的与我们最好的融合起来"。

　　麦帅多半只是遵循华盛顿的命令，但并不能否定他格外强大的作用。JCS1380/15 本身虽然给他广泛的命令，有点儿矛盾地也证实其个人权力。这一指令对他的定位做了清楚的陈述："除了拥有对敌国进行军事占领者的传统权力外,你有权采取你认为的任何适当的措施以实行《波茨坦公告》。"有时他会运用这一个人权力。

* * * * * *

解除军备是麦帅与华盛顿建立新日本之雄心勃勃的共同计划的第一步。为了达到这一目的,陆军与海军在几个月内被遣散(当时的日本军队编制只有陆海军,但海军里有空军部队)。日本被剥夺了以军事手段夺得的领土,这使得日本恢复到1894—1895年中日甲午战争爆发前的形势。当局采取措施开始遣返分散在亚洲各地的300万日军与相当数目的日本平民。占领当局下令日本支付赔偿给受害国。若干日本舰艇交给盟国,而其他战争装备与武器被摧毁,包括日本的核子加速器,这是优先工作但违反麦帅的愿望。1946年至1948年间,约70万人被审查,而被认为是"好战民族主义与侵略的积极拥护者"的约20万人被整肃免职。至少从规模来看,这似乎也与麦帅自己的个人意见相左。

或许,在所有解除军备的措施之中意义最深远的是,将日本著名的"放弃战争"条款加进盟军总部人员于1946年初草拟的新宪法中。这一条款由麦帅亲自插进新宪法之中,但不一定是由他撰写的,因为其确切来源仍不清楚。

这一条款(第九条)全文如下:

> 日本人民诚挚渴望基于正义与秩序的国际和平,永远放弃战争作为国家的一种主权并放弃威胁或使用武力作为解决国际争端的一种手段。
>
> 为了完成前述这一段的目标,日本将永不维持陆、海、空军,以及其他战争潜能。国家交战权将不被认可。

惩罚战犯也是解除军备过程的一部分。东京大审判,1946年5月至1948年11月举行,由新近成立的远东军事法庭(由所有11个战胜国派人员参与)主持,25人因策划并引发战争等重罪(A级)受审。所有人都被判定犯下不同程度的罪,这有时被形容为"胜利者的司法"。包括

第六章 自灰烬中复活的长生鸟：战后的成功与挫折

图 6-4 东京大审判

东条英机将军与前首相广田弘毅（唯一一位非军人出身的）在内的 7 人被判死刑，后来被处以绞刑。其他若干审判在其他地方举行，如新加坡、菲律宾及香港。在这些地方举行的审判之中，5000 多名日本人被判定犯下残酷对待战俘等较特定的罪（B 级与 C 级），约 900 人被处死。

从一开始，日本与海外就有一个普遍看法，认为受审的人多少是替罪羊。许多可能被视为有过失的人从未被绳之以法。免于受审的人中有七三一部队人员，他们曾对非军人与战俘进行了许多次生化战实验。美国人为了获得这些实验的科学资料，对七三一部队人员许诺，不将他们绳之以法，并绝口不谈有关七三一部队的事，因为美国的伦理与法律禁止美国人从事生化战实验。

最引人争议的免予起诉案件是裕仁。这甚至使大多数日本人为难，不管他们因裕仁免于被起诉而多么如释重负。当然在美国、澳大利亚与其他盟国，许多人认为裕仁应该受审，期待他被判定有罪并处以绞刑。①

---

① 1945 年 6 月进行的一项民意测验显示，77% 的美国人要裕仁受严厉惩罚，而同年 9 月 18 日，参议院提出一项共同决议案，宣布裕仁应以战犯身份受审。其他盟国的许多领导人物，诸如新西兰总理以及澳大利亚、苏联、荷兰、中国领导人，也都认为裕仁应该受审。

美国政府对裕仁的立场基本上是谨慎处理。美国并不真正想废除天皇制,因为天皇制在维持全国团结、士气,以及使占领政策合法化方面都扮演着重要角色。国务院的日本事务专家不是不知道,对于日本人来说权力的行使必须被高等权威予以合法化才可以被接受。没有这样的合法化,混乱可能随之而来,让共产主义有机可乘。此外,有天皇在的话,国家行政机关较容易维持运作。这是一件重要的事,因为与占领熟悉的夙敌德国不同(占领德国的工作远非建设性的,而且是更为破坏性的),在日本的占领军中很少人有知识或信心去建立适合这些外国人的另一套行政机制。像休·波顿这样的日本事务专家在日本很少。

但关于裕仁本人,在政府圈内同情较少。许多人乐于看见裕仁被除去,以审判处死或逊位由新天皇继任。那可能甚至会使新的开端较容易些。毕竟,新时代传统上都有新天皇。许多日本人甚至认为裕仁至少应该逊位。①

裕仁的伟大救星是麦克阿瑟。他们在9月底私下见面,裕仁在麦帅心目中留下了深刻印象。他们之间似乎彼此有强烈好感,尤其是他们都厌恶共产主义。麦帅感觉保留裕仁本人,而不光只是保留天皇制,将是防范混乱与共产主义的最有效的安全手段。后来,麦帅在回忆录中说,他感觉裕仁不必亲自为任何过失负责。这可能是对事件的宽大解释,或许是故意这样做。②

但在1946年1月致联席参谋长会议的一份备忘录中,麦帅强烈呼吁保留无辜的裕仁,他警告说,假如不如此,对于占领计划将会有可怕的后果。他的意见被接受了。裕仁幸存了。他不仅免于受审及可能

---

① 认为裕仁应该立即或在占领的早期阶段逊位的同时代人物包括,战前的最后一任首相近卫文麿亲王、战后首任首相东久迩宫稔彦亲王。后来,赞成如此观点的人物包括小说家三岛由纪夫与小说家兼政治人物的石原慎太郎——两人都是强烈的民族主义者。

② 人们对于裕仁的战争责任有极大争议。如同"珍珠港事件"一样,这是一个不应过度简化的问题。相关作品从批判性的到支持性的均有。现在许多论者抱持类似 Steven Large 的观点,基本上是平衡但谨慎地同情的立场,认为裕仁是一个软弱的人,陷于他无法处理的太过强大的形势之中。他未能阻止他人犯罪,犯了不作为罪,不是作为罪。另一方面,Herbert Bix 的著作尤其提示了一个较不同情的观点可能更适当。他特别列举裕仁积极参与事务的例子,如战略军事规划、促使在瓜达尔卡纳尔战役中部署空中军事力量。

的处死,由于麦帅的努力,他甚至设法免于必须逊位。

这可能是麦帅想要的,但许多人因为这个令人不快的遗留问题而感到怀疑。这种不信任持续至今,尤其在曾于日本统治下受苦的亚洲国家之间,也存在于有进步意识的日本人之间。

裕仁可能保住其性命,但他无法避免角色与形象的改变。他必须变成人民的象征,以情感的形式获得人民的接受与尊敬,而非对一位活神的愚蠢敬畏。根据华盛顿政策与麦帅本人对天皇是神的危险性的认知,裕仁将被视为仅仅是凡人(这一政策似乎早在1944年5月便由休·波顿提出了,认为不应支持裕仁的神格)。这将大大减少在《教育敕语》与《国体之本义》中所见的天皇制教化复活的危险性。就此意义来说,他的地位的改变是对抗任何军国主义复活可能性的进一步措施。依据相关措施,国家神道将被废除。当局将宣布神道是宗教,而宗教将与国家分开。日本国民将不再有将天皇视为神而加以崇拜的责任。

废除国家神道的神道指令,由盟军总部于1945年12月发布。同月,盟军总部拟定《凡人宣言》,并由裕仁于1946年1月1日广播。根据官方说法,这是裕仁本人的意思,但这是可疑的。事实上,当裕仁看见草稿时,他对于必须放弃他的神明家系感到不安,他设法将这层意思改成放弃其作为活神的地位,这种改变很微妙但意味深长。了解到现在日本被迫接受民主,他确保《凡人宣言》以1868年的五条誓文为始,因而强调明治维新以来君主制与民主之间的连续性。无论如何,1946年元旦广播的《凡人宣言》的最后版本包括重要语句,如"天皇是神,而日本民族比其他民族优秀且注定统治世界,这样的概念是错误的",对此,麦帅与华盛顿都很满意。

裕仁的凡人化与他作为人民的象征的角色,也将在几个月后发布的新宪法中被正式加强。新宪法将他的角色从绝对君主转变为"国家与人民团结的象征,其地位源自人民的意志,而主权在民"。

此后,尽管裕仁明显感觉不舒服,但身为人民天皇的他必须到全国各地旅行和民众见面。为了使他在日本国内与海外被接受,盟军总部将他的个人形象设计为穿着宽松衣服、伯父形象的"无害老人"。通俗书刊与文章很快出现,强调其私生活与凡人性质以及他作为博物学者的学术成就。这一切显示他是一个总是和人民在一起、爱好和平、有教养的知识分子———一个被军方与其他邪恶人物误传的凡人天皇。当然,重点被放在他挺身发言结束战争的勇气上。他没有逊位被当成关乎荣誉的问题,因为他正亲自带领人民渡过他本人决定接受的《波茨坦公告》所带来的"不堪忍受的"后果。换言之,他受到公关专家的操纵甚至超过了他的祖父明治。

新宪法可能是占领时期的最大成就,不仅因为它将裕仁予以凡人化。尽管许多人常常抱怨第九条款,但新宪法维持至今仍未改变,而且已成为日本民主化(至少表面上如此)的象征。它是在1946年2月初由年轻且缺乏经验的盟军总部人员组成的小组、加上几位非军人所草拟的。他们依据来自华盛顿编号SWNCC228的控制文件工作。在不愿看见日本人自己提出一套适当宪法草案的麦帅的压力下,他们以不到一周的时间完成这一工作。在建国方面的不成熟与缺乏经验,使他们很像明治的寡头执政者。这个小组中没人对日本或宪法知道很多,甚至负责执行这一工作的组长查尔斯·凯兹(Charles Kades)承认,他对日本的知识是"零"(见"Reinventing Japan"录像带,录像带中包含对凯兹及若干参与新宪法草拟的盟军总部人员的访问记录,披露了许多真相)。他们缺乏知识意味着,控制文件的主要作者国务院的休·波顿的参与变得更加重要。这也意味着,日本人自己对宪法的最后版本能够进行某种程度的非正式参与(正如盟军总部的许多指令那样)。

由于日本人的非正式参与被盟军总部故意夸大,根据官方说法,宪法是由日本人自己拟定的。但很少人会这样被愚弄。宪法是由美国人制定的,这成为引发持续争议的根源。从20世纪80年代起出任首相的著名民族主义者中曾根康弘,并不完全反对宪法内容。但他辩称,真正的民主不可以由外国强加在他国身上,而应该由本国内部自发产生。这就是说,不管是好是坏,日本人应该被允许制定自己的宪法。假如必要的话,占领当局愿意对日本人强制施加民主,这是新宪法与占领时期的矛盾之一。但同时这也是便利的，因为它允许日本人声称它是民主国，而实际上这是可疑的——这是外在形式与实质不同的另一个实例。

新国会将由民主选举产生，但就像明治时代的寡头执政者一样，麦帅所要的是依他的条件所产生的民主。在1946年4月的选举中，在任首相币原喜重郎落选。①

他预定由政友会世系新近成立的日本自由党主席鸠山一郎继任。但鸠山战前参与多次反民主活动，并未得到盟军总部的支持。他在组阁前夕受到整肃免职。吉田茂继任该党主席，并因党主席一职而出任首相。

当新宪法草案呈给国会批准时，有关女权的部分似乎引发了特别激烈的辩论。对于盟军总部，这部分已成为新民主的象征，虽然它有不寻常的背景——这部分由一名俄裔美国女子拟定，并且在草案指导委员会中未经日本国会议员真正辩论而匆匆过关。

有关女权的提议是由贝亚特·西罗塔（Beate Sirota）起草。这位28岁的女子，虽然她的姓听起来像日本人，却是一位俄裔美国人。她是宪法草拟小组中唯一真正有日本经验的人，是小组中的少数非军人之一，也是非随意被挑选的少数人之一。她因为若干理由被挑选：她从5岁至15岁的孩童时期是在日本度过的，能说流利的日语，而且她是女性。

在所有人注目的有关草拟宪法的故事之中，她的故事是很令人关注的。她在"Reinventing Japan"与后来的一次访谈中详细述说，她到图书馆遍寻相关资料后写成原稿。原稿太详细，凯兹做了大量删节。当原稿呈送给日本代表们时，日本代表起初不愿接受如保证男女平等的重大改变。但在有关天皇的角色的16个小时的连续讨论后，才轮到这一部分的宪法草案的讨论。每个人都很疲劳，希望尽快结束。她本人在讨论中一直为日本人充当译员，结果被他们视为亲切的助手。他

---

① 依据盟军总部的一项指令，选举根据宪法草案条款举行，尽管宪法草案仍有待还未选出的国会批准。这意味着妇女首次投票。

们不知道现在所讨论的项目正是由她本人起草的。她引述凯兹告诉他们的话:"西罗塔小姐寄望女权,你们为什么不让它通过?"她只补充说:"而他们照做了。"

它得到新选出的39名女议员的支持(当时众议院总共有466席),但遭到大多数男议员的反对。在民众之中,不仅男人反对,许多女人也反对,大多但不完全是由于儒学教化的影响(儒学的影响仍将持续好几十年)。① 无论如何,抗议无效。天皇清楚地表达了他的支持。在适当的指导与深思后,包含完整的女性平等权利保障的新宪法终于被批准了,并于1946年11月公布,1947年5月起生效。

新宪法大多只是正式认可占领当局借着各式各样的指令已经实施的政策。宪法其他条款不久后将成为制定法律的依据。宪法要点包括:

- 天皇是人民的象征;
- 主权在民;
- 不维持军队并放弃战争;
- 男女平等;
- 人权获得保障,尤其"生命、自由及追求幸福的权利";
- 集会、思想、信仰(包括宗教)及言论自由获得保障;
- 20岁以上的成年人有选举权;
- 政教分离;
- 劳工组织工会、集体议价与最低工资标准的权利获得保障;
- 建立自由与平等的教育;

---

① 直到20世纪90年代,多数日本女性才争论传统性别角色的问题。许多日本女性,甚至很年轻的女孩,仍然对传统角色表示认同。如 Iwao 与其他当代女性论者所显示的,日本女性对女性角色的认知是一个复杂的问题。虽然儒学是一大因素,但它不是日本女性社会地位的唯一决定因素。尽管宪法保证男女平等,但实际上女性仍缺乏机会,这些也都不是唯一决定因素。许多女性自己仍不相信女性适合某些职业,通常是有关权力行使的职业。例如,在政治上,女性选民通常强烈偏好男性候选人。在1996年10月的众议院选举中,女性候选人占10%,但尽管女选民投票率比男选民高,女候选人当选的不到5%。显然,这是一个值得进一步讨论的问题。

第六章　自灰烬中复活的长生鸟：战后的成功与挫折

- ⊙ 废除贵族阶级；
- ⊙ 建立司法独立；
- ⊙ 修宪的规定（国会两院三分之二多数与公民投票过半数的支持）。

宪法公布前，一项特别重要的指令是1945年10月的《公民自由指令》。该指令下令释放所有政治犯，包括政府害怕的共产党人。它还包含结社自由的条款，新政党因此纷纷成立。自从1941年所有政党被合并成为大政翼赞会后，成立政党就被正式禁止，但实际上在此之前有十多年之久政府极力阻止人们成立政党。新政党现在以猛烈之势纷纷设立。成立的新政党多达几百家，但大多数政党只有少数党员。各式各样的政党，无奇不有，有一个政党叫大日本木炭生产党。较不奇怪的是共产党，共产党战前曾受到严厉压迫，现在它在《公民自由指令》公布的当天重新成立。

占领当局强行将民主加诸日本人身上的矛盾的一个清楚例证是，虽然当局保障言论自由，但盟军总部仍实施相当严厉的新闻检查。盟军总部一方面积极坚持电影应该显示人类自由与尊严，如开化的妇女与爱情场面的接吻镜头，同时又禁止某些书刊与电影。显示美国社会较黑暗面的厄斯金·考德威尔（Erskine Caldwell）的《烟草路》（*Tobacco Road*），是被禁书刊的一个例子，而武士电影被包括在盟军总部谴责为封建与军国主义的236部电影之中，提到盟军总部参与政府改革的书刊与电影也被禁止。

学校教科书也是盟军总部检查的对象，因为麦帅深知教科书作为教化工具的价值。他下令所有教材内容依照民主路线修改。如《国体之本义》等教材被盟军总部编纂的《战争史》等美国教材所取代。教育圈的不适任者在1945年10月被免职，这是早期的整肃活动。美国的6-3-3-4制（小学6年，初中3年，高中3年，大学4年）被引进。为了避免过度中央集权，地方当局授权以选举方式选出学校董事会董事。为了去除战前的精英主义，四年制大学数量大幅增加并且遵循美

图 6-5 战后新宪法公布纪念大会

国模式。

改革还涵盖经济方面。1946年的一项土地改革法案允许农民拥有他们自己能够耕种的土地，通常3公顷左右，并允许在他们居住的乡村出租少量的土地。租金被管控，佃农权利被严格执行，各种监督机制被设立。政府向不住在产权所在地的地主收购土地，然后重新分配给农民。由于这种种措施，佃户从将近50%减少至10%左右。

被认为符合解除军备与民主化利益的另一重要经济改革，是解散财阀的举动。战争结束时，四大财阀——三井、三菱、住友及安田控制着日本的全国实际投资资本的25%，而次要的六家财阀控制了11%（六家次要财阀是浅野、古河、鲇川、小仓、野村及中岛）。这十家财阀是改革的主要目标。从1945年底起采取的措施包括解散财阀拥有的集团、禁止财阀家人在自己的公司工作、防止财阀就战时采购向政府索赔、移交战时过度利润以及在较广泛的基础上分配财阀股票。1947年4月，《反垄断法》获得通过，而工业界与服务业界约有325家公司被锁定作为权力过度集中的潜在目标。

在劳工方面，1945年12月与1947年4月之间一系列法律获得通过，但附有某些限制，诸如公共福利受到危害时罢工权受到限制。由于这些新权利与自由，工会会员人数从战前（1936年）的大约42万

第六章 自灰烬中复活的长生鸟：战后的成功与挫折

图6-6 战后工人成立新工会

人大幅增加至1948年中期的约700万人。劳工参加工会的比率在1949年达到高峰，达56%。

但占领时期最严重的事件之一也发生在劳工领域。预定1947年2月1日发动的大罢工被麦帅禁止。共产党在事件中扮演重要角色。这项大罢工的主要领导人是共产党人伊井弥四郎。麦帅连同诸如吉田茂等许多日本政府领导人士，从一开始就担心把共产党人释放出狱的事。被释放者包括有影响力的德田球一。1946年初从中国回来的另一名有力人物野坂参三很快便与德田会合。战后一两年差劲儿的经济状态已经是骚动的潜在来源，而且在1946年发生了许多大型示威与罢工。共产党人似乎能加以有效运用。他们在正式政治舞台上没有取得很大成功，就转向在职场发动他们的运动。

193

虽然共产党党员人数少，但人数在增长中[1]，而这句话也适用于民众对共产主义的支持。共产党机关报《赤旗》在1945年12月的发行量是9万份，但至1946年2月已增加至25万份。共产党人自己异常的活跃。他们公开蔑视天皇并批评政府。他们在许多工会占据重要职位，且似乎出于政治目的蓄意煽动及利用罢工与其他争端。不久在日本国内与海外，人们担心日本正"淹没在赤旗海中"（套用吉田茂的话）。吉田茂也煽动形势，称共产党的工会领导人是"土匪"。

计划中的那次大罢工将有近300万公务员与好几百万民营公司员工参加。麦帅不愿干预，但他感觉不能容许如此大规模的破坏与挑战。在与伊井及其他人的谈判失败后，他在罢工发动前几小时下令禁止该罢工。

麦帅立即以一项民主举动来平衡这一权威举动，这种作风再度令人想起明治的寡头执政者。他要求举行大选，让民众表达他们的内心感受。大选在4月举行，而让他松一口气的是，一直预期席次从5席增加至至少20席的共产党事实上失去了选民的支持。他们仅获得了4席。

共产党不是唯一的输家。民众对吉田茂也不完全满意，他被普遍视为与战前将日本引至灾难的人物有太多共通之处。他领导的内阁垮台，由社会党（主席是基督徒片山哲）领导的政党联盟取代。社会党是战前被禁的另一政党，尽管当局对待社会党没像对待共产党那么无情。联盟的其他政党包括新成立的属于民政党世系的民主党。麦帅也并非总是对吉田茂感到满意。事实上，他大力支持片山内阁，并公开表达他乐于看见日本出现基督徒首相的态度。

* * * * *

至1947年中期，占领当局解除日本军备与日本民主化的大多数计

---

[1] 美国政府1946年4月的一份报告指出，日本的共产党党员人数只有6800人，而野坂参三在1947年3月发表报告说有6万人。即使数字或有出入，快速增长的倾向仍是明显的，而且当局的关注也很明显。1917年4月革命爆发前夕，俄国布尔什维克党员人数不到5万人，而俄国人口是日本的2倍。

第六章 自灰烬中复活的长生鸟：战后的成功与挫折

图 6-7 朝鲜战争

朝鲜战争为战后日本经济的迅速恢复与发展提供了契机。军事"特需订货"极大地刺激了日本的出口贸易；工农业生产指数大幅回升；企业利润大幅度增加，又反过来促进了垄断资本积累和扩大再生产。这一系列的良性经济运行循环使战后步履维艰的日本经济很快走出了"死胡同"。1956 年，日本政府发表的《经济蓝皮书》正式宣布"以恢复为杠杆的成长已经结束"，提出要由现代化来支撑以后的经济发展。从此，日本经济进入了以实现现代化为主要目标的高速或超高速增长时期。1950—1955 年日本经济的复苏恰恰为 1956 年后日本经济持续 18 年高速增长奠定了坚实根基。

总之，朝鲜战争成为战后日本经济发展的重要分水岭。正如日本资产阶级政客所津津乐道的那样：朝鲜战争"真是天佑神助、起死回生的妙药"，是"一股神风"。

划已经在正式或非正式地实施了。这一过程比许多人预期的要平稳，尽管共产党的活动和大罢工遭遇挫折。同时，民众内心不是很平和，经济仍然疲软。乌托邦梦想似乎仍然可以实现，而地平线上似乎也出现了一些阴霾。

6.2　冷战现实形塑梦想

对于政府与民众，美国人与日本人，大罢工的被禁是一个值得深思的事情。自从占领开始以来，日本政府对民主改革的步伐与强度一直感到不安，即吉田茂提到"过度民主"。在第一波改革中如醉如痴的民众，现在也开始这样想。当然，他们宁愿自由不要压迫，但自由与控制之间必须有一个平衡。自由被滥用就会陷入混乱，民主是一头有力量的、危险的野兽，它能带来祝福，但必须小心操纵，保持在控制之下。

美国政府开始自省，美国民众也一样。在1947年这一年，美国媒体公开批评占领政策，批评占领当局把事情搞糟，批评过度民主而经济复苏不够。那些未曾参与罗斯福新政的人尤其急于批评，包括盟军总部内的人，如查尔斯·威洛比（Charles Willoughby）将军，他本来是德国贵族，那时主管盟军总部情报部。

1947年也是"冷战"一词出现的一年，这个词意指自由世界与共产主义世界之间的意识形态、经济及政治的歧见。美国对日本与全球的政策做出很大改变与担心跟共产主义世界的大对抗有关。朝鲜半岛已经分割为共产党与非共区域，而柏林即将如此。在中国，蒋介石的军队很快将被毛泽东领导的共产党赶至台湾。东欧逐渐落入共产党控制下。日本必须维持为自由世界的堡垒。

但自由世界不能仅作为理念存在，它需要力量与实质。在战后的世界，当两强尽量避免全面军事对抗以免爆发核战时，这主要意味着经济势力的对抗。1947年的日本不是一股经济势力，生产甚至还不到战前水平的一半，而通货膨胀每年高达200%以上。它需要修补，而麦帅可能并不是适合这一特别工作的人。

1948年初，华盛顿派遣国务院的乔治·凯南（George Kennan）来日本调查。凯南有一段时期一直强调必须围堵共产主义的扩张。他总结占领当局迄今为止的改革"是在为共产党接管铺路"。他反而建议，"盟军总部对日本政府的控制应该放松……重点应该从改革转变至经济复苏"。陆军次长威廉·德雷普（William Draper，一名投资银行家）等专家的建议也与之类似。结果，美国对日政策从1948年起转变为强调经济复苏。这意味着停止某些现有政策并推行某些新政策。这些政策被通称为"反向"，但这种说法过度简化。1947年前后的占领政策有许多连续性。"方向改变"是较适当的术语。

对企业界领导人士的整肃停止了，因为把能干的人排除掉似乎是愚蠢的。在占领期间被整肃的20万人中，只有3000人来自企业界，这些人甚至也仅被局部或暂时整肃。

财阀的解散停止了，因为他们的经济有效性被承认。反托拉斯法中的"过度集中"的定义，被微妙地但意义深长地从"防止来自市场的新来者有效竞争的集中"更改为"不利于有效率生产的集中"。战后财阀被称之为"系列企业"。

对受害国的赔偿也停止了。[①] 鉴于日本挣扎中的经济，赔偿大多以工业机械的形式支付，而不是用现钞。因为这一目的而被占领军没收的机械（多数是没收财阀的），现在多数还给日本工业。但不是还给财阀，财阀正投资于新式装备。那些机械反而被送给中小企业，后者通常永远无法获得这类装备，即使这类装备已过时。

劳工法也被强化以防止破坏工业。1948年的新立法否定公共部门的劳工有权罢工，并限制劳工团体的直接政治行动。

麦克阿瑟本人拟议这些措施之中的一些措施。他个人从一开始就不愿意对企业界进行整肃，不愿意日本支付赔偿。他在占领初期故意在这些事上拖延，这使得新政策更为有效。但他被认为需要经济建言。1949年初，杜鲁门总统派遣财经专家约瑟夫·道奇（Joseph Dodge）为盟军总部经济顾问，他担任这一职位直到占领期结束。

至此阶段，吉田茂再度出任首相。片山已于1948年2月辞职，他就任首相还不到一年，原因是社会党内部不和——这问题从社会党成

[①] 在若干亚洲国家抗议后，日本事实上支付了非常有限的赔偿给这些国家，主要是以日本用这些国家提供的原料在日本制成资本财物的形式赔偿。事实上，日本可以被视为赔偿负担很轻——这是亚洲国家对日本持续不满的另一根源。

立就一直困扰该党至今。继任首相的是民主党主席芦田均，但该内阁在职仅几个月就垮台，主要因为贪污案。吉田在10月出马竞选，而他新近成立的保守的民主自由党在1949年1月举行的大选中获得大胜。

他的新政党是在1948年由日本自由党与民主党异议分子合并而成，将战前两大党政友会与民政党的系统联结在一起。这个政党是保守的，尽管民众对吉田的战前风格有所保留，但其稳定的旗帜显然是不安的民众想要的。保守派将统治持续至今（除了20世纪90年代中期极短暂的中断之外）。与盟军占领日本关系最密切的吉田本人，持续担任首相至1954年。这个不喜欢"过度民主"的人，显然获得了民众的认同。

就好像是要证实冷战时期人们对共产主义的恐惧，日本的共产党人在1947年的挫折后开始恢复活动。他们开始重新获得影响力与声望。在给予吉田茂的保守政府信任投票的1949年的同一次大选中，共产党在国会的席次从4席大增至35席。当局必须采取措施。从1949年底至1950年整整一年，在所谓的红色整肃中约12000名共产党人被免职，但他们的国会席次比率至今通常维持在5%。

吉田政府奉命稳定经济与平衡预算，由道奇监督。在道奇的指导下，通货膨胀大幅减缓，汇率稳定下来，而政府津贴则被削减。他的严峻方法生效了，日本在1949年已能提出平衡的预算。至1950年6月，实质工资比1936年高出约30%。但他的措施也在许多雇主与劳工之间引起困境与反感。企业破产与劳工失业不断增加。

对日本经济的最大推动来自另一个海外因素。1950年6月，朝鲜战争爆发。吉田茂称这是"天上掉下来的礼物"。最大的经济利益是来自在朝鲜半岛作战的美国陆军的"特别采购"。在三年战争期间，这些采购的价值大约为20亿—40亿美元，相当于当时日本对外贸易收入的1/3左右。事实上，它使日本的可支配收入加倍，因而允许进口数量加倍；它也使得依赖进口原料的主要工业生产规模加倍。至朝鲜战争结束时，日本已恢复到太平洋战争前的生产水平。

朝鲜战争有若干其他的重大影响。首先是日本的重新武装。占领军大部分在朝鲜半岛值勤，因此为了维持日本的安全，麦帅在1950年

7月下令成立75000人的警察预备队。为了不违反宪法第九条,警察预备队被指定为自卫性质,但重新武装引起很大争议。为了澄清其防卫性质,警察预备队在1952年被重新命名为保安队,最后在1954年改为目前的自卫队的名称。那时,自卫队有大约165000人。

朝鲜战争的另一重大影响是麦帅被免职。他负责指挥朝鲜半岛的美军,而根据他自己的说法,似乎在仅仅几个月内就可以获得战争胜利。他在9月底夺回首尔,10月底攻陷平壤,他认为平壤的陷落象征北方败北。他无法理解华盛顿对他的胜利没有后续动作,也无法理解华盛顿反而限制他进一步行动。当中共援军在不预警情况下进入北方时,华盛顿不允许他对中共军队采取行动。华盛顿现在正发动一种新型战争——所谓的"有限战"。麦帅无法理解"赤裸裸的力量与姑息的融合",也无法理解华盛顿为何未能保持"战胜的意志"。他公开批评华府与杜鲁门。最后他们思维方式的差距变得如此之大,以至于杜鲁门在1951年4月11日解除麦帅在韩国与日本的职务。他在日本受到英雄式的送别,回到美国时受到英雄式的欢迎。

随着麦帅被免职,一个短暂但热烈的时代结束了。接替他的马修·李奇微(Matthew Ridgway)缺乏他的领导力与梦想,他被任命似乎只是看守性质的。李奇微在职期间当然没有什么重大的事,人们甚至几乎不记得他的名字。他在任职盟军最高指挥官期间甚至没跟裕仁见过面(他们首次见面是在1952年5月,那时占领时期已正式结束了)。当然,在日本人心目中,占领时期永远跟麦克阿瑟伟大的名字联结在一起。正如许多人评论的,麦帅这样的大人物被免职或许是占领期间日本人被教导的所有民主功课之中最伟大的一课。

朝鲜战争的另一重大影响是必须加速与日本签署和约以及占领日本的正式终止。这将使美国正式摆脱继续对日本负正式责任的担子。有关和约的模糊讨论已持续进行了若干年,至少从1947年初就已经开始了,但直到朝鲜战争爆发前,讨论并未有真正的进展。讨论复杂且费时。和会终于在1951年9月初于旧金山举行,而日本与48国在9月

8日签订和约。[①]麦克阿瑟曾与国务卿杜勒斯（John Foster Dulles）共同推敲和约，但他没被邀请参加和会。

《旧金山和约》证实日本失去其殖民地，包括台湾地区、朝鲜。库页岛南半部及其附近的千岛群岛诸岛屿划给苏联，虽然双方对于到底什么岛屿构成千岛群岛有激烈争论，而且这争论至今仍持续着。在日本的另一端，琉球群岛被置于美国无限期托管之下，但最后在1972年被正式还给日本。位于太平洋、距离东京1000千米的小笠原群岛，也于1968年还给日本。根据和约，日本同意支付赔偿，但因为附加条款规定这要看日本经济情况而定而被大打折扣。尽管后来日本经济高度增长，但最后日本支付的很少。大体而言，和约对日本很有利。和约从1952年4月28日起生效，占领时期因而告终。

但美军驻日并未因此告终。美国可能很想放下对日本的完全与正式的责任，但美国当然不愿意让共产党有机可乘。日本许多领导人士也不愿意。和约签署仅几个小时后，日本与美国签署安保条约，无限期保障美国在日本维持美军基地，多数是在冲绳。这不仅在军事安全方面帮助了日本，它也带来了重大的经济利益，尤其是日本不必像大多数国家那样在国防上花大笔经费。从这时起至今，日本的国防支出仅仅是其国民生产总值的1%，而对于大多数国家，和平时期的军事支出大约是6%—7%。

一般民众对美军继续驻日不大热心，而这后来将引发若干政治与社会问题。但其经济利益是无可置疑的，这是使日本走上经济超强之路的重大因素。

* * * * * *

盟军占领日本具有划时代意义。盟军总部从一开始就面对许多困难。它必须有权威而又不可太威权。它必须保存某些日本方式，同时去除某些方式，以维持日本人的士气。它必须培养民主，但不让人觉

[①] 苏联、捷克、南斯拉夫、波兰及印度未在公约上签字。若干国家仅在美国答应跟他们签署特别安全条约后才签字，诸如《澳新美条约》。由于外交原因，中国未被邀参加会议。

得美国"不民主地"将民主强行加在日本人身上。它甚至必须中途改变方向,而且它必须在有限知识的基础上做这些事。占领一个外国以便将它建造为新国家不是小工作,尤其是面临所有这些困难。但整体来说,这工作似乎大致成功了。这大部分是由于日本人愿意学习并愿意将国家再度建造为受人尊敬的国家。同时,也受到下列事实的帮助:美国政府的占领政策意味着,它主要不是要通过惩罚让日本陷入瘫痪。这是日本现代史上的一个重要的建设阶段,让日本处于健全的地位,继续沿着恢复大国地位的道路行走。

6.3 日本第一

日本没有浪费美国给予的经济机会。自从明治时代以来政府在经济上扮演了指导角色,而且继续如此。经济增长太重要了,不能任由市场力量与私人利益去操纵。

1949年,由商工省发展而成的通商产业省(经济部),扮演了特别重要的角色,其主要功能之一是"行政指导"。通产省官员与工业领导人士定期开会,拟定政府、官僚及大企业都同意的广泛政策。这些政策涉及投资与发展有成长前景的部门、保护主要工业,并理顺不再有投资价值的部门。

虽然通产省角色的实际技术有效性被夸大(一个出名的例子是20世纪50年代索尼公司初创时期通产省未能支持该公司),但它有重要的象征作用。这一角色指出政府与工业之间的亲密关系,工业领导人士愿意倾听政府意见并考虑国家利益。这很像明治时代的形势。虽然大多数国家的政府多少都会规划其经济并希望指导经济发展,但日本经济尤其具有规划比纯粹市场力量占优势的特色。以经济学家的术语来说,它与其是市场理性的,毋宁是规划理性的;与其是自由放任的,毋宁是被控制的。

以劳工雇用来说，第二产业（多数为制造业但也包括建筑业）从1950年的22%增加至1970年的35%。对比之下，基础产业，尤其农业，从1950年的48%减少至1970年的约18%。显然焦点被放在了制造业生产增加上，但第三产业（服务业）的兴起不应被忽视。第三产业在日本经济中一直很重要，而事实上在本时期它雇用的劳工比第二产业更多：从1950年的30%增至1970年的48%。①

消费类型也有其标志性词语。20世纪50年代有"三宝"——收音机、摩托车及缝纫机。60年代初期，"三宝"变成电冰箱、电视机及洗衣机。60年代晚期是"三C"时代——汽车（car）、彩色电视机（color TV）及冷气机（cooler）。日本消费者能够获得更多物品，因为在20世纪50年代中期与1973年之间实际工资增加了2倍。

以国民生产总值来度量，经济在20世纪50年代增长相当平均，每年增长约9%。这在20世纪60年代初略微增加至10%左右，然后在60年代晚期至70年代初增加至超过13%。这就是说，在占领时期结束与1973年全球石油危机间，日本经济每年平均增长超过10%。至石油危机发生时，日本已经是经济强权。日本是全球第三经济大国（次于美国与苏联）、第一大船只生产国、第三大钢铁生产国、第二大汽车生产国（至20世纪70年代结束时成为最大生产国）、第一大收音机与电视机生产国等等。

日本令人瞩目的战后经济增长，常常被称为"经济奇迹"（有些人指称它是"第二次奇迹"，第一次奇迹是明治时代的经济增长）。但它是有原因可辨的——事实上有几十个原因，虽然这些原因都集中在一起可能也是奇迹。这些原因有的已经讨论过，有的值得进一步讨论，而有些原因无法在此详细讨论。美国也在好几项原因中起到了显著作用。一般而言，主要原因包括（未按任何优先顺序排列）：

---

① 20世纪50年代优先发展的是重工业，尤其钢铁，还包括船只与重机械等产品，标语是"重、厚、长、大"。60年代的新焦点是知识与科技较密集的轻工业，如电气产品与照相机，标语变成"轻、薄、短、小"。当然，这并不意味着重工业在一夜之间就消失了。绝非如此，造船业尤其继续增长。结合钢铁与科技的车辆生产，在20世纪60年代也加速进行。——编者注

第六章 自灰烬中复活的长生鸟：战后的成功与挫折

- 美国／占领当局建设性的政策，如恢复财阀与放弃赔偿支付（以及将没收来的机械交给中小企业）；
- 美国／占领当局的财经建言，例如顾问约瑟夫·道奇的建言；
- 美国／占领当局的财经援助（占领期间共提供20亿美元）；
- 美国在朝鲜战争期间的采购；
- 美国对日本提供的安全保护，使日本的军事支出仅占国民生产总值的1％，远比大多数国家低；
- 美国的善意（至少直至20世纪70年代）；
- 政府与官僚对企业的支持与指导；
- 政商人士普遍认为，与其纯粹依赖市场力量，毋宁重视规划，与其仅仅考虑公司利益，毋宁重视国家利益；
- 时常使用非关税壁垒保护国内工业以防止外国企业的竞争；
- 由于现有的装备与设施在战时被摧毁，大企业有机会大规模使用最新式科技（而在某些情况下因为装备被没收作为赔偿之用）；
- 政府与官僚相当稳定；
- 焦点放在生存与市场占有率的长期定向，而不是以利润为主的短期定向（受到日本股东低要求的帮助）；
- 在广泛的长期架构之内，必要时有为短期目的转变焦点与多元化的务实能力；
- 政府在相对非生产性的"社会经常费用"上的支出低，如住宅与福利；
- 个人储蓄率高，因而能累积巨额资本。储蓄率高是因为个人想补偿政府提供福利的不足，加上政府提供纳税优惠及其他类似诱因；
- 受到日本银行的政策支持的高债务－剩余财产比率（意味着以小额担保能够获得高贷款）；
- 公司税优惠与激励措施；

- 购买专利的政策,而不是根据执照获得专利;
- 为了实际商业考虑,委托企业进行大部分的研究与发展,不交由中立的学术机构或类似的机构来做;
- 有利的国际贸易形势允许日本进口便宜原料并对外国输出成品;
- 大量劳工从相对没有生产性的基础产业(尤其农业),转移至较有生产性的第二产业(制造业)与第三产业(服务业);
- 奖励消费;
- 日本劳工勤勉(勤勉作为永久的日本民族性是值得怀疑的,但它当然是战后时期的一项特色);
- 整体来说,日本人普遍决心重建国家并重新获得强国地位;
- 借着大企业采用的所谓的"终身雇佣制",有经验且忠诚的人在同一家大企业工作至退休的比率相当高(虽然这被夸大了);
- 劳工借着行业行动破坏生产的事件少(虽然这也被夸大,尤其战后至1960年)。

包括一些日本人自己在内的许多人,会把强调出口加到上述列表中。事实上,日本出口对国民生产总值的比率通常比大多数国家低。只是因为日本国民生产总值增长如此巨大,以至于从绝对数字来看其出口似乎支配了全球。人们倾向于仅仅把日本与美国相比,美国的出口对国民生产总值的比率很低而且对日本有巨额贸易逆差,这也使得误解加深。

政府的稳定为经济增长提供了有益的环境。1948年后,尽管首相频繁换人且有幕后操纵,日本直至20世纪90年代中期是由基本上相同哲学的保守派统治,尤其是从1955年至1993年日本由自由民主党统治。1955年成立的自民党基本上是现有政党的再结盟,并且实际上继续了战前的政友会与民政党系统的合并。因此,"二战"前后保守派的成分是连续的。

第六章 自灰烬中复活的长生鸟：战后的成功与挫折

这一连续性在政府—官僚—企业三者的组合中也可窥见。在整肃停止后，许多有势力的战前人物（甚至一些因为战时所扮演的角色坐牢的人）恢复权力。这些人中最出名的可能是岸信介，是为1936年把福特公司逐出日本的法案负责的官员，他后来还曾参加东条的战时内阁。他因战时参加的活动入狱服刑，1948年获释。1953年，他以自由党党员身份当选众议员，是导致自民党在1955年通过再结盟而成立的主要设计者，并在1957年出任首相直至1960年。

岸信介和其弟佐藤荣作（岸信介出生在佐藤家，但被一位叔叔收养）只是战后出任首相的六位战前官僚的其中两人。佐藤从1964年至1972年担任首相。其他四位是吉田茂（1946—1947，1948—1954）、池田勇人（1960—1964）、福田赳夫（1976—1978）以及大平正芳（1978—1980）。这就是说，战后重要的几十年大多由战前官僚统治。

这些战前官僚及其同僚尽力重新执行若干战前的做法，通常微妙且分阶段做，不足以引起华府的强烈反应，而足以让华府感到舒服。他们的主要关切点之一是教育，这是经过尝试的灌输适当思想的好工具。从20世纪50年代中期起，政府重新主张对教育的中央控制，故意取消占领当局的地方分权教育政策。1956年，地方学校董事会的董事选举被废除，由县市长的任命人选取代。董事会受制于文部省（教育部）。两年后，各级学校必须遵循文部省规定的课程，以此来取代占领当局提倡的选择自由。这将为更加严密的中央控制铺路，导致严格的教科书检查，这种检查一直持续至今日。

民众对这种连续性的感觉是爱恨交加。一般来说，与过去的关系令人安心，但同时许多人对正被重新建立的关系类型感觉担心。吉田茂谈到战争败北但赢得和平，而许多人支持他决心把日本再度建造为强国的意愿并受到他的启发，不过这次将以经济手段而非军事手段。职场中，拼命型的人很常见，这些人献身于重建国家。这与明治时代的民族主义的成就导向很类似，但没有军国主义的寓意，虽然有些人将它视为战争侵略性的延续。他们往往抱持一种观点，认为日本的军事失败并不算是真正的失败，因为美国使用了原子弹。许多拼命型的人把自己当作现代武士、真正的企业战士并以此为傲。

另一方面，为国家的利益工作是一回事，但人们现在愿意做的个人牺牲是有限度的。他们被暴露于美国式民主与人权之下，虽然他们不一定想要过度的民主，因为他们从1946—1947年共产党的骚乱中获得教训，但他们也不想完全拒绝它。他们不再是被当作神明崇拜的天皇的愚蠢臣民，那些人的人生目标就是为天皇牺牲。

对于许多人，不安的一个特别根源是，他们创造财富但分配到的财富不够。尤其是在20世纪50年代，工资的增加开始让普通人切实地感受到他们正在创造财富。许多工作场所仍然存在恶劣的工作环境与低工资的现象。争端很普遍，时常引发暴力对抗，有时甚至造成人员死亡。

1953年发生在日产公司的罢工，是激烈争端的例子。罢工持续了6个月，但以日本全国汽车工业工会人员的败北收场。该工会分裂为以公司为单位的工会。这是目前仍为日本工会的特色的所谓"企业工会"的开端，与西方较普遍的工会形成对比。企业工会基本上由一个企业（公司）上层管理阶层以下的所有劳工组成，不管劳工从事的职业为何。相比之下，真正的工会是在职业的基础上形成的并包括所有公司的这类劳工。一些研究日本式管理的观察家认为，企业工会是劳资和谐的一个象征，但我认为它显然是以传统的分化策略削弱工会与劳工权利的一种手段。虽然有较广泛的工会的中央管理机构，但假如问题无法在公司内部解决，劳工实际上通常无法在其他地方找到支持。

最激烈与历史性的劳工抗争之一，1960年发生在三井公司拥有的九州三池煤矿场。由于劳工要求加薪被拒与公司打算裁员，这里的劳工骚动已经酝酿一段时间了。其背景是政府—官僚—企业三者的组合想要以（进口）石油代替煤矿作为日本的主要能源之来源的政策。他们对此举将对矿工产生的严重后果并未表示多少关切。

三池争端很快上升为劳工运动与政府支持的大企业之间的大对抗。雇主公开雇用破坏罢工的凶手，而一名凶手持刀刺死一名矿工，

图6-8 三池斗争

以显示他们是认真的。政府也出动全国10%的警力,与其说是要对付凶手,毋宁说是要对抗矿工。当然,政府似乎很偏袒雇主,未确实表达中立的立场。最后,在9个月后,罢工群众输了,虽然他们获得了一些名义上的让步。

工会很少能再借着罢工行动对雇主构成严重威胁,尤其是当它们逐渐被转变成无害的"企业工会"后。幸运的是工资与工作条件很快获得了改善,这有助于缓和劳工的骚动情绪。牢骚大多以其他方式得以发泄,而罢工被象征化为在劳资双方同意的每年某个时候的短暂罢工,有时仅1个小时。因此,因罢工浪费掉的生产日数比起其他工业国仅是少量,通常不到1/10。这对于经济表现将是一大助力。

劳工,至少大企业的男性白领员工,受到"终身雇佣制"的安全保障的进一步安抚。这一制度在规模及其历史方面受到过度夸大。虽然对明治时代与德川时代的选择性审查能发现一些先例,这一制度主要是战后流行的。此外，它最多仅仅曾被应用于 1/4 的劳工，但它成了社会的理想。努力读书，获得好成绩，被顶尖公司雇用，受到终身雇用的保障——且不提因为工业的双重结构持续至今大公司员工薪资通常比小公司高 1/3 的缘故。

民众不安的另一根源是军国主义复活的可能性，虽然宪法对此有所限制。一些日本人不反对日本恢复军事活动[①]，但大多数日本人反对，并且对美军驻日与日本可能被拖进美国与苏联的战争中表示忧虑。1960 年，当《美日安保条约》要续约时，事态发展至高潮。政府当时在三池争端中显示的威权，对缓和紧张形势毫无帮助。冷战在世界各地逐渐升高的紧张局势以及未来将出任总统的尼克松几年前所说"日本宪法的反战条款是一个错误"的评论，对缓和美日安保续约的紧张局势也都没有帮助。

岸信介与美国谈判时，认为他获得了美国的一项让步。美国这时要使用驻日美军时必须先与日本协商。许多人认为这更增加了日本卷入武装冲突的可能性，因为它现在实际上使日本似乎愿意参与美国的任何行动。反对安保续约的声势很大，包括一系列的暴乱与议员在国会的肢体冲突。在 5 月某一天的半夜会议中，岸信介成功地获得国会批准续约，反对党没有来得及防备执政党会来这一招。这甚至引起了更大规模的骚动，包括群众在 6 月中旬占领国会大楼的一部分。美国艾森豪威尔总统原计划 6 月稍后访问日本，但因为骚动被取消。几天后，岸信介辞职，由池田勇人接任。池田答应永不重复岸信介欺负国会的伎俩，他也尝试安抚民众，答应在 20 世纪 60 年代结束前使国民收入加倍。

反对续约的群众包括许多左翼人士，而这引发右翼的强烈反应。受害者之一是日本社会党主席浅沼稻次郎。浅沼发表过若干次反美言论，而他在这年 10 月举行的一次电视转播演说中被一名狂热的右翼青

[①] 支持日本恢复军事活动的人士包括古怪的文学天才三岛由纪夫在内。三岛有战前风格的军国主义与极端民族主义倾向，他甚至献身于服务天皇的私人卫队。1970 年，在非常公开的情形下，他按照武士方式切腹自杀。这似乎是因为他厌恶日本软弱与文化遗产缺乏完整性。这一事件在日本国内使人们很困窘，且在海外引起关注。

第六章 自灰烬中复活的长生鸟：战后的成功与挫折

年用刀刺死。日本与全世界的许多电视观众眼睁睁地看着凶手拿着45厘米长的刀刺杀浅沼致死。

这一事件象征了动乱的一年。这一年本身是骚动与西式民主脆弱的一个象征，很像半个世纪前大正时代的脆弱。职场的骚动终于被平息了，但其后一段时期民众继续感觉不安。在其后几年，学生进而发动愈来愈暴力的示威活动。左翼的全国学生联盟（简称全学联）的极端分子故意采取暴力对抗的策略，包括使用燃烧弹等武器，这导致许多大学停课。他们的怒气有一部分是继续针对安保续约，因为美国在1961年进入越战使得日本卷入战争的威胁甚至更大了。教育费用增加、教育逐渐受到政府控制以及大学官员的贪污，也使他们感到气愤。20世纪60年代后期，学生之中的最极端分子协助成立恶名昭彰的恐怖组织赤军旅。

但就像大正时代那样，20世纪60年代有黑暗也有光明。在所有的骚动与权威中，也有日本重新被世界承认的明确的里程碑。1961年，新干线开始营运，这是当时全球科技最先进的火车。跟凶刀的黑暗象征形成对比，新干线是繁荣与科技的新时代的光明象征，是日本人自豪的一大资本。他们能够向来日本参加1964年东京奥运会的许多外国人夸示。1956年日本进入联合国，标志着日本正式进入国际社会，但主办奥运会则是日本真正重新进入国际社会。同样在1964年，旅行限制被大幅放宽，而日本人开始大批出国旅行。旅行限制自从战争爆发以来就已非正式实施，一方面是因为外汇因素，另一方面是顾虑到海外的反日风潮。然后，在60年代结束时，1970年，世界博览会在大阪举行，日本再度能够自豪地向世人展示其繁荣与大国地位。

但日本被国际社会接受的最重要的因素，无疑是其经济发展。池田在1960年所做的国民收入在10年内加倍的承诺，在期限前完成了。至1967年，国民收入已加倍。1968年，日本国民生产总值超过联邦德国，使日本成为仅次于美国的自由世界第二大经济强国。

很明显，日本重新崛起为强国在海外受到瞩目。世界各地开始出现分析其成功之路的书籍，不仅从经济的角度，也从国家管理、教育及其他较广泛的角度来分析。日本在国际事务智囊专家的著作中也非常醒目。早期著名的例子是极力夸奖日本的赫曼·坎恩（Herman Kahn）1971年的《崛起中的超级国家日本》（*Emerging Japanese Superstate*）。如此的作品倾向于淡化过度经济发展所带来的负面影响，如大规模污染问题。

日本人也自豪地写书，尝试向本国人与世人解释日本何以成功。通常，他们采纳一种论证方法，认为日本是独特的，而他们认为日本人有诸如忠诚、和谐及团队精神等民族性。这些作品本身就是一种写作体裁，被称为日本人论。两个很著名的例子是中根千枝1967年发表的《垂直型社会的人际关系：同质社会的理论》，英文本出现于1970年，书名为 *Japanese Society*，以及土居健郎1971年发表的《依赖性的剖析》，该书英文本出现于1973年。两位作者在书中声称，日本人的人际关系是独特的，且比其他民族的社会强烈。通常采用含蓄方式但有时也用明白的方式，一些日本人论作品更进一步，再次提出纯种与优越性的理论，这尤其在亚洲国家中间引起恐慌。

在世人尊崇日本为经济超强的风潮达到顶点的20世纪70年代，国内外对日本的推崇仍在继续。推崇并不是无限制的，因为有许多明显的问题，但推崇胜过批评。哈佛大学社会学教授傅高义（Ezra Vogel）的《日本第一》（*Japan As Number One*）在1979年问世，这是对日本的赞赏的高峰。傅高义尤其赞赏日本的经济表现及其在国家管理与全国协调方面的技巧。一点儿也不令人吃惊，此书在日本立即成为有史以来最畅销的书之一。①

这本书的副标题"给美国的教训"（Lessons for America）尤其令日本人满意，因为这显示徒弟学得这么出色，现在能够教师父了。

在许多方面，这是事实。在一个由商业支配的世界，热心学习日本成功秘密的西方人尤其注意其管理方法。有关该主题的书大量出现，

---

① 虽然西方学者显然也买了《日本第一》这本书，他们对这书的看法大有保留，因为它包含许多可质疑的主张。这些主张包括声称日本学生满意、工会满意及有极好的福利制度。这本书现在时常被看成是西方的日本人论的一个例子，有随之而来的所有负面含义。

第六章 自灰烬中复活的长生鸟：战后的成功与挫折

但内容大多肤浅。并非所有赶时髦的作者都了解诸如终身雇佣制等做法是战后才风行起来的，甚至更少的人了解与日本式管理有关的做法中，有些事实上是日本人向西方学习的，只是日本人使这些做法更有效而已。这些做法包括20世纪50年代由美国工程师爱德华·戴明（W. Edwards Deming）引进日本的质量控制，以及早在19世纪90年代由诸如美国柯达（Eastman Kodak）等公司实施的旨在鼓励员工参与的意见箱的使用。甚至从终身雇佣以及公司像大家长似地照顾员工的个人与专业生活的做法，也多少可以看出西方的影响。①

至于缺点，日本继续忽视其低度开发的基础设施，宁愿将财富再投资于进一步经济增长，而不用来改善住宅与道路。当日本要建设时，日本往往不是在适当规划的基础上运作，而是更多地考虑提供利益给地主或建设公司。其幕后是大企业、黑社会及政府之间的亲密关系的网络。政府与大企业中的腐败长久以来在日本一直存在，而且建设省有特别坏的记录。

讽刺的是，当一项广泛的基础设施发展的国家计划终于被提议时，它来自一个永远与贪污扯在一块的人——田中角荣。1972年7月，田中出任首相，他提倡"改造日本列岛"的总体规划。他尤其设想消除区域间的不均衡发展，方法是从工业集中的太平洋沿海地带迁移工业至内陆与日本海海岸地带。这一计划受到某些人的讥讽，因为他的新潟县选区刚好是被选定为要开发的日本海地区之一，而田中有长期的政策性拨款政治的记录，但至少它是一项计划。

这一计划从未成为现实。不仅田中在仅仅两年后因一些特别严重的贪污案不得不辞职②，而且1973年发生了世界性石油危机。阿拉

---

① 虽然这些做法主要是战后实施的并且因为日本人强调安全与家庭而真正受到重视，但有迹象显示它们曾受到西方的影响。在明治末期，日本人的海外研究使节团认定，德国的克虏伯（Krupp）与美国国家现金出纳机公司（National Cash Register）等公司的"从摇篮至坟墓"的家庭式人事政策值得模仿。

② 一家大众期刊揭露田中的若干受贿案后，他于1974年12月不得不辞职。他的名字跟洛克希德案扯在一起，在该案中他利用职权让洛克希德公司获得采购飞机的订单，他因此获得巨额回扣。事实上，他与洛克希德公司的交易发生在1972—1973年，但这事直至1976年才曝光，而这并不是他辞职的原因。

伯产油国突然将石油价格提高5倍。大多数国家受到严重打击,并在其后几年经历两位数通货膨胀与经济增长减慢。日本的主要能源中有3/4以上依赖石油,且几乎100%依赖进口石油,进口石油90%来自中东(中东石油取代美国石油)。由于在比例上如此依赖阿拉伯石油,日本受到特别严重的打击。1974年,日本经历战后以来的首次负增长。这一年,批发价格指数暴涨31%,而消费价格指数暴涨24%。

在通产省的指导下,日本立即采取措施减少对石油的依赖。通产省改善效率,尤其是节省能源的技术。它把工业合理化,把一些工业转移至海外,并且极力强调低能源消费工业的发展,尤其是服务业与"高科技"工业。在其后大约10年,日本减少对石油的依赖约1/4,而且因为分散供给来源,日本再减少对中东石油的依赖约1/5。

尽管有这个弱点,或者也许因为有这个弱点,日本比其他大多数国家复原得快。1975年,日本创下4%增长的纪录。除了1979年发生第二次但规模较小的石油危机后的小萧条之外,日本保持这个纪录直至进入80年代好几年后。这种迅速复苏是获得西方国家尊敬的另一原因,且似乎暗示日本这个经济强权是无敌的。

其他有关日本效率的证据从20世纪70年代污染如何被成功地处理可以看出,事态正如傅高义所指出的。与污染有关的疾病的受害者接连提出法律诉讼,当污染问题使全国人民困窘时,政府与企业才开始认真处理这个问题。只是一旦他们认真去做,结果总是快速且有效的。成果给人留下深刻印象。不死鸟不仅从灰烬中升起,它还高飞,并且一直在高处飞翔。

大约在石油危机发生的同一时期,美国又给了日本一两个震撼。这些震撼被称为尼克松震撼。1971年7月,在事先未与日本协商的情况下,尼克松宣布他将访问中华人民共和国的计划。这是美中和解的开端,日本自己的外交政策因此非常为难。日本追随美国路线,并且到那时为止支持台湾。日本现在必须做出迅速且有时令人困窘的调整。然后,仅仅一个月之后,也是未事先与日本协商,尼克松宣布他的新经济计划。这包括对日本输入美国的许多货品征收10%的附加费（日本的出口中约有1/3输往美国）。这也意味着放弃金本位，实际上迫使日元放弃战后以来实施的固定汇率。日元大幅升值，使日本的出口货品价格较贵。但尼克松仍未结束对日本发送冷酷讯息。1973年夏，因担心国内市场缺乏大豆，他突然禁止大豆出口。由于美国大豆在日本是一项重要商品，这一举措给日本造成严重打击。

尼克松震撼不像石油危机那么有破坏力，但也足够让日本人感到不安。这些震撼清楚地传达出美国对日本的态度与亲善正在冷却的信号。但日本克服了这一切，至20世纪70年代结束时，许多日本人开始怀疑他们是否真需要美国的善意。毕竟，日本现在是师父，假如美国不理会日本，那将是美国的损失，不是日本的损失。哈佛某教授不是这样跟他们说的吗？

6.4 身陷重围的超级强权——泡沫

日本经济在20世纪80年代初期继续以4%左右的数字增长。从70年代末开始发展的日本对美国的贸易顺差变成巨大数目，通常在400亿—500亿美元。日本产品随处可见。

20世纪70年代，有些人批评日本将焦点放在经济增长这一小范围内，但一般来说赞赏占优势。天平现在向另一端倾斜，负面反应开始严重起来，不仅仅是来自美国。日本人逐渐被批评是除了赚钱之外缺乏任何其他价值的"经济动物"。在反日示威中日本产品被示威者用大锤砸坏，书刊公开批评日本某些贸易做法不合乎伦理。

有些批评是有道理的。日本人有时犯倾销（对某市场目标以低于成本价出售）或树立非关税障碍（以注入费时的检查等非经济的做法使进口产品处于不利地位）的错。但批评者以逐渐感情用事的用语来表达其批评，这几乎是像战争在酝酿之中——有失控之虞的一场经济战。

为了尝试改善形势，1985年，在纽约市广场酒店举行了一场会议，由美国、英国、法国、德国及日本的金融界领袖们参加。在所谓的"广场协议"中，他们实际上同意相对于日元将美元予以贬值。日元适当升值，日文称之为"圆高"（endaka）。

一个结果是更多日商转移企业至海外以利用海外较便宜的劳工。但与美国的期待相反，美国货并未因此大幅增加对日本的输出。如今往往在海外制造的日本货，继续在美国市场中大卖特卖。

日本人现在尝试以让予廉价资本的方式刺激国内需求并获得某种程度的"成功"。银行提供利率极低的贷款。地价（土地被用来作为贷款的担保）被允许上涨至可笑的水平。1988年，皇居附近的土地理论上和整个加州的土地同价。当时，日本的土地总资产相当于地球土地总资产的60%——这比率是日本占地球面积0.3%的200倍。股市价格也过度膨胀，有些公司的价格理论上比许多国家的整个国民生产总值还高。这是声名狼藉的泡沫经济。

日本在20世纪60年代末已成为自由世界的第二大经济强国。但从平均国民收入来看，日本人正式成为全世界最富有的人民（至少在理论上），是在80年代末的泡沫经济期间。

钱不可避免地流向海外，日本似乎正在收购全世界。至此阶段，日本是全球最大的净海外投资国。日本控制美国经济的4%，而日本的公司甚至收购美国的经济堡垒，诸如洛克菲勒中心与哥伦比亚电影公司。

同样不可避免，这甚至更加激发排日情绪，日本人称这为"日本たたき"（痛打日本），并且感觉这样对待日本不公平。按他们的思考方式来说，他们只是在玩西方的资本主义游戏，而他们赢了。西方人只是输不起，在自己的游戏中被较好的一支团队打败。

20世纪80年代，日本与西方之间日益紧张的形势，有两个相关原因：原因之一是来自西方的批评，西方的批评有一部分是有道理的，但正如日本人声称的，另一部分只是被日本胜过后的冲动的挫折感的表现①；另一项原因是日本民族自尊越界进入民族主义的傲慢，甚至更进一步成为民族主义的沙文主义。

态度激烈化的一个早期显示是在1982年，当时文部省在它检定的教科书中试图以"进入"（shinshutsu）来取代"侵入"（shinnyu），以描写日本战前在亚洲大陆的行动。日本也试图删除或淡化日本在战时的残暴行为。此举引起亚洲国家以及不少日本人的愤怒（日本人中反对政府歪曲史实与干预教科书最出名的是历史学者家永三郎）。

日本人的新民族主义逐渐成为国际社会的关注点，尤其因为它似乎受到政府领导人物的支持。1985年8月，以旧式民族主义观点（包括他希望修改宪法第九条）出名的退役军官——当时的首相中曾根康弘，打破战后传统，不像历代首相那样以个人身份私下参拜收容战争阵亡者亡灵的靖国神社，而是以首相的身份去参拜。此举清楚地提示政教合一（受到宪法禁止）的恢复且使人们担心国家神道的复活。几乎同一时期，他还发表若干评论，说纯种国家的日本比多种族国家成功。他发表这一观点最著名的是1986年在自民党年轻领导人的集会中所做的演说。他在该演说中声称日本人比美国人聪明，因为美国的知识水平被黑人与拉丁美洲裔拉低了。

由于西方国家强烈反应，中曾根康弘不得不为他的演说道歉，但他这个演说是在国际社会的批评迫使他将文部大臣藤尾正行免职仅几周后发表的。藤尾受到国际批评是因为他公开淡化南京大屠杀暴行，并且说朝鲜必须为日本在1910年吞并朝鲜负部分责任，因为朝鲜同意两国合并。这似乎说明藤尾的命运没有给中曾根康弘（以及其他发表类似评论的人）任何教训。

但国会议员同时也是小说家的石原慎太郎公开批评中曾根康弘软

---

① 当索尼公司收购哥伦比亚电影公司时，该公司董事长盛田昭夫对排日反应的强烈程度大吃一惊。他表明极重要的一点：交易是双方的事。不单是索尼公司收购，也是可口可乐公司出售。他觉得奇怪，为何不批评卖方只批评买方。答案很明显，人们宁愿如此看待这事，这是情感的而非理智的事。这事也再度证明不幸的种族歧视思维的可能性。当美国人发现日本控制了4%的美国经济时，他们会有类似的极端反应，但英国也有一些时候控制美国经济中的类似比率，却并未引起强烈反应。

弱且对美国里根总统唯唯诺诺。石原在1989年与人合著了一本引起争论的名叫《日本可以说不》的书。① 这本书的作者对二流的美国的抱怨与要求（要求技术合作）表示强烈怨恨，而且也清楚地显示对日本的优越感的强烈的民族主义信仰。作者在书中宣布，日本是未来的关键，而美国应该了解这一点并停止期待日本屈居下风。日本应该对美国采取较强硬路线，停止随美国的音乐起舞。

这本书是一种煽动性的作品，很像1937年的《国体之本义》，诉诸感情而非理智，作为对西方痛打日本的一个反应。特别是他复诵人们时而听到的一项指控：美国因为种族歧视的原因对日本使用原子弹，不对德国使用。这忽视了一个重要的事实：原子弹直到1945年7月才试爆成功，那时德国已经投降两个月了。事实上，该书作者视美国人的种族歧视为所有问题的根源。很显然，作者沉醉在强烈的民族主义之中，认为东亚、东南亚国家近年来在经济上的成就和这些国家曾一度（不管有多么短暂）被日本占领的事实有些关系（而这些国家在从前是西方国家的殖民地时并没有获致这样的成就）。

另一方面，虽然有石原等人挑战西方的批评，但是政府里的人则尝试采取较怀柔与建设性的方式。他们提倡日本的国际化，并将之作为20世纪90年代的标语。这多少是不可避免的，因为日本尝试使其国际关系多元化，不过分依赖与美国的关系，另一方面也因为越来越多的国民赴海外旅行。政府采取若干积极的举动，诸如设立外国学生奖学金与年轻人的交流计划。但人们很快批评日本滥用国际化的精神，不但没有使日本与世界交流，日本似乎利用国际化作为向世人解释日本的工具——或者更确切地说，为什么日本与其他国家不同（而且较好）。举例来说，新成立且由政府支持的京都日本文化研究中心，像

---

① 《日本可以说不》这本书为石原和索尼公司董事长盛田昭夫合著。盛田因为担心他在美国的利益受到伤害，而坚持1991年出版的该书英文版不列出他的名字。盛田认为西方人不会真正去注意用日文写的东西，这有如中曾根康弘以为西方人不会注意他在1986年用日语就黑人与拉丁美洲裔所发表的评论。他们两人都用实例来说明日本人的普遍的想法：日本跟世界其他国家是不同的，而且是仅仅保留给日本人的一块圣地。

是在出版那些强调日本的独特性且在某种程度上对日本有利的日本人论作品。

西方对日本的批评有些在日本民众之间引起了共鸣。在1979年傅高义赞赏日本第一的同一年，欧洲共同体（European Community）某委员会的一项报告提到日本人是住在"兔小屋"里的"工作狂"。这两种轻蔑的措辞对日本人的自尊造成了极深的伤害，特别是因为它们似乎包含一些事实。日本人确实每年比典型的西方工人多工作大约400小时，而他们确实住在小房子里，大约90平方米，比起典型的美国住宅只有一半大而已。

这些不是奉承的话加上其他如"富国穷民"等话，也令人注意到有关日本人生活质量的较广泛的问题，20世纪80年代期间这些问题逐渐被提出。日本人不仅工时长，住在狭窄的屋子里，而且他们往往花费一小时坐拥挤的火车去上班，下班后坐1小时的火车回家。住在东京地区的人每人享有的公园绿地空间仅及伦敦居民的1/12。至少东京的大多数房子有排水设备，而排水设备（抽水马桶）的全国比率仍然是半数以下。

80年代结束时的1990年，长期批评日本的琼恩·沃罗洛夫（Jon Woronoff）出版《日本绝非第一》（*Japan As-Anything But-Number One*），继续抨击对日本颂赞最高峰的傅高义的《日本第一》。他在这本书中特别批评日本人的差劲儿的生活水准。

所有这些都大大伤害了日本人的民族自尊。但反过来批评沃罗洛夫等西方人并无意义，因为他们是对的，问题在于日本自身。所有的牺牲与辛勤工作为的是什么？日本人在20世纪50年代也有对于生活质量与财富分配的类似怨言，但日本人因工资增加与消费物质的获得而受到安抚。用著名社会评论家日高六郎的话来讲，他们变成了"被控制的社会"。在这个社会中，他们温顺地接受政府的政策，因为他们被物质的丰盛收买了。但从古驰手提包或卡地亚手表或时尚服饰中到底能获得多少真正的满足呢？政府在70年代初向民众承诺改善基础设施，但因为诸如石油危机等问题而一直无法实施。80年代结束时没有借口了吧！那是日本人民从国家财富里获得一些真正利益的时候了。

20世纪80年代晚期的日本民众被一件特别严重的弊案（里库路特弊案，Recruit Scandal）进一步激怒。最初成立时，征募代理商而后来从事包括房地产在内的各种活动的里库路特公司，利用泡沫时期容易获得的资金，捐献巨额政治献金，获得政治利益。超过150名位居有影响力职位的官员、政治人物及其他人收受捐款、廉价贷款，尤其是该公司上市前的股票。这些股票公开上市后价格上涨5倍，使得股票持有者获得迅速且丰厚的利润。至1989年年中，约20名多数是自民党籍的国会议员因为牵涉本案而辞职，包括6名内阁大臣。辞职者包括当时的首相竹下登及前任首相中曾根康弘。

社会党在那一年的参议院选举中获得前所未有的多数席次。这更多是由于民众对现任保守政府不满的反映而不是真正支持社会党。但拥有真正权力的是众议院，而不是参议院，因此自民党仍继续控制政局，但它受到了严厉警告。

当日本进入20世纪90年代时，外国对日本更加不满，同时日本国内民众也对政府更加不满。危机正隐隐迫近。

◆ 本章综述 ◆

占领战败的日本主要是美国的工作。起初，基于解除军备与民主化的双重目标，占领日本主要是建设性而非破坏性的。对于麦克阿瑟与华盛顿的某些人，这是建立一个乌托邦的机会。解除军备政策包括军队的复员、解散对战争有过贡献的财阀、整肃位居有力职位的不适任人物，以及惩罚战犯。由于麦克阿瑟的私下保护，裕仁未被当作战犯审判，甚至未被迫逊位。他反而在麦帅的民主化政策中扮演重要的角色，成为凡人与全国的象征，而且也使占领当局的改革具有合法性。解除军备的首要政策是放弃战争，而这项政策被列入新宪法之中。

第六章 自灰烬中复活的长生鸟：战后的成功与挫折

由年轻的美国人拟定而只包含有限日本人意见的新宪法，体现在占领当局大多数的民主改革措施中。它确立了裕仁的新角色，把国家主权授予人民，确认人权与男女平等，确立政教分离，确认言论、集会等各种权利，提供有关劳工与教育的进步改革。此外，政党政治重新实施。进步性的土地改革大大减少佃户数目，使更多人拥有自耕地。

然而，美国与日本有许多人认为改革太自由化，尤其在日益加剧的冷战的紧张形势下。人们特别关切共产主义的崛起。麦帅必须在最后关头禁止原定于1947年2月举行的大罢工，这是劳工骚动与共产党威胁的象征。经济持续疲软增加了共产党接管的威胁。

1947年，华盛顿似乎对麦帅失去信心，并派来若干采取较强硬路线的顾问。当时的主要目标是加强日本经济并使它成为自由世界的远东堡垒。当局停止整肃与解散财阀，日本也免于支付巨额赔偿给受害国，刚被提出的劳工法也被强化。在美国专家顾问的指导下，通过严格的金融政策，通货膨胀减少，经济开始复苏。经济复苏的一大后援来自美国参加朝鲜战争（1950年爆发）急需的采购。

朝鲜战争使麦帅因与杜鲁门总统在政策上的歧见而被免职，导致和约的签署与占领的结束。签署和约的同时，美国与日本签署了安保条约，允许美军驻日。因美国实际负起日本安全的责任（尽管成立了自卫队），而日本只花费很少的国防支出，此举对经济有进一步的助益。

20世纪50年代，保守的日本政府特意取消占领当局的某些改革。尤其在教育方面，中央集权与紧密的中央控制被重新引进。但它未取消占领当局近年来的经济政策，而是以这些政策为基础，与日本政府指导经济的传统结合起来。经济表现进一步受到传统态度的帮助，如为了国家愿意学习与努力工作，有些人甚至决心重新打一仗，但这次是在经济领域。

通过这些和种种其他经济因素——自助与美国的协助、权威与民主、文化倾向与经济机制的混合——日本能够在其后20年实现迅速的经济增长。20世纪60年代末，日本成为世界第三大经济强国，仅次于美国与苏联。

进步不总是平稳的。工业化产生严重污染。劳工骚动在20世纪50年代仍在持续，1960年三池矿场的劳资大对抗达到高潮，一方是劳工运动，另一方是政府与商界的联合。后者胜利了。从这时起，许多所谓的日本式管理的政策成型，尤其是企业工会与"终身雇佣"。幸运的是，经济的改善导致工资增加与消费物质的获得，这有助于安抚劳工。

尽管发生了石油危机，日本经济在20世纪70年代仍继续增长。日本还在努力解决污染问题。日本似乎是无敌的。对本国成就的自豪导致自诩的日本人论的产生，这些著作倾向于强调日本的独特性，强烈暗示日本人天赋的优越性。许多西方人似乎对此表示同意，并积极地开始研究诸如管理方法等日本卓越之处，以便改善自己的国家或公司。主要的赞赏来自一位哈佛教授在1979年出版的一本畅销书，他提出日本第一并且提供了美国可以学习的课程。学徒现在已变成师父。

但不幸的是，日本的成功在20世纪80年代导致许多日本人的傲慢以及许多西方人的羡慕与挫折感。日本的新民族主义、蔑视及清晰的种族优越感（甚至因首相层次人士的说法而恶化），对世界，特别是亚洲国家来说是一种警讯。就日本来说，日本政府与商界的联合似乎是为了经济继续扩张，即使民众之中有许多人因基础设施改革的缺乏正开始不满。日本作为经济强权是第一的，但其人民的生活条件往往是第三世界的。当日本人的"泡沫钱"在世界各地收购财产时，国际社会让日元升值且释放廉价资本，试图放松对日本经济的控制，但这样做只是使事情变糟而已。20世纪80年代末，日本当权派是西方人、亚洲人及本国民众中许多人愤慨的对象，尤其当民众得知政治人物涉及贪污案中饱私囊的时候。

本时期的主要发展摘要于表6-1。

表6-1　第二次世界大战结束至20世纪80年代末的重要发展

发展	时期
占领当局的目标是把日本建造成为解除军备、民主化的乌托邦	1945—1947
占领政策因冷战而改变，新方向是强化日本经济，使之成为自由世界的堡垒	1947/1948—1952
占领时期结束后接管的保守派把占领当局的政策变得较日本化，但依据其经济政策作为基础	1952年起
政府指导下的快速经济增长，国内骚动因物质生活改善而得到缓和	20世纪50年代初至70年代初
尽管有基础设施的问题，但日本因为经济成就被外国赞赏而使国人感到自豪	20世纪60年代末至70年代末
经济增长缓和下来但增长仍持续	20世纪70年代中期至80年代中期
民族自豪变成民族主义的傲慢，西方国家的尊敬变成愤怒，民众也因糟糕的生活方式与政府腐败而愤怒	20世纪80年代
日本以泡沫经济支配世界，国内外形势迫近危机点	20世纪80年代末

表6-2是本时期的主要价值与做法。它们大多仍然是过去的价值的延续。

借着好运、好策略与传统长处等因素的结合，日本成为世界最大的经济强权之一。然而，相对于重建日本并且创造这个经济巨人的普通日本劳动者所付出的努力而言，他们的生活没有太多改善。高层贪腐证据确凿，这让处于泡沫经济中的很多日本人既沮丧又愤怒。有些东西不得不发生变化了。

表6-2　第二次世界大战结束至20世纪80年代末的主要价值与做法

- 成功的决心
- 持续的民族自豪感与民族主义精神
- 愿意向较强大的国家学习
- 迅速恢复的能力
- 一心一意追求目的
- 对无限制的民主表示怀疑与不安
- 服从权威（虽然往往是被迫的）
- 知道经济的重要性
- 知道教育对塑造世界观的重要性
- 融合旧与新、本国与外国文化的务实能力
- 权力被高等权威合法化的重要性
- 日本种族优越感的局部复活
- 缺乏对社会主义的热忱
- 偏爱保守主义
- 倾向于感情用事
- 视野与焦点变得太狭窄的倾向
- 宿命论的局部复活
- 道德标准相当宽容（尽管偶尔由于过度宽容而被触怒）
- 在目标和框架没有明确界定时，缺乏方向感，并且感到焦虑
- 更多地采纳西方的价值观，如人权

第七章

前途未卜的超级强权：平成时代

图7-1 平成不况

日本经济泡沫破裂后，整个社会的信用体系完全崩溃，经济状况陷入空前恶化。

当代日本

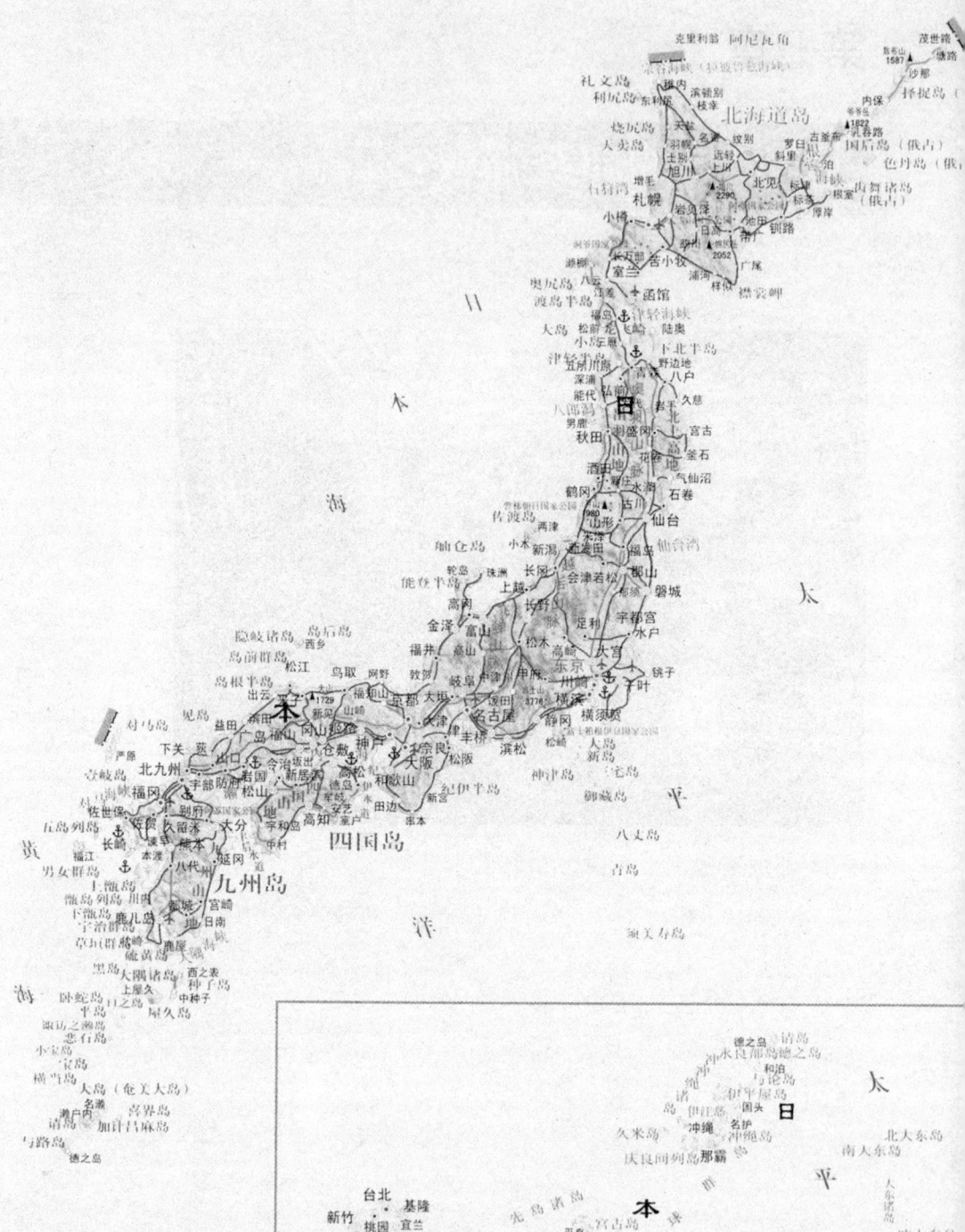

7.1 泡沫破裂

一个时代在1989年告终,因为裕仁在这年1月去世了。人们希望其子明仁继任后方向可能有些改变,如此可能最终对民众有利。新时代的年号叫"平成",意思是"达成完全的和平"(官方的翻译是"和平与和谐",这未必不正确,但似乎强调语调悦耳而不重视准确性)。这有正面的含义,暗示战后以来拖延的问题(有人会说裕仁本人就是一个问题)有些现在将被克服。重建遭战火蹂躏的国家的困难工作或许已经结束了,而民众能够享受他们的劳动果实了。

不幸的是,新时代因为里库路特弊案的发生与石原慎太郎挑衅的著作而出现了一个不好的开端。或许,对于日本幸运的是(至少对国际关系而言),在那时泡沫破裂而经济崩溃了。

价格不断上涨,甚至变得失控,以至于从1989年末起日本银行被迫提高利率,决定使泡沫破裂而不是等候泡沫自己破裂。日本在1990年与1991年猛然陷入经济衰退,并且在稳定下来后的整个90年代仍然处于经济衰退之中。

地价迅速下跌超过1/3。股市价格从1989年12月高点暴跌超过60%。很多公司破产,银行有很多呆账。劳工失业增加。整体来说,经济增长下降,保持萧条状态且很少超过1%。政府与商界偶尔将一些事件解释为即将复苏的征候,但经济复苏并未实现。1997年的某一季,经济萎缩甚至高达11%。20世纪90年代晚期,通货膨胀来袭,公司利润减缩,债务更加难以偿还,工资下降。消费价格指数从1998年开始连续四年呈下降趋势。

经济衰退看起来重创了日本民众。日本警视厅2003年末发布的数据显示,2002年全国的自杀事件连续5年超过3万起——经济原因引

图 7-2 明仁天皇

起的案件所占比例高达25%——这个记录是人们所不愿见到的（自杀的主要原因仍与身体健康相关）。与此经济因素相吻合的是，中年男性人群中的自杀事件增长最快，中年男性一向是家庭收入的主要经济支柱。

2003年末发布的法务省白皮书显示，犯罪率不断攀升。除了交通肇事案件，报案数较之前20年几乎翻番，从1983年的154万起上升至2002年的285万起。在这些增长的案件中，一部分属于青少年犯罪，在成年人犯罪的案件中，盗窃案件大幅增加，根据法务省所述，这也是对经济形势的一种反映。从另一些时间段的数据看，1990年的犯罪率为每十万人1324起，到2000年，这个数字上升到了1925起。

经济衰退带来的另一个影响是，被夸大的终身雇佣制（依赖持续的高度增长）实际上崩溃了。1992—1993年的仅仅两年间，总共6万名经理（应该是最稳当的职位）被解雇。在其后几年，十个经理中有一个以上不是被解雇就是被降级。忧心忡忡的经理们成群地加入现在迅速增长但从前几乎不被人注意的独立工会。例如，在不到两年的时间里，原本鲜为人知的东京企业经理工会会员人数增加了20倍。不少被解雇或降级的人提出法律诉讼。1996年，为了起死回生，一家日本大企业首次被迫聘请一名西方人出任总公司总经理——苏格兰人亨利·华莱士（以前由福特公司雇佣）出任马自达公司总经理。其他公司也陆续仿效，如1999年日产公司聘请了法国的卡洛斯·戈恩。

终身雇佣一直是有关日本人"特有"的家族关系、集团忠诚及和谐等日本人论思维方式的堡垒。终身雇佣的崩溃对这样的思维方式造成了极大的伤害。很多大公司终止了这项制度，如1999年丰田公司就正式终止了终身雇佣制。从管理上来说，终身雇佣制并没有被全盘否定：人们的共识是尽管它不再是个绝对目标，但仍然是个有用的目标。正如戈恩在2003年末所指出的："我认识到了终身雇佣的价值，日产并不具有实现这个目标的实力。终身雇佣制度是一个目标，但并不是一条需要不惜代价必须遵守的规则。"然而，终身雇佣制作用减弱显示出"日本模式"并不总是正确的，并不总是可持续的，也并不总是可以仿效的。从积极的一面看，这让日本管理阶层更加现实和灵活了。

终身雇佣制发生了改变，加之人们普遍认为员工的报酬不合理，这必然让雇员或潜在雇员的预期和态度发生改变。对一些人而言，这意味着对公司的忠诚度降低，对另一些人而言，这意味着质疑整个工作理念。例如，根据2000年发布的一份关于劳动状况的政府白皮书，20世纪90年代在年轻人中出现了"自由打工族"（freeters）。"freeter"这个词是由英文词free（自由）和德语词arbeiter（劳工）组合而成，指即使有可能也不会终身为某个公司工作的人。这个词一般适用于年龄处于十八九岁和三十多岁之间的人群，其中不包含学生和家庭主妇。据估计，从20世纪80年代晚期到世纪末，"自由打工族"已经增长了三倍多，到2000年，数量已经有大约200万人。另外，一个明显更害怕工作的人群出现了，这群人被称为"NEETS（啃老族）"，这个词来自英文"not in education, employment, or training"（不接受教育，没有工作，也不接受培训）的首字母缩写。与英国相比，在日本"啃老更加艰难,因为在日本更难获取失业救济,而且领取救济的时间更短(一般为3—6个月)。20世纪90年代,流浪者的数量增加,他们主要由每日结算薪酬的日工组成,可能有家,也可能没有家——没有家的人就是街头露宿者。他们主要由被解雇的员工组成,包括女性。

在十多年的经济萧条之后,2003年,经济终于开始复苏了。事实上,从2003年到2007年,日本的经济增长率维持在刚刚超过2%的水平上,这个增长率很合理。和其他所有国家一样,日本经济也遭遇了2008—2009年全球经济滑坡的打击,2008年下滑1.2%,2009年大幅下滑5%。但日本再次复苏了,2010年GDP增长超过3%(超过了德国和美国的增长)。日本仍位居世界第三大经济体,仅次于美国和中国,不过它欠了很大一笔国债。

经济复苏看起来让一些方面的情况有所改善,比如犯罪率。犯罪率从2000年的每十万人1925起降至2008年的每十万人1335起。不幸的是自杀人数并没有下降,2009年仍超过3万人。2009年的自杀率为每十万人26起,是英国的3倍,美国的2.5倍。这促使政府对心理咨询服务投入了相当数量的资金。

尽管经济从2003年开始复苏,但2005年3月进行的一次十四国盖洛普民意调查显示,日本员工"对职场的忠诚度和工作的热情度"最低。尽管从分类学上看这个词应该一分为二,一个是公司忠诚度,一个是热情度,但它还是显示出当时职场的士气有多低。在接受调查的日本人中,只有9%的人回答说他们拥有牢固的忠诚度,24%的人说他们完全没有忠诚度。有趣的是,2004年8—9月,日本劳动政策研究与研修机构在日本进行了一次调查,调查的中心议题是支持还是反对终身雇佣制,《朝日新闻》在2005年4月11日发布了调查结果,结果显示78%的人支持终身雇佣制。放在一起思考,差不多在同一时期进行的这两次调查显示出人们希望得到终身雇佣制的保障(尽管有可能被夸大了),也显示出人们为终身雇佣制的衰落感到沮丧。可能有人还会感到有些困惑,在希望受挫时不免变得消极。

另一方面,"自由打工族"和"啃老族"的增长趋于平缓。对"自由打工族"数量的估算差异很大，有人称在2000年（据说当时约有200万人）到2009年间"自由打工族"的数量大幅增长，但2009年的官方数据是178万人（可能会让人感到非常保守），比前一年增加了8万人，这是6年来首次同比增长。这与2003年之后6年"自由打工族"数量增长趋于平稳是一致的，最近一次数量增加是因为2008年的全球经济滑坡。2009年"啃老族"的官方数据是64万，不过之前年份的数据不详。

让人不由得想到的是，"自由打工族"和"啃老族"会对经济活动和整个经济产生影响，同时还会对日本的生活以及社会和文化发表意见，这一点将在后面的章节进行讨论。

在经济方面的影响更为显而易见，根据官方统计，2009年日本劳动力总数为6282万人，其中42%是女性。劳动力构成呈现典型的发达国家的特点：第一产业262万人（占劳动力总数的4%），其中41%是女性；第二产业1593万人（占劳动力总数的25%），其中25%是女性；第三产业4366万人（占劳动力总数的70%），其中48%是女性。在所有劳动力中，5102万人是雇员，其中有1/3（33.7%）是"非正式"雇员，意思就是他们是临时或兼职雇员。倾向于非正式岗位的趋势确实已经出现，特别是在女性中间，70%的非正式雇员是女性，但是近年来，越来越多的男性也开始在非正式工作岗位上任职。

在20世纪80年代，全年工作时长（包括记录在案的加班时间）一般比西方标准高出300—400小时，但这个数字在不断减少，2008年的全年工作时长为1791小时，已与英国、美国等西方国家一致——不过日本的数据并不一定完全准确，因为有些公司的操作不规范，有些加班时间没有记录在案。

2009年，官方统计的失业率为5.1%，2010年，失业率略微上升，为5.2%。

2005年，劳动力数量有小幅增长，主要是因为更多老年人参与了某些岗位的工作，但是从2008年到2010年，劳动力数量又再度下降。长期来看，劳动力数量会继续萎缩，这并非"啃老族"数量增加的反映，而是持续大幅下滑的出生率（"少子化"，意思就是"孩子越来越少的趋势"）和同时持续大幅增加的"老龄化"（意思就是"人口年龄越来越大的趋势"）的共同结果，"老龄化"的原因是65岁及以上人群的数量和百分比不断提高。有些老年人可能会继续工作（政客就是很好的例子），有些老年人甚至可能重返职场，但是并不能指望这一点。

  1950年的出生率（也被称为生育率）为每名妇女3.65个孩子，1960年的出生率降至2.1，这是维持人口增长的底线。1990年的出生率进一步降至1.54，2005年则低至1.26。之后，出生率略有上升，2008年升至1.37，但这仍是个让人担心的问题。很多"发达国家"经历过类似的问题，有些甚至比日本更严重，但是从程度上看，日本即将面临相对来说最严重的情况。1950年，14岁及以上的年轻人占人口总数的35.4%，1960年为30.2%，1990年降至18.2%，2005年为13.7%，2009年为13.3%。造成这种全面下滑趋势的原因包括教育成本，特别是晚婚晚育。这也有社会文化方面的因素。很多女性想要工作因而推迟成家（这意味着孩子减少），或者继续工作因而少生或不生孩子。1950年，女性的平均初婚年龄为23岁，1990年为25.9岁，2005年为28岁，2009年为28.6岁。也就是说，相较于1950年，女性的初婚年龄增长了5.6岁。（男性初婚年龄的增长并没有如此引人关注，从1950年的25.9岁升至2009年的30.4岁。）1970年，平均初次生育年龄为25.6岁，1990年为27岁，2005年为29.1岁，2009年为29.7岁。

  相比之下，65岁及以上人口的比例显著提高，主要归功于医疗保健的改善。1950年，这部分人口仅占人口总数的4.9%，1960年为5.7%，1990年为12%，2005年为20.1%，2009年为22.7%。老年人数量首次超过年轻人的交叉点出现在1997年。

  事实上，日本是众所周知的老龄国家，而不仅仅是老龄化国家。从技术层面上看，老年人在人口总数中占7%—13%的社会被称为"老龄化"社会，老年人占14%及以上的社会被称为"老龄"社会。从"老龄化"社会到"老龄"社会，法国用了115年，美国用了71年，英国用了40年，而日本仅用了24年时间。2009年，日本女性是全世界最长寿的女性，平均寿命是86.4岁；日本男性是全世界第二长寿的男性，平均年龄为79.6岁（仅次于瑞士男性的79.7岁）。①

老龄社会对经济的影响足以引人担忧。例如，供养者和被供养者的比率出现问题。1950年，被供养者占人口总数的40.3%，包括4.9%的老年人和35.4%的年轻人，供养者占人口总数的59.6%，包括15岁到64岁之间的人群。供养者和被供养者的比率为1.48。2009年，被供养者占人口总数的36%，包括22.7%的老年人和13.3%的年轻人，而供养者占人口总数的63.9%，供养者和被供养者的比率为1.78。如果脱离背景看，这些数字具有欺骗性，从纸面上看，2009年的供养者比例似乎优于1950年，但在1950年，被供养者中的大部分人（年轻人）很快会成为供养者，而2009年的情况则相反。对2050年的情况预测是被供养者占人口总数的48.2%，包括39.6%的老年人和8.6%的年轻人，供养者占人口总数的51.8%，这意味着供养者和被供养者的比率为1.07。也就是说，供养者和被供养者的数量相差无几。

有人对解决这个特殊问题的提议是从更"年轻"的国家吸引处于劳动年龄段的移民，一般是从发展中国家，实际上这件事在一定程度上已经发生了。还有人希望先进技术能够有所帮助。其中最现实的是，呼吁尽早提高退休年龄（官方年龄仍然是60岁，但是实际上通常是65岁或更大岁数）。有些人甚至希望重新定义"老年人"，将老年人的起始年龄定在75岁而不是65岁，不过这肯定不是太现实。很多老龄国家确实提议将其退休年龄提高两年或三年，日本可能很快也会出现这种情况。让退休年龄略微提升的方案已经准备就绪。

与老龄社会相关的其他问题包括养老金和其他福利费用增加、医疗费用增加、保险费用增加、对特殊护理机构的需求增加、政府的税收收入减少（来自老年人自己以及为了在家照顾老年人而没有上班的家人，通常是女性）等等。为了解决老龄社会的这些问题，政府开始修建更多的老年之家，在20世纪90年代晚期实施了介护保险计划。

---

① 2010年发现地方政府的老年人档案存在严重问题，尤其是夸大了高龄人口的数量，因此相关数据并不一定完全准确。这个问题会在第三节继续讨论。

图7-3 东日本大地震

与"银色哥伦比亚计划"("银色"常被用来暗指老年人)相比,人们认为介护保险计划是更好的选择,而且在政治上更正确。20世纪80年代,经济产业省支持推动"银色哥伦比亚计划",目标是在本人同意的情况下将老年人"输出"到国外,将他们安置在澳大利亚西北部等地的安老村。① 这个计划招致了广泛的反对(并非全面反对),很快就在1989年被卫生福利部制定的"金色计划"取代,"金色计划"承诺为老年人扩充相关的福利设施。

2011年,由于3月11日东北沿海靠近仙台的地区发生的毁灭性的9.0级大地震(现在被称为"东日本大地震",是根据这个区域命名的),日本在经济方面面临很大的困难——当然困难不仅仅是经济上的。众所周知,地震引发的剧烈海啸造成的破坏更严重。约100万栋住宅受到影响,很多被毁,数十万人被迫离开家园。约2万人丧生,具体数字可能永远不会为人所知了。除了地震和海啸,让人们更担心的是受损核设施发生的放射性物质泄漏,很可能发展成又一个切尔诺贝利事

---

① 要指出的是,日本并非第一个考虑将老年人"输出"到海外安老村的国家,有些国家确实这样做了,例如可以在西班牙看到荷兰和德国的安老村。当然,所有决定在海外度过晚年的老年人都是自愿的。

故。这是日本有史以来最剧烈的地震，也是全世界有史以来最剧烈的地震之一。远至东京甚至更靠南的地方都有强烈震感。这也是世界上代价付出最大的自然灾害，前期预计高达3000亿美元。有关地震的报道立刻传遍全球，几乎所有人都无法忘记海啸卷起燃烧的房屋掠过海岛的震撼场景，禁不住感叹水火无情。

从经济方面看，2011年和2012年的经济严重受挫，地震发生后仅数小时，日经指数就下挫了6个点，不过东部地区的重建有望在一年后开始，一旦重建开始，经济会以相对而言较快的速度恢复。

7.2 政治走马灯

从国际上看，泡沫的破裂迅速减轻了日本与西方国家之间的紧张关系，也在一定程度上减轻了日本与亚洲一些国家的紧张关系。一个重要原因是泡沫的破裂也在很大程度上削弱了泡沫时代强硬的民族主义。大多数西方经济学家曾认为泡沫不可避免地会破裂，虽然泡沫比预期的要持久并已经开始使人对他们的预测产生怀疑。泡沫的破裂使世人安心，经济法则毕竟行得通，不能被一个真正的日本"经济奇迹"所愚弄。这也意味着不必再担心日本会把全世界都买下来了，或许甚至更重要的是，从较广泛意义来说，它使自负的日本人泄气。太平洋战争从军事角度打击了日本人的优越感，而泡沫及随之而来的经济衰退从经济角度发挥了同样的功用。对于日本，未必是败北，因为日本仍旧是很强大的经济强权，但它确实显示了日本不是无敌的。

日本民众较不安心。事实上，他们非常震惊。他们对于日本的财富未被用于改善一般人的生活质量已经很气愤了。经济的崩溃现在意味着真正的改善将再度延期了。甚至更重要的是，他们为国家所付出的辛劳与牺牲有白白浪费之虞。

让情况更糟的是，涉及政治人物的更多弊案被曝光。1992年，另一件大弊案曝光——佐川急便案。再度有大批政治人物与官员涉嫌收受大笔金钱，贿赂者这次是佐川急便公司（包裹递送服务）。再度有重要人物涉案，如竹下登与中曾根康弘。黑社会涉案也很明显。

民众对经济崩溃、生活质量仍旧差劲及政府仍旧腐败是如此气愤，以至于这一年的10月一名自卫队少校柳井晋作公开讨论军事政变的理念。他声称，当全国人民受苦时，政治人物中饱私囊，而腐败必须加以阻止。他的说法获得许多人的同情，但人们比较不认同他主张的由军方接管的理念。大多数日本人很想避免这样的事，因为日本以前曾走过这条路并为此付出代价。柳井被免职。

柳井不是唯一被免职的人，自民党在1993年7月失去了政权。1993年6月，国会通过对1991年11月以来担任首相的宫泽喜一的不信任投票。1989年，宫泽担任大藏大臣（财长）时曾因里库路特案辞职。在他返回政界时，他承诺要把日本建造成"生活方式方面的超强国家"，试图以此安抚民众。这个承诺显然未兑现。国会通过不信任投票后，翌月仓促举行大选。自民党在该大选中未能在极重要的众议院获得过半数的席次，在511席中只获得223席（众议院议员人数有增加，战争刚结束时，众议员人数是466人）。

民众受够了，38年未间断的自民党政权就此结束。更换天皇没有带来任何大的改变，或许换政府会带来大改变。

但更换政府事实上并没有很大改变。保守派人士仍然在统治。接替宫泽出任首相的细川护熙，以前曾经是自民党党员，他是战前首相近卫亲王的孙子。细川领导大约七个政党的联盟，这些政党有许多是在选前仓促组成的。他设法创制大幅修改选举制度的法案，但他不久也因涉及弊案被迫辞职。①

从民众的角度看，这完全是老调重弹。保守派掌权，弊案继续，

---

① 众议院原本有511席，由129个选区的每个选区各产生1个以上的议员（最多高达6人）所构成。改组后的众议院只剩500席，由300个选区的每个选区各产生1名议员加上基于比率代表制分配的200席所组成。单席选区制度旨在减少腐败机会，理由是选民较容易基于候选人的意识形态与政策决定投票给谁，而如果每个选区产生1个以上的议员的话，候选人对选区承诺的物质利益较可能成为选民选择的因素。遵循这一制度的选举在1996年10月举行。实际上似乎没多少改变。

大公司一如既往地做生意。日本民众已经因为经济衰退和"终身雇佣"理念的严重动摇而怒气冲冲，1995年年初发生神户大地震，5000余人丧生，民众激烈地批评政府。民众认为政府的反应无效，有些人注意到，在提供应急食品和避难场所方面，日本黑帮都比政府做得好。另外，房屋建筑过程中显然存在腐败行为，致使建筑结构从一开始就不够结实，这也让政府及其大公司"伙伴"受到了激烈的批评。① 事实上，可以被视为政治讽刺之举的是，在1995年的地方选举中，青岛幸男和横山勇这两位前喜剧演员分别当选东京都和大阪府知事。

20世纪90年代爆发了一系列频繁的政治活动。政党组成、解散，政治人物转变效忠的政党对象，阴谋四起。1987年年底至1996年年初的9年间，先后担任首相的总共有9人。至2001年春，又有另外3人担任首相，从那时起，小泉纯一郎担任首相，首相更替趋于稳定。一个不变的因素是保守派继续控制政局。甚至在1994年6月至1996年1月之间担任首相、领导一个新的政党联盟的社会党人村山富市，也很显然地受到了保守派的控制。② 1991年改名为日本社会民主党的社会党，放弃其大部分政策，和夙敌自民党结盟，失去其大半的可信度，在此期间失去的地盘比它在80年代末获得的还要大。事实上，它在每次选举中均失去席次，而在1996年再次改名（去掉"日本"二字）后，至90年代末它成为少数党。到了1996年年底，自民党再度正式掌权，甚至不需要联盟伙伴。

从此以后，民众似乎屈服于听天由命的宿命论，开始变得冷漠。在1996年的众议院选举中，投票率创下了破纪录的低点，只有59%，这样的结果是意料之中的。

中曾根康弘在1991年曾说，民众只有自民党可以投靠。他的评语在90年代末似乎更合适。自民党在2000年6月的众议院选举中重新掌

---

① 例如，三菱液化气公司在神户建造的143个储气罐中，有114个被发现建造质量低于法定标准。人们认为日本的建筑产业尤其腐败。
② 假如社会党主席村山富市答应社会党与自民党以及其他政党结成不可能的联盟，自民党主席河野洋平答应让村山出任首相。村山在整个任期中常发表评语，暗示他的任期仅仅是借来的，而他的良心在挣扎。自民党在人数上控制着这个联盟。

权,尽管首相森喜朗并不受欢迎,他以国内国际场合的失态表现而闻名(2000年4月,森喜朗在小渊惠三死后担任首相,小渊惠三从1998年7月开始主持内阁)。自民党在众议院480个席位(原来是500个席位)中赢得了233个席位,那时自民党需要新公明党(31个席位)的支持,于是二者与新成立的小党派新保守党(7个席位)组成联盟。通过吸收其他议员,2003年11月在小泉领导下的众议院选举之前(这是小泉第二次出任自民党主席以及首相),其席位增加至247个。选举当天,3名独立议员和4名新保守党议员加入自民党,于是,最终赢得244个席位。其联盟伙伴新公明党获得34个席位。

在新千年的前10年里,自民党的最大对手是1998年成立的日本民主党,其领导人是菅直人和鸠山由纪夫。日本民主党在2000年6月的众议院选举中赢得127个席位,在吸收了小泽一郎领导的自由党之后,在2003年11月的众议院选举中赢得177个席位。2005年9月,小泉纯一郎因日本邮政服务私有化的争议性计划而召集临时大选,自民党大获全胜。他们赢得296个席位,其盟友新公明党赢得31个席位,日本民主党仅得到113个席位。那时,自民党看起来重新牢牢地把住了掌舵之位。

2006年9月,小泉纯一郎卸任首相,理由是在多次当选首相后遵循党派协议卸任,但有人怀疑这不仅仅是他自己的决定。尽管在日本很受欢迎,但他让包括中国在内的很多亚洲国家感到不舒服,因为他一直坚持前往靖国神社参拜战争中的死难者,其中包括战犯。他还提议修订宪章第九条("和平条款"),允许日本在全球安保事务中发挥更大的作用。实际上,2004年,应美国要求,根据变更过的立法(并非宪法本身),他派遣自卫队前往伊拉克,自卫队仅负责人道主义救援和重建工作。[①] 这些事可能对他的卸任有影响。他担任首相长达5年,对于在他之前和之后快速更替的首相来说,这是一段很长的时间。另

---

① 日本自卫队是全球第七大武装力量,在(准)军事化自卫队以及"第九条"赋予它的地位上,日本一直处境艰难。在1991年的海湾战争中,日本因为纯粹的"支票外交"在国际上广受诟病。两年后,日本在美国的重压下派遣人员前往伊拉克,根据各种看似没有违背"第九条"的合法手段(不过这需要法律专家来解释),2004年相关人员被按时派遣(2006年撤回)。

外，在他担任首相期间，经济实现了复苏。

接替小泉纯一郎的是安倍晋三，他在2007年9月因为健康问题辞职。安倍也是一位在一定程度上具有争议性的首相，因为他支持广受诟病的日本历史修正主义观点，淡化日本在战争中的暴行。他也认同小泉的修宪呼吁，不过修宪被推迟了。

接替安倍的是福田康夫，他是前首相福田赳夫（1976—1978年任职）的儿子。首相似乎每年都在更替，福田在次年（2008年）9月突然辞职，理由是他与反对党（日本民主党）陷入僵持，要用卸任来推动政治进程。这也让人联想到幕后肯定有故事，不过也可能仅仅是因为他认为自己不是这个工作的适当人选。

图7-4 世界第七的日本自卫队

每年的首相更替继续进行，前外务大臣、自民党干事长麻生太郎在（2008年）9月接任首相，在次年（2009年）9月终止任期。不过，麻生离职不是因为辞职或生病，而是因为在2009年8月众议院选举中自民党的失利。在任职期间，因为频现明显的口误，麻生被称为日本的乔治·布什。他的家族也成为关注焦点，因为他们曾在二战期间让盟军战俘在自己的煤矿担任免费劳工，两名澳大利亚人在期间丧生。即使没有在选举中失利，他也不会在首相位置上待太久。

在2009年的众议院选举中，自民党仅赢得119个席位（共480个席位），再加上盟友新公明党的21个席位，总共140个席位。与之相对，日本民主党赢得了308个席位，再加上4个与他们联盟的小党派赢得的12个席位，总共320个席位。这对日本民主党来说是相当多的席位，是2005年末困局的大逆转。选民投票率为喜人的69%。自民党的反对者们似乎摆脱了冷漠态度，重新聚集了起来。事实证明，小泉纯一郎是令人望尘莫及的，民众无疑厌倦了自民党无能首相们的飞速更替。之前提到过，2008—2009年的世界经济衰退让日本经济经历了大幅下挫，这很可能也是自民党倒台的因素之一，尽管经济滑坡并不一定是自民党的错。

首位日本民主党首相是该党的创始成员之一鸠山由纪夫，他于2009年9月上任。鸠山来自一个政治世家，他的祖父鸠山一郎曾在20世纪50年代担任过首相。仅仅几个月后的12月，爆出了政治献金虚假记录和部分献金似乎来自死人的弊案，鸠山人气下滑。还不得不说的是，他的夫人鸠山幸很可能对他的形象完全无益。鸠山幸做过演员，后来撰写烹饪书籍，她声称自己的灵魂曾经乘坐三角形UFO到过金星。人们认为小泉有点古怪，不过并不严重，对一些人来说，这反而是一种魅力，但乘坐三角形UFO距离现实世界可能就太远了点。当然，鸠山幸并不是首相，但很多人一想到她可能会影响她的丈夫就会感到不安——例如，众所周知，美国政坛就出现过这样的情景。

2010年6月，鸠山卸任，原因是他没有兑现让冲绳美军基地搬迁的承诺。他真不走运，在做出这个承诺后不久，韩朝局势突然紧张起来，他觉得保留这个基地对日本有利。

接替他的是菅直人，另一位日本民主党的资深党员。不走运的是，菅直人在提议加倍营业税后，人气立即下降，他很快放弃了这个提议。让他受到争议的还有他支持自卫队在吉布提建立基地打击海盗，自卫队人员已经在前一年被派往索马里。有些观察家认为这些因素可能导致日本民主党在11月份参议院选举中没预期的那么成功。

日本民主党确实对在参议院选举中获得的席位低于预期感到失望。参议院有242个席位，因为近年来的制度改革获得了更多的权力，在有些情况下（除了法律草案、拟定预算、批准条约或任命首相），众议院需要2/3多数票才能推翻参议院的决议。这意味着在众议院掌权的党派可以用多数票推动提案，但除非是2/3以上的多数票，否则参议院可能会阻挠提案，当然这取决于参议院的构成和提案的性质。因此，对于在众议院掌权的党派（或联盟）来说，在参议院拥有绝对多数的席位是很重要的。

从参议院的席位来看，2004年，日本民主党拥有79个席位，与之相对，自民党拥有114个席位，以及新公明党的24个席位。2007年参议院选举后，日本民主党拥有109个席位，自民党拥有83个席位，新公明党拥有20个席位。2010年参议院选举后，日本民主党拥有106个席位，以及4个听从其召唤的席位，而自民党拥有84个席位，以及19个新公明党的席位和另外2个席位。日本民主党的联盟在众议院拥有大多数席位，但不足2/3，在参议院只有略占多数的席位，所以它必须谨慎行事。

菅直人面前的路不好走。他坚决支持和韩国加强联系，这取得了不少人的好感，他也流露出对朝鲜的反感。但是他激怒了中国，因为中国渔船在钓鱼岛周边争议海域与日本巡逻船相撞后，他扣留了中国渔民。他还面临和俄罗斯在北海道北面千岛群岛归属问题的争端。2011年2月初，俄罗斯总统德米特里·梅德韦杰夫视察千岛群岛并要求军队将领加强防卫，菅直人以强硬言辞加以回应。菅直人还牵涉到一桩弊案中，他接受了外籍人士的政治献金，事情不大，但这是违反日本法律的。这个外籍人士是韩国人，有一个日本名字，因此从表面上看，接受菅直人做出的不知道捐款来自外籍人士的回应是有充分理由的。另外，这笔捐款只有600美元左右，一名高级政客决不可能明知故犯，为了这么一小笔钱用自己的政治生涯冒险。也许更重要的是，他在遭受这种抨击的事实，暗示对手下定决心要把他拉下马。

略微讽刺的是，正在菅直人为自己辩护的时候，他面临的最大挑战突然降临，2011年3月11日的地震和海啸加上受损核反应堆的放射性物质泄漏带来了浩劫。他无可避免地要受到人们对他反应能力的评判。不幸的是，他从一开始就不顺利，他低估了核燃料熔毁的威胁，招致国际舆论的批评。① 这场浩劫被视为日本在太平洋战争后经历的最大灾难。搜寻，重建供电、供水和排水等基础设施，为灾民重新安

---

① 例如，新西兰社会学家坂本留美认为，人们不相信政府发布的信息是因为政府说什么或不说什么往往和媒体对灾情的广泛报道相矛盾。另外，美国的核物理专家表示实际情况比日本政府说的糟糕得多。

置住房，重建以及应对核辐射威胁，监督这些工作需要耗费很大的力气。菅直人很不走运，他失去了支持。2011年8月26日，菅直人辞职，9月2日，另一位日本民主党资深党员野田佳彦继任首相。

事实上，如果日本民众能对政客也就是所谓的领导者更加信任，肯定大大有益于他们在心理上从这次挫折中恢复。不仅众多政客因弊案或指控名誉扫地，平成时代首相的快速更迭（除了小泉5年连任）还给内阁带来了短命的感觉，肯定不会让人想到稳定、可靠或真正的领导者。日本民众应该有更好的领导者。东日本大地震后，明仁天皇冒着可能会有人向天皇提建议的风险，亲自通过电视向民众发表演说，他已经迈出深受好评、史无前例的一步，也许可以更进一步，代表他的人民向议会表达对软弱无能的领导者走马灯似的更迭以及看起来一直持续发生的弊案的担忧。他还可以要求政府实施稳定、可靠的正确领导。问题是，目前这批政客能否胜任？

7.3 全球化时代下日本的生活

如我们所见，平成年代的第一个10年，也就是20世纪90年代，政治和经济局势无疑影响了日本的普通民众。民众因为经济衰退而惶恐不安，特别是这种情况一直持续。民众仍然觉得没有得到公平的对待，他们在过去的岁月中用劳动创造了财富，但这些财富没有转化成更好的基础设施和生活品质。具体来说，让他们气愤的事情包括金融机构不负责任的"不良贷款"和不公平的对待，金融机构为了让重要客户的损失降至最低，让小客户承受了本不该承受的更大损失。持续不断的弊案问题让情况更加糟糕，当权者（不仅包括政客，还包括很多官僚）中饱私囊，然而即使被发现，往往也不会受到严厉的惩罚。终身聘用制势衰，沮丧情绪渐增，忠诚度和职业道德降低。另外，除了1993年的短暂失利，自民党似乎无可撼动，民众在政治上开始变得冷漠。

在不满和沮丧情绪之下,民众中间弥漫着广泛的焦虑情绪,特别是1995年之后。原因之一是1995年1月17日发生的神户大地震,这不难理解。地震造成了巨大的破坏,5000余人丧生,受影响的不仅是神户,还有周边包括大阪城市圈在内的关西地区。日本坐落在环太平洋造山带("火圈")上,日本民众对地震一直不陌生,表面上看,他们似乎并不在乎,但这肯定不是什么能让他们掉以轻心的事。这是一场造成严重创伤的灾难事件。发生大地震的时候,不仅仅是直接损害和人身伤亡的问题。人们最担心的问题之一是可能持续数月甚至数年的余震,在有些情况下(例如近年来的新西兰)余震甚至可能造成更大的破坏,虽然震级不如最初的地震高。① 简而言之,对很多人来说,要很长一段时间以后才可以放松。

在地震后仅两个月,1995年3月20日又发生了另一场悲剧,这次是蓄意的人为事件。邪教组织奥姆真理教在妄想狂般的教主麻原彰晃的领导下在东京地铁发动了沙林毒气攻击,造成13人死亡,1000余人留下后遗症。该教的教义是来自各种宗教的零碎拼凑而成的大杂烩,教主麻原彰晃的世界观除了受到宗教典籍的影响外,似乎还受到卡通片和漫画书的影响。攻击的确切原因一直不明,但根据检察官所说,麻原彰晃认为毒气攻击能让他成为日本天皇。让很多日本人吃惊的是,邪教成员中还包括受过高等教育、从一流大学毕业、年纪轻轻的专业人士。更让人吃惊的是,尽管很多国家宣布奥姆真理教是恐怖组织,但它并没有解散。麻原彰晃和他的同伴被判死刑,但在日本要等很多年才会真正执行死刑。

广受好评的小说家村上春树的作品体现了这一时期日本人的焦虑。例如,在1997年的小说《地下》(*underground*)中,他指出奥姆

---

① 震级是用来表述地震释放的能量的。其他重要因素包括震源深度、持续时间、速度、移动(水平或垂直)和地点。2010年9月4日新西兰基督城发生的地震震级为7.1,地震带来重大破坏,2011年2月22日的余震震级仅为6.3,但带来了更大破坏,因为这次余震的水平移动更大,而且距离城市更近。基督城的很多市民现在害怕进入多层建筑,有些人甚至在重型货车经过身边或直升机经过头顶上空时感到紧张不安。很多人还需要接受心理咨询。

真理教通过传达一种让人们从"面对新情况的焦虑"中解脱出来的世界观吸引教徒,他想知道日本社会对这些个体能给出什么样"更切实的说法"。这显然表明,村上春树认为民众感到失去了方向,特别缺乏归属感和集体感。

1995年的这些事件揭示了日本人潜在的岌岌可危的感觉——并不只是因为日本的地理位置处于"火圈"。总体而言,学者们已经注意到日本经济、政治和社会文化基础的持续衰弱,同时家庭关系和道德观念也逐渐薄弱,这导致价值和稳定感在某种程度上的丧失,也伴随着焦虑和迷茫,以及重商主义和拜金主义的自我衰败。从某种程度上可以说,这是后结构主义、(后)后现代时代的世界性现象,这个时代目睹了众多"宏大叙事"的解体,建立了自我的世界观和认知。但是,从程度上看,日本似乎再次面临最严重的情况。

不论准确与否,这些叙事和世界观让世界上的很多人有了秩序感和共同感——有时是当权者为了宣传目的设计出来的,有时是源自公众自身的共性。即使有时的确不正确,它们还是能对公众产生强烈的吸引力。例如,从英国历史看,英国民众普遍认为1066年英国在黑斯廷斯战役中的失利是因为哈罗德国王太倒霉,这为他赢得了很多同情,而事实是如今已经可以证实这场失败主要归咎于他自己糟糕的决策,他不是传奇的英雄,而是现实的祸首。但"英雄哈罗德"的说法仍然广为流传。女王布狄卡的情况也完全一样。在日本,一个典型范例是人们错误地认为所有武士都会光荣地战斗至死,直到今天,这种认识仍然牢牢地扎根在日本民众心中。更近的例子是人们认为战后日本在经济领域是不可撼动的,几乎有关日本的一切都独一无二、别具一格,这一点从《日本人论》在日本国内的人气可以看出来。

显而易见,如果自己的认知被质疑,特别是自己的认知被证实肯定是错误的时候,人们一般都会感到不舒服。到20世纪90年代,事实毫无掩饰、无可置疑地证明,日本在经济上并非不可撼动,持续不断的批评(主要来自西方)在这个阶段也在很大程度上打破了日本独一无二、别具一格的神话。为了寻找其他东西来重建民族自豪感,

1996年，一群日本修正主义历史学家决定从更加民族主义的角度正面描述日本历史，编写他们认为更正确的新教科书，以此创造新的"宏大叙事"。这个团体被称为"新历史教科书编纂委员会"，简称"编纂会"。其主要成员包括一些著名教授，如西尾干二、藤冈信胜和秦郁彦等。其主要目的是通过给出与胜利者的叙述相对的、对历史更正确（从他们的角度而言）的叙述，特别是有关20世纪、太平洋战争和战争前夕的历史，以此重建日本过去的荣耀。任何一位睁开双眼、心里有数的历史学家都会赞同，在任何时候或任何地方，对胜利者叙述的质疑都肯定有一定的正确性，有关东京战犯审判中所谓胜利者正义与否的争论也是如此。但是，"编纂会"也肯定会被质疑到底睁开了几只眼睛，答案是他们似乎只睁开了一只。他们认为日本受到了过多的指责，应该停止道歉和支付索赔。他们还非常支持裕仁天皇。

在众多的争议声中，教科书按期编写完成，而且最终由文部省批准通过，但是自2001年发行后，仅有少数学校使用了这本教科书——不过它在公众中间很畅销。书中广受批评的内容包括为日本侵占朝鲜正名，指责中国挑衅日本，强调日本的目标是将亚洲从西方国家的压迫中解放出来，以及淡化日本的暴行等。日本教育工会公开谴责该教科书，2005年这部教科书再次获得批准通过后，中国、韩国和朝鲜都举行了抗议活动。这显然无益于日本和亚洲大陆各国的关系。

讽刺的是，在回应批评的时候，"编纂会"熟练利用宏大叙事的后现代解体来支持他们的观点。在全球范围内，叙事解体的主要后果之一是很多人逐渐认识到生活中只有相对而言很少的绝对的客观真理。这显然包括历史，人们往往认为历史是为国家政权利益服务的。因此"编纂会"及其支持者辩称，历史可以被合理地用来"在我们的年轻人心中培养健康的爱国主义"，这句话来自一个新历史教科书的支持者。他还说："新历史就像圣经——是一个意在激励你的'故事'。"

"编纂会"里有一位在年轻人中颇具影响力的成员，他就是漫画家小林善范，他在1998年发表了漫画作品《战争论》。这部漫画美化了日本在太平洋战争中的角色，非常受日本民众的欢迎。1995年奥姆真理教发动的东京地铁沙林毒气攻击案让小林善范感到震惊，他的解读是这次事件反映了日本人与自己过去的脱节，反映了当前日本人的空虚感。因此，他开始信奉极端民族主义，认为有必要抛弃"自虐的历史"，要推崇不给日本人洗脑、不让日本人憎恨自己过去的历史。他的《战争论》让日本人想起了"日本是神的国度"。

也有其他人认为日本丧失了民族认同感，不过未必到了采取极端民族主义的立场加以抵制这么极端的程度。诺贝尔文学奖得主大江健三郎在2002年的一次访谈中说道："我们作为日本人的认同感已经渐渐消失了。……在日本，家族解体，我们的社区意识也消失了。……我们迷茫困惑，不知所措。对这种不知所措的应答是民族主义。……"

亚洲邻国可不想听到任何人鼓吹有关日本民族主义可能复苏的消息。与有些人的想法相反的是，日本的权威人士确实曾为日本在二战期间在亚洲和其他地区的表现道过歉——并不仅仅是口头表示遗憾。1990年，明仁天皇和当时的首相海部俊树曾向韩、朝道歉，1998年，明仁天皇也曾向英国道歉，不过他对中国似乎只表达过悔恨之意。村山富市和小渊惠三等首相也曾向亚洲国家道歉。

然而，曾被占领过的亚洲国家普遍认为日本有必要进行更真诚的道歉，特别是身居高位者的道歉。在东亚社会，人们认为单纯的口头致歉并不一定是真心实意的道歉。表达歉意有不同程度的方式，包括下跪磕头，然而日本高层人士似乎还没有进行过这样深切的道歉。另外，所有道歉和善意都被对暴行的不断否认抵消了。例如，2000年1月，"纠正战争资料偏向展示会"在大阪组织召开了一次颇具争议的会议，其主题是南京大屠杀是捏造出来的。大会发言者之一是历史学家东中野修道，他提出大屠杀缺乏文献证据，而且直言不讳地宣称"针对南京平民的屠杀根本不存在"。

2003年10月，之前提到过的石原慎太郎（他称美国人有种族偏见，因为美国人对日本使用了原子弹，没有对德国使用原子弹，他罔顾了原子弹是在德国投降后才研制成功的事实）进一步表明了他对历史的独特解读，他重申了有关日本是应朝鲜人的要求占领朝鲜的著名言论。

石原慎太郎在1999年当选东京都知事，在2003年9月的选举中大获全胜，再次当选东京都知事。也就是说，东京民众热情投票支持的人不仅声称朝鲜人欢迎日本占领，而且认为南京大屠杀是捏造出来的。这似乎再次说明公众需要方向感，渴望铁腕人物的领导，即使他们会因此走上错误的道路。

2008年10月，日本航空自卫队幕僚长田母神俊雄撰文写道，日本不是侵略者，事实上日本曾为亚洲国家带来繁荣，他还进一步否认日军的暴行，他的论调和石原慎太郎如出一辙。他被解除了职务，但得到了6000万日元的退休金（超过70万美元）。尽管日本民主党政府外务大臣冈田克也曾在2010年9月亲自向6位曾经的美国战俘道歉，但亚洲国家在听到石原慎太郎和田母神俊雄等人的以上言论，特别是这些言论来自身居高位者的时候，怀疑日本悔罪的真实性不足为奇。

日本要面对的另一个有关二战时期行为的尴尬问题是在20世纪90年代凸显出来的"慰安妇"问题。"慰安妇"是被强迫给日本军队提供性服务的妇女，大部分是朝鲜妇女，也包括亚洲很多其他国家的妇女和部分荷兰妇女。日本政府先是否认知道此事，但在面对相反的文献资料时（由一名日本研究者发现），他们承认知道此事，但没有参与其中。随后，在面对明确表明政府参与其中的更多文献资料时，他们别无选择，只能承认真相。然而，他们不提供赔偿。慰安妇的索赔被交付给了私人基金，而且在这个问题上日本一直没有做出真正的道歉并给出定论。一些索赔人是从她们自己的政府而不是日本政府那里获得赔偿的，日本政府则声称，战后没多久就付清了与日本二战时期行为相关的所有赔偿。

在日本国内，另一个在20世纪90年代凸显出来并且持续至今的问题是所谓的"茧居族"，"茧居"（hikikomori）是指社交退缩，既指称这种病态情况也指称这种病状的患者。患者一般是男性，20岁左右，特点是连续几年甚至更长时间待在房间里闭门不出，通常会玩电子游戏或上网，身边满是成堆的垃圾，靠父母提供食物和其他需要的东西。这个词被正式用来指称连续6个月以上没有离开房间或离开家的人。这种情况似乎是社交焦虑障碍的一种极端形式,可能在全球各地出现,事实也的确如此,但看起来在日本尤其盛行。原因包括学校里的压力(比如考试压力和欺凌行为),或者对于进入压力重重的成人职场的预期等。不幸的是,由于面子在日本社会非常重要,很多家长在遭遇这个问题的时候会选择遮掩而不是寻求帮助。人们普遍认为,有至少100万年轻人处于"茧居"状态中,甚至有些专家也是这样认为的,这是个很大的比例(1/10的年轻男性),但现在我们知道这种说法是没有根据的,是某个日本心理学家(在这里就不点名了,不过他已经承认这个数字是不准确的)为了让人们关注这种情况而做出的夸大估计。现实的数字不得而知,但这确实是一个很大的问题。

待在家里的还有另一类年轻人,其中有些人不是那么年轻了,他们住在父母家里,数量似乎在不断增加。他们被称为"单身寄生族",这个新词在20世纪90年代首次诞生于日本,不过这个现象并不是第一次出现,也不局限于日本,在各地都十分引人关注。"单身寄生族"的数量也很难获知,不过其中大部分是女性,而且肯定数以百万计。他们一般是不想早早结婚的年轻人,因此他们多年单身(或者根本不结婚),住在父母家里,这让他们省下了相当大的一笔食宿费用。这股越来越壮大的待在家里的趋势自然而然和晚婚、晚育、少育相关联,导致了之前讨论过的"少子化"问题。另一方面,"单身寄生族"对消费性开支也贡献良多,因为他们有相当多的可自由支配收入。

在21世纪的日本,消费主义和它的伙伴商业主义显然很显眼——有些人会说它们太显眼了,有可能取代更有意义的价值观。它们也和选择相关,很多观察者认为选择是(后)后现代主义的一个主要特征。例如,"少子化"问题就与选择相关。在选择上拥有这样的个人自由的一个潜在问题是,并非每个人都知道怎样应对,他们可能会感到失去方向感。另一个潜在问题是,如果过于追求自由选择和个人表达,个体因其个性可能最后感到与其他个体疏离。人们常说个体现在能够通过穿衣、生活方式等选择来构建"自我",尽管看起来这些选择是在反映"自我"而不是在构建"自我"。幸运的是,潜在的疏离在某种程度上被时尚和潮流抵消,尽管时尚和潮流看起来微不足道,但确实把人们聚集到了一起。另一个把人们聚集起来的媒介是通过移动电话、iPod和脸书等搭建起来的网络的发展。可以说,日本年轻人在这些方面引领着世界潮流。

在个人事务方面,进入新千年(2003—2005年)后,日本通过了不少有关隐私的法律。尽管日本很晚才引入这方面的法律,但是众所周知,日本的这些有关隐私的法律比其他很多国家都要严格。《官方信息披露法》也得以通过(2001年)。政府在2002年8月和2003年8月间逐步实施了国民户籍登记制度,该制度颇具争议,在公众之间引发了不少惊恐情绪,因为登记制度会让全国的政府部门都可以获得个人信息,个人信息可能被滥用。调查显示,几乎半数的日本人都或多或少地反对该制度,因为他们害怕个人信息遭到泄露。一些市政府最初拒绝实施该制度,招致日本政府的诉讼威胁。该制度被称为"老大哥制度"。不论公众的普遍反对是否属于过激反应,事实是很多人十分关注个人权利,这表明日本公众在对待这类事务的态度上确实变得更加西化了。

在人权方面,日本在1993年废除了在日本停留数月以上的外国人必须登记指纹的规定。其中包括约50万人的韩、朝永久居民。尽管这个改变不仅适用于韩、朝,也适用于其他国籍的居民,然而取消指纹登记向改善与韩朝的关系迈进了一步——或者更确切地说是改善了与韩国的关系,与朝鲜的关系到目前为止还是很紧张。①

从那时起,除却"慰安妇"问题和位于日本海的独岛(又称竹岛)的归属问题等其他一些障碍和分歧,日韩关系逐渐改善。1996年,软银公司的首席执行官兼总裁韩裔日本人孙正义被誉为"日本的明星企业家"。但是之后日韩关系再次恶化,1997年,在日本出生的韩裔获奖女作家柳美里的图书签售会不得不因为极端民族主义者的炸弹威胁

---

① 2002年9月,《平壤宣言》的签订使得朝日关系取得了一定的进展,宣言的目的是让两国关系正常化,也有一部分被绑架者返回日本,但目前朝日关系再次紧张起来,2006年,朝鲜向日本海方向试射导弹。朝鲜一直是日本密切关注的对象。

而取消，威胁者说柳美里蔑视日本。后来人们还得知柳美里曾在租房时遭遇困难，因为她的签名被认为不具法律效力。

拉近日韩关系的一大步是2002年两国联合举办的世界杯，两国进行了实质性的合作。这次世界杯非常成功。足球本身有助于日本更加真正地国际化，确切地说是全球化，这一切始于20世纪90年代新组建的日本职业足球联赛（J. League），联赛从巴西、德国、英国和其他地方聘请顶级国际球星加盟比赛，其中也包括韩国球星，比如非常受欢迎的安贞焕。从某种意义上说，这批外国职业球员可以被视为现代体育版的"外籍讲师"（o-yatoi gaikokujin，明治时代雇佣的外国专家）。不仅如此，日本球员也活跃在世界各地的足球俱乐部中，比如中田英寿在意大利，稻本润一在英国，宫泽弘在新西兰。这是一种与众不同的、人性化的、自由的全球化，完全不同于日本在全球各地经营与日本有经济关联的大社团的全球化。① 足球与棒球不同，足球并非由社团经营支配，而是在地区团体的基础上建立俱乐部，这在过去的几年里在日本国内改变了日渐沉闷的社团主义，促进了地方社团的复兴，推动了地方分权——这代表着全球化框架中国家和地方的健康融合。

在目前日本人对韩国的态度上，特别值得注意的是韩国年轻演员裴勇俊在日本拥有的超高的人气，在日本他被称为"勇大人"，在西方他被称为韩国的哈利·波特（丹尼尔·雷德克里夫）。裴勇俊在日本所有年龄的阶层中都很受欢迎，不过他尤其受到中年女性的青睐，她们甚至专程奔赴韩国，就为了见他一面。

另一件表明日本人态度的事是很多玩电子游戏的日本年轻人非常尊崇韩国电子竞技选手，韩国选手一直在世界电子竞技锦标赛中称霸。韩国年轻人则十分欣赏日本的漫画和动画。当今日本的文化空间由年轻人主导，电子游戏、漫画和动画无疑是最突出的文化标志。漫画的

---

① 很多学者似乎忽视了体育在世界事务中的作用，但不应该忘记的是，体育在很多人的生活中是很大的一个组成部分，足球则是世界上最全球化的运动。世界最大的国际机构不是联合国，而是国际足球联合会FIFA。对于很多国家来说，足球是和国际社会交流的一个重要桥梁，通过足球这个平台，他们可以在另一个"赛场"上获得尊重，这个赛场不同于经济影响力或其他任何领域，比如，非洲小国可能在足球场上击败欧洲强国。

第七章 前途未卜的超级强权：平成时代

图 7-5 吉卜力美术馆

源头可以追溯到中世纪卷轴对动物和人的幽默描绘，现代的漫画从20世纪50年代初开始流行开来，标志是1952年手冢治虫的《铁臂阿童木》。随后，漫画越来越流行，直至现在。甚至有些教材也采用漫画的形式。手冢治虫还从20世纪60年代开始投身动画制作。动漫历史上的另一个著名人物是宫崎骏，1985年，他在东京的小金井建立了吉卜力工作室。2001年，他还在东京的三鹰建立了吉卜力博物馆，收藏有关动画历史的永久藏品。其主题自始至终一直是游戏，这当然是（后）后现代时代相关的另一大特征。

在电子游戏方面，任天堂对全世界的年轻人产生了巨大的影响。任天堂公司其实比很多人想象的老得多。1889年公司成立，从生产纸牌起家，100年后开始生产掌上游戏机。掌上游戏机问世之前，宫本茂在20世纪80年代中期为公司设计了著名的游戏《超级玛丽》（主角是爱探险的意大利水管工），还设计了《大金刚》等很多其他游戏。2004年，《超级玛丽》系列成为全世界最受欢迎的电子游戏。日本在电子游戏（当然包括电脑游戏）的发展方面发挥了巨大的作用，这也

249

许可以被看成是一种逃避现实的方式，日本现实生活的束缚和压力巨大，例如，对遵从性的期望比大多数西方国家高得多。从角色扮演游戏看，尤其如此。在角色扮演游戏中，玩家一般可以选择各种各样的角色。虽然是虚拟的，但这也反映了当代日本人在自我意识方面拥有越来越多的选择权，也拥有一定的灵活性（从另一个方面看是分裂性）。

众所周知，迪士尼对很多漫画、动画和部分电子游戏都有影响，从更大范围看，和迪士尼有关的东西似乎在日本格外受欢迎。有些人说，这也许是美国人占领日本7年的结果。不管怎样，当时日本最重要的人物裕仁天皇绝对是迪士尼的粉丝，他喜欢迪士尼乐园，还在那里买了一块米奇手表并且在之后一直佩戴。据消息称，甚至在下葬时，他的手腕上仍然戴着这块心爱的米奇手表。

可以说，对迪士尼和迪士尼类型人物的喜爱或多或少推动了"可爱"潮。例如，从人气超高的电子游戏《口袋怪物》（田尻智在1996年为任天堂开发）就可以看出这一点，尤其是其中的皮卡丘———一只惹人喜爱的黄色小动物，介于老鼠和松鼠之间。在整个日本社会，凯蒂猫（Hello Kitty）很可能是最著名的可爱标志，这是一只经常带着粉红色配饰的白色小猫——粉红色是喜欢可爱事物的人最爱的颜色。凯蒂猫在1974年首次现身，现在仍然很受欢迎。

有"日本安迪·沃霍尔"之称的当代艺术家村上隆（不要和作家村上春树混淆）的作品是迪士尼影响的另一种体现。村上隆显然喜欢作品具有矛盾性，幼稚和成熟并存，可爱和怪诞并存，情色和恐怖并存，他还制作了一个古怪、疯狂、牙齿参差不齐的塑料米老鼠塑像，以此讽刺"可爱"。

在年轻人这个话题上，近年来其他值得注意的问题还包括政府对教育体系的干预。在高教层面上，2004年，政府要求高等学校私有化。在中小学层面上，政府意识到学生的负担很重，日本学生的上课时间比大多数西方国家长很多。2002年，政府撤销小学、初中的周六课程，2003年，政府撤销高中的周六课程。不过这并不一定意味着年轻学生获得了更多的自由，因为他们中有很多人还要去参加被称为"学习塾"

的私立课后补习班。政府还实施了"轻松教育"政策，试图减轻考试压力和整个课堂压力，不过值得注意的是，轻松教育包括将圆周率说成3而不是3.1415……尽管是出于好意，但在众多家长（和教师）的心目中，这种轻松教育很快就被视为敷衍懒惰，抱怨声频起，尤其是当日本学生在国际考试中的成绩飞速下滑的时候。所幸在此之后教育越来越稳定，国际考试的成绩也有所提升，不过还是没有恢复到过去的水平。

新千年伊始，青少年（14—20岁）的犯罪率稳步下降。取整数看，2000年有132000起青少年犯罪案件，2005年有124000起，2006年有113000起，2007年有103000起，2008年有91000起。然而还是有一个让人担心的因素，有些青少年犯罪案件的性质十分恶劣，尤其是谋杀案件。一个著名的案例是，1997年，神户一名14岁少年杀害两名幼童，并且将其中一人的头割下放在自己学校的门口。当时这名罪犯不到16岁，被认定为未成年人，于是政府修改了法律，将担责年龄改为14岁，现在更是把担责年龄降至12岁。其他案例还包括2003年长崎一名12岁少年谋杀一名4岁幼童（从房顶上推下）；同年冲绳一名13岁少年将一名同年龄的少年殴打致死；2004年佐世保一名11岁少女割喉杀害一名同学；2005年一名16岁少女慢慢毒死自己的母亲并且将谋杀过程记录在网上；2007年一名17岁少年割下母亲的头并将其带到警察局；2008年一名十几岁的少年（确切年龄不详）将一个陌生人推到列车车轮之下并称他只是想杀个人。近年来的案例包括2011年3月3日熊本一名20岁青年承认在超市厕所随机勒杀一名3岁幼童，没有明确动机。

还有另外一个震惊全国的案件，虽然罪犯年龄超过20岁，但还是不容忽视。2008年6月，在东京著名的商业街秋叶原，25岁的青年加藤智大蓄意驾驶一辆卡车撞向人群，随后下车继续持刀刺向行人，导致7人丧生，10人受伤。他没有说出明确动机，不过谋杀是有预谋的，人们认为他可能受到了暴力电子游戏的影响而且认为自己能力不足。秋叶原出售的都是最先进的电子产品，这里被称为"现代日本青年文化的摇篮"，加藤智大选择从100千米外静冈青森的家来到这个地方绝不是巧合。他被认为是一名御宅族（otaku，痴迷电脑的人）①，御宅族是一群喜欢与电脑、电子游戏为伍而不爱和活人交往的年轻人——事实上，据称加藤智大曾说过，他"只对二次元女友感兴趣"。2011年3月，他被判死刑。

显然，尽管从无端暴力角度看日本是全世界最安全的国家之一，但还是有问题存在。

不过当然不能只怪年轻人犯罪。政客一直牵涉弊案之中，树立不良榜样。2010年，人们发现犯罪者为中老年人的福利欺诈案件数量相当大，犯罪者申领养老金的对象本应是活人，实际上却是已经去世很久的配偶、父母或祖父母。例如，加藤宗现被认为是东京仍然健在的最年长男性，应有111岁高龄，然而人们却在他的家里发现了他已经风干的遗体，实际上他在32年前就已经去世了。他的孙女因涉嫌冒领养老金被捕，警察担心这样的罪行可能很普遍。

该案件引发了全国性的调查，调查发现档案存在严重问题，特别是在地方政府层面。从档案看，人们以为日本有几乎30万百岁老人，然而实际上被证实的只有40399人，居然有234354人未能证实。在超过23万的未能证实的老人中，有超过77000人在地方档案中仍被列为活跃账户而其年龄超过了120岁，几乎有近千人（884人）年龄超过了150岁。尽管上面给出的数据看似精确，给人以可靠数据的印象，但事实是档案记录存在严重缺陷。这对一个被认为档案记录完备且尊重老人的国家来说尤其不堪。权威人士称这些发现对和寿命相关的数据几乎没有什么影响，"在计算预期寿命的时候，98岁以上的男性和103岁以上的女性不计算在内"，但是这肯定对65岁以上"老年人"中"超高龄老人"的比例有很大影响。从西方各博客网站的反应可以证实，一个可以让日本在这次尴尬的事件中略微松口气的好处是舆论批评因

---

① "御宅族"不一定都是前面提到过的"茧居族"，不过确实有一部分人是。"御宅族"往往被用来指称"孤僻内向"的人，既包括有严重心理问题、确实需要治疗的人，也包括只是不善社交、往往患有诸如阿斯伯格综合征等轻微的非典型神经疾患、对自己和其他人都没有威胁的人。事实上，很多电脑和电脑游戏是阿斯伯格综合征患者研发的。

为某种喜剧氛围而有所弱化——恕我冒昧,我还是很尊重那些去世已久的老人们的。超过23万百岁老人"消失"绝对可以作为滑稽剧的素材(让人想起了《小波波》),声称去世已久的人仍然活着让人联想到"巨蟒剧团"那只著名的鹦鹉。

对日本的另一个负面新闻报道是关于捕鲸的报道,这对日本的国际形象有更加恶劣的影响。面对几乎来自全世界的广泛批评,日本仍然不断进行捕鲸活动。日本权威人士声称捕鲸是日本的传统文化,不过其传统文化的力度值得质疑。另外,日本声称自己完全是为了开展与鲸鱼保护相关的研究而继续捕鲸的,这就更值得质疑了。甚至有人指责日本通过贿赂太平洋周边国家在"国际捕鲸委员会"中赢得支持。近年来,在南大洋上日本捕鲸船和反捕鲸船之间发生了越来越严重、甚至危及生命的冲突,例如,"海洋守护者"协会就曾试图用船只阻拦日本捕鲸船。2011年2月,一支日本船队不堪其扰,返航回国,这意味着日本也许在未来会面临更多建设性的讨论。新西兰基督城《新闻界》(*The Press*)在2011年2月19日发表了一篇言辞激烈的社论(《新西兰要对南大洋大部分地区负责》):

> 只要对日本捕鲸活动进行理性思考就可得知该活动并不符合该国(日本)的利益。捕鲸活动让日本不得不在国际舞台上撒谎——声称屠杀是为了科学研究,然而所有证据均显示捕鲸是出于商业目的,是为了安抚认为鲸鱼肉是日本烹饪文化典型代表的民族主义者。对于一个对国际贸易起到关键作用而且对自己受尊重的世界公民的地位引以为傲的国家来说,这种托词是很不光彩的。

要对目前日本在世界上所处地位有些许"量化"的了解,考查一些国际指数会有所帮助——这里所列的指数没有根据特别的顺序。在这里也不会进行详细的分析,不过为了对比,会列举其他三个国家,即韩国、英国和美国,所有排名是结合各种标准汇总计算出来的。这里只列举2009年和2010年的指数。读者可以自行查阅自己国家的更多详细数据以及下述四国更早年份的数据。

"繁荣指数"（列格坦研究所）基于经济基础建设、民主制度、健康、政府管治、社会资本、创业/创新、教育、安全/保安和个人自由等9个因素对110个国家展开细致调查。日本2009年排名第16位，2010年排名第18位。对比来看，韩国2009年排名第26位，2010年排名第27位；英国2009年排名第12位，2010年排名第13位；美国2009年排名第9位，2010年排名第10位。

接下来是"人类发展指数"，该指数基于收入、预期寿命和教育等因素，涉及169个国家。日本2009年排名第10位，2010年排名第11位；韩国2009年排名第26位，2010年跃升至第12位；英国2009年排名第21位，2010年排名下滑至韩国前一年的位置，第26位；美国2009年排名第13位，但2010年排名前进至第4位。

由世界银行开展调查、覆盖183个国家的"经商便利度指数"显示，日本2009年排名第13位，2010年排名第15位；韩国2009年排名第23位，2010年排名第19位；英国2009年排名第6位，2010年排名第5位；美国2009年排名第4位，2010年保持第4位的排名。

下一个是略具争议性的"透明度指数"，也被称为"清廉指数"，涉及180个国家。日本2009年排名第17位，2010年保持第17位的排名；韩国2009年排名第39位，2010年保持第39位的排名；英国2009年排名第17位（和日本排名一样），但2010年排名下滑至第20位；美国2009年排名第19位，但2010年排名也下滑了，降至第22位。

另一个指数是一次性的"幸福指数"，也被称为"生活满意度指数"，由艾德里安·怀特设计，于2006年开展调查。该指数基于对来自178个国家的调查参与者的直接提问。日本排名第90位，也就是说排在半数国家之后，韩国排名第102位，英国排名第41位，美国排名第23位。

还有几个团体针对"生活质量指数"展开调查。最有名的是《国际生活》杂志组织的。调查有9个评价标准：生活成本、文化与休闲、经济、环境、自由、健康、基础设施、安全与风险以及气候。根据194个国家的调查结果，日本2009年排名第23位，但2010年排名下滑至第36位；韩国2009年排名第32位，但2010年排名下滑至第42位；英国2009年排名第20位，2010年排名下滑至第25位；美国2009年排名第3位，但2010年排名下降至第7位。显然，这四个国家的生活质量都有显著下滑。

还可以参考由《经济学人》智库于2005年开展的"生活质量指数"调查（看起来是一次性的），调查涉及111个国家，基于健康、家庭生活、社区生活、物质财富、政治稳定、气候、工作保障、政治自由和性别平等等因素。日本排名第17位，韩国排名第30位，英国排名第29位，美国排名第13位。

最后是每年由日内瓦的世界经济论坛编制的《全球性别差异报告》。报告涉及134个国家，基于四个评价标准：经济参与与机会，教育程度，政治权利以及健康与生存。日本2009年排名第101位，2010年排名上升至第94位；韩国2009年排名第115位，2010年排名上升至第104位；英国2009年排名第15位，2010年保持第15位的排名；美国2009年排名第31位，2010年排名上升至第19位。

对日本《性别差异报告》的一个结论应该加以注意。尽管发生了"23万名百岁老人消失"事件（如上文所述），日本女性仍然极有可能在全世界是最长寿的，至少是最长寿之一，因此日本在这方面的得分很高。同样，女性的教育程度很好，2008年有54%的女性接受高等教育，而接受高等教育的男性有56%，不过研究生人数还是男性更占优势。日本在权利方面的分数不高，在政治权利方面，大约由19人组成的内阁里一般只有2名女性，在商业领域，只有约10%的管理职位是女性担任的。日本要赢得真正的性别平等似乎还有一段路要走。

2004年，日本人口为127878000人，达到高峰；2010年，降至127177000人。女性总计65309000人，男性总计61868000人。女性人数略高于男性，但这仅限于50岁以上的人群，因为女性寿命普遍比男性多5年。这种人口模式并非日本独有。

在全球化时代，作为国际化的一个象征，还可以从旅居海外的日本人和旅日外国人这个角度来看日本和世界其他地方的相互联系。

要了解与外国居民相关的官方数据，有必要倒退几年，回到2008年，那时日本的总人口为127692000人。为了建立对比、明确趋势，我们还可以看看1985年，当时日本的总人口为121049000人。

1985年，旅日外国人有850000人（占总人口的0.7%），2008年，数字达到2217000人（占总人口的1.7%）。这意味着外国人数量的增长介于两倍和三倍之间，不过按照国际标准来看，这样的数量和百分比仍然相当低。1985年，最大的外国人族群是韩国人，有683000人，占当时旅日外国人总数的80%。2008年，韩国人数量降至589000人（占旅日外国人总数的27%）。相反的是，1985年，中国人数量仅为75000人（占旅日外国人总数的9%），而2008年，中国人数量增加至655000人（占旅日外国人总数的30%），成为最大的外国人族群。在泡沫时代（及之后），由于日本政府降低劳动成本的政策，越来越多的巴西人前往日本，他们的人数不断增加。他们中的很多人有日本血统，这是大约一个世纪以前大批日本人移民南美（尤其是巴西）的结果。1985年，日本的巴西人只有1995人（占旅日外国人总数的0.02%），2008年，巴西人数量为312582人（占旅日外国人总数的14%）。其他国家的旅日外国人数量太少，不具备统计学意义。例如，1985年，北美人数量为32339人（占外国人总数的3.8%），2008年，数量增加至67729人（百分比微降至3.1%），欧洲人从1985年的19473人（占旅日外国人总数的2.3%）增加至2008年的61875人（2.8%）。

对于旅居海外三个月以上的日本人，包括永久居民和双重国籍的居民，1985年的数据无法提供，不过有1990年的数据。1990年，旅居海外的日本人有620000人，2008年增加至1116000人。旅居海外的日本人有很多在美国，1990年有236000人，2008年有386000人。中国的日本人1990年有22000人，2008年有126000人。澳大利亚的日本人1990年有15000人，2008年有66000人。英国的日本人1990年有44000人，2008年有63000人。巴西的日本人1990年有105000人，

2008年降至61000人。① 让人意外的是，韩国的日本人很少，1990年只有6000人，2008年有27000人。

我们从这些指数中可以看出日本的排名普遍十分靠前，最差的是《全球性别差异报告》中的排名，这也许是日本政府应该更多关注的地方，越早越好。

从"旅日外国人"的数据统计中可以看出日本正在国际社会中起到相对积极的作用，旅日外国人和旅居海外的日本人的数量都显著增加，不过按照国际标准来看，绝对数字仍然较低。

然而，在近几十年来，日本不仅在经济方面对国际社会产生了巨大影响，在技术和文化方面也产生了巨大影响。其经济影响已经表露无遗。在技术开发方面，日本表明自己是世界的领导者，而且是实实在在的创新者，在很大程度上摆脱了从前单纯的借鉴者和改编者的形象。在文化方面，日本在艺术领域的东方主义早在19世纪法国和其他地方流行的时候就已经在影响世界了。茶道和花道等一部分传统文化活动和项目实际上起源于中国，不过经过了几个世纪改良为日式风格，并且在全球各地被认为是日本特色。在过去的20年里，我们目睹了日本对世界文化的影响，其载体是漫画、动画和电子游戏——其发展以技术为辅助，以青春和游戏为特点，与（后）后现代主义全球化时代非常契合。

日本不仅仅是经济超级强权，也是技术和文化超级强权，希望2011年3月11日的灾难不会削弱其地位。尽管日本人非常坚韧，但这样的重大灾难还是可能让20世纪90年代晚期的焦虑情绪再度显现，甚至比之前更加严重。

---

① 巴西的情况有一点特殊，因为19世纪晚期和20世纪初期有大量日本人移民巴西。很多日裔巴西人是这些开拓者的后代，他们拥有双重国籍，在日本政府邀请下，他们掉转移民方向，泡沫时代至今不断移民回日本，这导致巴西的日本人这一统计数据大幅下降。

◆ **本章综述** ◆

1989年初，裕仁天皇去世，明仁天皇继位，日本民众希望有一个新的开始。他们希望与二战前和二战中日本行为相关的问题能够得到最终的解决。他们希望自己在将日本建设成经济超级强权的过程中付出的劳动得到回报，得到更公平的财富分配和更优质的基础设施。他们希望政界有更高的透明度，弊案终结。有些人还担心由于日本在经济上获得的成功而在某些角落滋生出来的骄傲自大的民族主义，担心其他国家会怎么看待这种民族主义。

民众要失望了。政治领域内老调重弹，仅几个月后自民党的领导人就被卷入"里库路特事件"。同年，石原慎太郎出版了一本极具争议的书，这本书显现出了根深蒂固的极端民族主义立场，他的夸张言论让很多西方人感到愤慨。最重要的是，在经济方面，泡沫在这一年年末破裂了，民众付出的所有艰苦努力面临毁于一旦的危险。

经济衰退不可避免地随之而来，但它持续的时间超出了很多人的预计，一直持续到新千年。很快开始出现裁员现象。甚至以为自己有"终身雇佣制"保护的大公司经理和高级职员都遭到大批解聘，这证明终身雇佣制至多只是理想，而不是保障。忠诚度和职业道德严重下降，人们不再抱有幻想，感觉受到了欺骗。结果之一是被称为"自由打工族"的非正式员工越来越多，被称为"啃老族"的完全不愿意工作的人越来越多，还出现了一个完全脱离社会的族群，他们被称为"茧居族"。1993年，自民党在数十年来首次倒台，但在一阵组建联盟的活动之后，他们很快在20世纪90年代中期重新执政。这导致民众在很长一段时期里在政治上保持冷漠。让民众更加难过的是1995年发生的两个让人忧虑丛生的重大事件，1月发生了灾难性的神户大地震，3月邪教组织奥姆真理教在东京地铁发动了沙林毒气攻击。评论员纷纷提及民众普遍焦虑而且失去了方向感。

为了设法重建民族自豪感，1996年，一群被称为"新历史教科书编纂委员会"的修正主义历史学家决定编写一本历史教科书，他们认为这本教科书能让日本人为自己的历史感到骄傲而非耻辱。2001年，教科书出版发行，仅有少数学校使用了这本教科书，不过它在公众中间很畅销。事实上，这本教科书遭到了日本教育工会的谴责，还引发了中国和韩、朝的抗议活动，抗议原因是教科书扭曲了历史，声称日本侵占朝鲜事出有因，声称是中国挑衅日本。直到现在，权威部门的高层人士还不断语出惊人，例如拒绝承认日本实施过任何侵略行为。在20世纪90年代凸显出来的"慰安妇"问题仍然没有得到满意的解决。日本也没有对受害的亚洲国家进行过真心实意的道歉——相对于纯粹的口头道歉而言。

尽管有这些让人头疼的问题，日本在与韩国的关系上还是有所进展。日本和韩国成功地联合举办了2002年世界杯。很多日本人成为韩国演员的粉丝，尤其是裴勇俊。日本年轻人也很崇拜在电子游戏方面技艺超群的韩国年轻人。

从2003年开始，经济确实复苏了，随后几年经济稳步发展。之后日本遭遇了2008—2009年全球经济衰退的打击，经历了一定程度的收缩，但还是复苏了。尽管背负了很大一笔国债，但日本仍是世界第三大经济体——不过还要看2011年3月的灾难究竟会对日本产生什么样的影响。

在政治领域，自民党的老对手社会党退出历史舞台，过去10年里自民党的主要对手是日本民主党。政治上的淡漠情绪似乎好转了，民众在2009年投票支持日本民主党登台。不过，日本民主党存在很多问题，例如第一任首相鸠山由纪夫就卷入了弊案，随后又不得不违反承诺。他的继任者菅直人在2010年年中就任，他由于提议加倍营业税而开局不利，他很快放弃了这个提议。随后他还遭遇了一系列问题，不过他面临的最大挑战是应对2011年3月11日的灾难性事件。他失去了支持，于8月26日辞职，9月2日，另一位日本民主党资深党员野田佳彦继任首相。

对后现代主义或者（后）后现代主义很难定义，这里也不会尝试给出定义，不过很多学者将其与选择和游戏联系在一起，这二者无疑是过去10年日本的特点。在消费主义和时尚潮流以及动漫和电子游戏中可以看到这些特点。日本的技术对如今琳琅满目、眼花缭乱的电子产品贡献良多。

在国际化和全球化方面，日本已经向前迈开了脚步——或者更加确切地说，向外迈开了脚步。例如，新千年一开始就通过了几部与个人信息保密和官方信息透明度相关的西式法律。另一个例子是，尽管旅日外国人的数量从绝对值来看仍然很低，但从20世纪80年代到现在已经几乎翻了三倍，同样，旅居海外的日本人的数量也显著增长。在国际/全球指数中，日本普遍排名靠前，因此想必备受尊重，不过它也许可以在这些指数中瞄准更高的排名——不过其他很多国家也可能是这样。日本在《全球性别差异报告》中排名较差，这反映了女性欠缺政治领域和管理岗位的权利。这显然是一个需要关注的问题，不过这个问题已经持续一段时间了，而且不幸的是很可能会被继续拖延，因为日本肯定首先要关注从2011年3月的灾难中恢复这个艰巨且更迫切的任务。

目前，日本不仅是经济方面的超级强权，在技术和文化以及对世界的影响力方面也是超级强权。遗憾的是它在政治事务上的地位还没有那么高。

泡沫的破裂给日本带来很多问题，不仅包括十来年的经济增长停滞，还包括民众中间的负面情绪。日本经济已经复苏了，而且仍位居世界第三，不过还要看2011年3月的东日本大地震会对日本经济产生什么样的影响。日本人一如既往展现出了他们的坚韧，他们会渡过难关的，也许物质上的重建可以反映日本其他方面的重建——成为经济、技术和文化超级强权，成为曾经承诺过的"生活方式"超级强权。然而，所有这些建设都需要能够得到民众尊敬的政客的铁腕领导，而这一点完全无法得到保证。

表7-1 20世纪80年代晚期至2011年的重要发展

发展	时期
裕仁天皇去世,明仁天皇继位	1989年1月
极端民族主义和骄傲自大的情绪盘桓不去,引发海外关注	1989年
经济泡沫破裂,与西方的紧张关系缓和下来	1989年12月
经济衰退开始,腐败持续,裁员,职业道德下降,民众失望,自民党倒台	20世纪90年代初期至中期
神户大地震和奥姆真理教的袭击引发普遍焦虑,经济衰退持续	1995年
经济衰退持续,试图用新编写的历史教科书恢复民族自豪感,自民党重新执政	1996年
经济衰退持续,民众在政治上淡漠,失去方向感,老年人的数量超过了年轻人,与亚洲国家的关系仍然紧张	20世纪90年代中期至晚期
经济衰退和不确定性持续,不过颁布了西式法律,出现了国际化/全球化更加充分的迹象	21世纪00年代初期
和韩国成功地联合举办了2002年世界杯	2002年
经济衰退终于结束,极端民族主义者石原慎太郎的人气反映出民众对方向感的迫切需求	2003年
民众仍然没有目标,缺乏方向感,自民党仍然执掌政权	21世纪00年代中期
全球经济衰退打击日本,一直拒绝承认二战时期在亚洲的侵略活动	2008年
自民党被日本民主党击败	2009年
日本从全球经济衰退中复苏	2010年
东日本大地震,海啸,放射性物质泄漏,民众焦虑	2011年3月

表7-2　20世纪80年代晚期至2011年的主要价值和做法

- 感到挫折，甚至感到背叛，尤其是整个20世纪90年代
- 失去方向感
- 需要领导
- 听天由命和宿命论的情绪增长
- 忠诚下降
- 尽管不断尝试重振，但民族自豪感还是下降了
- 感到脆弱和无助
- 有潜在的焦虑感，尤其是在20世纪90年代中期至晚期以及2011年
- 一直展现极端民族主义
- 一直偏好保守主义
- 一直不热衷社会主义
- 尽管偶尔生气，但相对来说十分随和
- 更加接纳西式法律，诸如与个人权利相关的法律
- 选择的自由度更高，尤其是21世纪初期以后
- 年轻人中间的游戏感增强
- "自我"的灵活性/分裂性
- 消费主义和商业主义
- 一直能够将新的和旧的融合在一起，将本土的和海外的融合在一起
- 从21世纪初期开始，更加国际化/全球化
- 尽管会焦虑，但面对灾难时一直很坚韧

结 论

给胸怀大志之强权的教训

图 8-1 穿过世界最长隧道的新干线高速列车

　　日本奇迹般成为一个经济大国，众所瞩目的是，它的高速列车穿过隧道将开向何方？

西方人不只一次用"奇迹"这个词来描写日本在近代历史上的成就。它被用来描写明治时代日本在仅仅半个世纪的时间内从一个偏僻、孤立的稻田之地发展成列强的成就。仅仅几十年后，它再度被用来描写日本从战败的灰烬中，甚至更迅速地崛起成为全球最富有的国家（依某种度量方法）与一个巨大的经济强权（依任何度量方法）。

真正的奇迹没有逻辑的解释，而日本的成就却有逻辑的解释。纯粹的机遇当然起到了一定作用，但日本的成就往往是因为借着日本对形势的反应而产生的。这就是说，在某种意义上日本自己制造运气，利用好运，摆脱逆境。一般来说，日本对形势反应的模式基于其历史上根深蒂固的价值与做法。

矛盾的是，虽然依靠传统价值的倾向似乎可能束缚了日本的反应的多样化，其主要的传统价值之一是务实。基于弹性原则，日本对每种形势做出反应，而不受某些抽象的预先决定的行动路线原则所束缚。日本有某些束缚性的原则，诸如受到过度夸大与理想化的武士道，但一般而言，日本人（实际包括许多武士）偏好务实胜过严厉的理想主义。在个人层次，这给予他们某种程度的行动自由，而在全国层次上，将理想主义者之间的冲突降至最低并让全国呈现相当统一的战线。在最早的大和时代，日本就几乎没有宗教冲突，而在道德非难上也很少冲突。在使西方人彼此对立的事务上，日本人反而有较多的妥协空间，这样的互相容忍尤其使日本人之间较容易合作。

偶尔也有与务实对立的力量，诸如不宽容、绝对及理想，但这并没有支配日本历史。例如，德川政权对那些蔑视其正统政策的人很不宽容，但这通常限于外在形式。假如外在行为符合可接受的标准，在较非正式的层次应允许有相当的自由。实际上是在某些情况下准备妥协的一种不宽容。绝对应是例外而不是规则，诸如明治时代与战前的日本对天皇的尊敬。一般而言，事情被看作是相对的，幽暗的灰色通常胜过单纯的黑与白。例如，基督教（包括天主教）上帝的绝对性是这一宗教何以未在日本生根的理由，虽然它被容许存在。基督徒为其信仰奋斗，追求其理想化的目标，而日本人与其他所有人一样也是如此，虽然他们是务实者。但就日本来说，在达成那些目标的过程中，日本人几乎总是有广大的妥协与弹性空间。

尤其日本人总是准备尝试不同的事，融合旧与新、本国的与外国的，直到达成最佳的融合。此外，日本人似乎有一种伟大的能力，将新的与外来的东西予以日本化，让外来的东西较容易与传统相融合，使其比较可以被接受。明治的建国者是一个例证，他们把诸如民主与西方科技等外来成分与德川的权威甚至与大和奈良时代的建国方法相融合。德川幕府本身利用丰臣秀吉与织田信长的政策，而丰臣与织田也采用足利义满的某些理念。

向他人学习是日本的伟大优点之一。在全国层次上，当别的民族似乎比日本有较强大或较好的东西时，尤其如此。日本采纳、适应和学习潜在的竞争者或敌人的长处。这不只是"认识敌人"的实例：它是知道敌人的威胁在哪里，然后利用敌人的长处对付敌人的实例。

1000多年前，日本向中国学习很多东西，到日本不再是附庸国而视自己为优秀的国家的地步。日本在16世纪多少重复了这一过程，向西方学习火器的使用。明治时代，日本热诚地向西方帝国主义国家学习，直到日本本身成为帝国主义国家。第二次世界大战结束后，日本向美国学习很多东西（显然没什么选择余地），但日本超越强制性的课程，由此逆转角色而到被承认为大师的地步。

热心向他人学习是尊重学问与教育力量的一环。情况总是如此，但自从德川时代以后尤其明显。假如你受教育，要比你未受教育更能完成事业。这对个人与国家都有裨益。从国家的观点来看，确实你也可能变得较难控制与协调，但这能够以控制知识本身的方式予以克服，因此你所学的是"安全的"知识。明治与昭和初期的政府清楚地显示，他们了解控制教育的重要性，而昭和晚期以来的政府也有类似的认识。

教育作为获致成功的一项手段是成功愿望的反映。这尤其始于明治时代，那时结合个人与国家利益的成功主义受到极大鼓励。但成就导向也在稍早时期，诸如德川商人的动力、德川农民的物质驱策中，甚至于更早的各式各样中世军阀无情的野心中展现。在日本的领导人中，它最早在大和时期就展现出来。

日本是幸运的，其统治者不觉得融合个人与国家利益太困难，因为国家目标总是一个强大的目标。自从日本建国以来，一直有一个清楚的愿望，要建造强大、受人尊敬的国家——至少受到中国的尊敬，因为直到16世纪中期欧洲人到达前，日本对广大世界的认识还相当有限。岛国的孤立性与强烈的自己人／外人心态，使得欧洲人的到达进一步刺激了日本人的民族认同感。日本人因西方人在19世纪中叶返回日本而产生非常强烈与普遍的民族主义，民众决心建造一个强大的国家。教化有所帮助，但民族主义已经在大多数民众心中萌芽并因危机感而开花。国家危机感很快转变成民族尊严感。民族尊严在日本因第二次世界大战败北而遭遇挫折后迅速恢复的事实，不仅是民族精神深度而且是日本复原力的见证。民族尊严在20世纪90年代之后又有所削弱，需要重新培育，但无奈的是没有什么起色，处于不断降低之中。

我还要说，近年来，很多学者称国家是现代的产物，基本上是在资本主义出现后产生的，称民族主义是邪恶的。我个人并不完全认同这两个观点。尽管现代国家可能和早期的雏形不同，但我仍认为那些雏形基本上也可以叫"国家"。我也认为民族主义未必是坏事。重要的是它的使用（滥用）方式。在我看来，它也可以被用来在可能令人迷失方向的庞大的全球背景下为个人提供可以识别的健康明确的焦点或者框架，它还可以带来国家之间的健康竞争，就像商业世界中的公司竞争一样——不过和商业世界一样，肯定要有必要的制衡，要遵守公认的国际准则。

日本的统治者也因民众愿意为大我牺牲小我而获利。日本的集团主义受到过度夸大，但日本人团队力量的意识确实比许多国家要强烈。假如一支由强壮的马组成的队伍不同心协力，各自向不同的方向跑，如同在西方国家发生的情况,是不会有用处的。此外,每个团队需要一个领导人、一个协调者,而这也是日本人所认识到的。

日本曾出现极为强力的领导者,特别是在危机时期,但一般而言,他们偏爱的领导人是能够把团队团结起来,能够妥协、平衡各方利益、经常保持低姿态,把事情做好而有技巧的务实主义者。日本人偏好区别正式权威与实际权力,也对这点有所帮助。往往是幕后的匿名人物做决策,因为他们比那些有正式权威的人拥有较大的行动自由。

因为这种种理由,西式民主与个人权利的概念在日本仅有有限的吸引力。当然,日本人如同世界上每个人一样,宁愿自由不要压迫,但他们显示出比大多数西方人更愿意接受限制。团体的生存意味着至少多数团体成员的生存。保存团体符合每个个人的利益——这是何以和谐变成如此的理想的一个主因。但假如任何一个个人被允许太多自由,团体会被摧毁。这必定将侵犯到他人的自由并摧毁使团体团结起来的平衡。西方世界理论上有同样的理念,例如卢梭的《社会契约论》(*Social Contract*),但实际上西方世界往往以少数的利益作为优先(宛如要去说服自己民主与平等多么了不起),尤其是假如他们被视为弱势团体的话。日本从未如此,日本曾经真正尊重的唯一"少数派"是人数少的执政精英。

这不意味着日本从未有过赤裸裸自利的时候,中世武士是一个典型的例子。但这不意味着日本发现无言的自利较好,或指导下的自利更好。中古时代的自利受到德川政权的无情压制,至少从赤裸裸表现的角度来看就是如此。对于变成习惯于服从权威、习惯于真正集体责任理念(尽管在几个世纪以前这已成为合法的规范)的日本人来说,这是特别重要的时期。公开追求自利在后来的明治时代复苏,但受到政府的管制以达成民主与权威的最佳融合。当然,一些日本人不喜欢政府这么权威,尤其是战前年代,但一般来说人们接受民主会过度的事实。当吉田茂就占领当局的早期改革发表这样的评语时,许多民众深表同情。比起许多西方国家,日本民众较愿意允许国家领导人具有较大、较强制性的特色——虽然这在20世纪90年代受到了考验。

儒学和谐、秩序与"知其位"的理念在塑造日本人的态度上扮演了重要角色。有野心、有竞争力及享受地位似乎是人性的一个基本部分，至少在男人控制的历史世界是如此。孔子知道这个，日本人也知道。历史上，日本人重视阶层与等级。他们毋宁认为，人生而不平等，强迫要他们平等，这是违反自然的且是不快乐与挫折的一个根源。勉强的平等会顿挫人的野心，破坏人的成就，而把弱者视为和强者平等，这对国家不会有裨益。日本人长久以来愿意公开承认不平等，甚于尝试掩饰并假装它不存在。这是达尔文主义如此有吸引力的一个原因。在全国层次上，他们相当乐意向全世界挑战以证明他们是最适合的，是应该排列在阶层顶端的国家。假如输了，他们会向打败自己的国家学习直到他们终于成为第一，因为他们感觉那是"他们的地位"。在现今的时代，他们的问题是维持这种竞争精神，同时不能陷入骄傲自大，不能产生种族优越性的思想，不能牺牲民众的福利。

但在国内，阶层的竞争容易鼓励一种不健全的个人主义类型，因此竞争以较安全、较受管制的方式进行，尤其在教育方面。不像西方世界时常遭遇的情况：那些在学校中成绩特别优秀者并不被认为是精英——在日本他们真正受到尊敬。工作认真者也同样受到尊敬，偷懒者受到蔑视。从这种获得尊敬的角度，日本人进行阶层的竞争，而一种不被西方人认识的等级被授予了。这是一种强化而非削弱团队的阶层类型。

那么，日本的主要长处可以摘要如下：

- 务实——尤其是弹性与妥协适应的能力；
- 尊敬学问的力量，尤其是学习他人的长处；
- 尊敬野心与成就，包括努力工作；
- 强烈的民族主义感；
- 欣赏团体的力量；
- 知道个人权利与自由必须受到限制；
- 接受权威；

⊙ 接受阶层与个人之间的不平等。

当然,操控国家长处不总是容易的游戏。长处往往是双刃剑,且同时是潜在的弱点,必须有适当的平衡与协调。例如,民族尊严很容易变成极端民族主义与沙文主义。成就导向能够变成无情,或者专心追求目的有可能成为眼光狭小与没有能力知道何时停止。接受权威与个人权利的限制能够导致极权主义。接受阶层可能导致"下属"被虐待。愿意学习会被教化误导。当似乎没有对象可以学习时,向他人学习会变成问题。务实会导致失去方向感,且在道德意义上导致不健康地容忍腐败。重视团体能够导致在个人层次上欠缺责任。

日本已发现所有这些负面的影响,特别是在战时,而二十世纪八九十年代也是,但程度较浅。日本也有其他弱点,诸如宿命论的感觉,这种感觉一方面破坏成就导向,另一方面会产生种族优秀是命定的理念。日本明显缺乏善恶感可能有助于日本人对人生的务实态度,但也较容易从其他角度判断"不受欢迎之事"。其中,"其他的角度"往往只是意味着违反规则,但在较深的层次有时意味着不纯粹。这在过去与日本的高度民族同构型结合起来,产生一种信仰,认为日本人是纯种的,而其他民族不纯种。

当然,日本也有它的问题,但哪一个国家没问题?日本目前正处于特别艰难的时期,因为日本正挣扎着重新定向作为一个不同类型的强权,一个没有其他明显模式可以学习的强权,至少不是传统类型的强权。显然,日本确实因为失衡问题吃了苦头,至少是在之前提到过的视野狭窄这个问题上,在二战之后,日本过于偏狭地关注经济扩张了。当前,日本的传统长处有许多可能不适当,但有些长处是适当的。例如,对学习的尊重是不受时间限制的特质,而务实和灵活性终将有助于发现新目标和新方法。

尽管战争和近年来被削弱的经济超强形象对日本有一定的负面影响,日本仍因为非凡的成就在历史上获得永久的地位。傅高义可能夸大了日本的情况,但全世界仍可以从这个不寻常的国家身上学习到许多教训——从其错误也从其成功中获得经验。

2011年3月东日本大地震后,全世界都在关注日本。这次灾难是地震加海啸的双重自然灾害,还伴随受损核反应堆的放射性物质泄漏——后者是人为灾害,不过根本原因是地震。整个事件表明,再有实力的强权也可能成为看起来毫不留情的大自然的牺牲品,不论它们的经济多强大。地震中,约2万人丧生,上百万栋住宅受损,整座村镇被毁,要恢复正常还需要很长一段时间。

日本不仅是经济方面的超级强权,也是技术方面的超级强权,这无疑有助于它的恢复和重建。但它需要的不仅仅是金钱和技术,它还需要日本人民的巨大努力,它需要领导者。后者是一个重要问题。在我看来,日本犯下的错误之一是让软弱无能的政治领导者走马灯似地轮流掌权。在平成时代,首相一般只能执政一年左右,很多首相都牵涉弊案或者类似的可疑行为。日本民众应该有更好的领导者。超级强权需要能够得到民众尊敬的超级领导者。事实上,日本面临真正的挑战——对于任何一个有抱负的超级强权来说都是如此。

参考文献

Abbreviations

CEJ: *Cambridge Encyclopedia of Japan*, 1993, Cambridge University Press.

CHJ: *Cambridge History of Japan*, 1989 on, 6 vols., Cambridge University Press.

JJS: *Journal of Japanese Studies*.

JQ: *Japan Quarterly*.

KEJ: *Kōdansha Encyclopedia of Japan*, 1983, 8 vols., Kōdansha, Tōkyō.

MN: *Monumenta Nipponica*.

NZJEAS: *New Zealand Journal of East Asian Studies*.

Works Cited

Adolphson, M., 2000, *The Gates of Power: Monks, Courtiers, and Warriors in Premodern Japan*, University of Hawaii Press.

Aikens, C. and Higuchi, T., 1982, *Prehistory of Japan*, Academic Press, New York and London.

Akazawa, T., and Aikens, C. (eds.), 1986, *Prehistoric Hunter-Gatherers in Japan: New Research Methods*, University of Tōkyō Press.

Allen, M., 1994, *Undermining the Japanese Miracle: Work and Conflict in a Coalmining Community*, Cambridge University Press.

Alperovitz, G., 1965/85, *Atomic Diplomacy: Hiroshima and Potsdam:*

The Use of the Atomic Bomb and the American Confrontation with Soviet Power, Penguin, Harmondsworth.

Amino, Y., 1992, "Deconstructing Japan"(tr. McCormack, G.), *East Asian History* no.3, Australian National University, Canberra, pp.121-42.

Aoki, T., 1994, "Anthropology and Japan: Attempts at Writing Culture", *Japan Foundation Newsletter*, XXII/3, pp.1-6.

Asahi Shimbun Japan Almanac, annually, Asahi Shimbun Company, Tōkyō.

Aston, W., 1896/1972, *Nihongi: Chronicles of Japan from the Earliest Times to AD 697*(translation of *Nihongi*), Tuttle, Tōkyō(1972 version).

Bachnik, J. and Quinn, C. (eds.), 1994, *Situated Meaning: Inside and Outside in Japanese Self, Society, and Language*, Princeton University Press.

Banno, J., 1971/92, *The Establishment of the Japanese Constitutional System* (tr.Stockwin, A.), Routledge, London(Japanese original 1971).

Barber, L., 1994, "The 'Takumi Detachment' Goes to War: The Japanese Invasion of Kelantan", December 1941, *NZJEAS*, II/1 (June 1994), pp.39-49.

Barber, L. and Henshall, K., 1999, *The Last War of Empires: Japan and the Pacific War, 1941-1945*, Bateman, Auckland.

Barnes, G., 1990, "The 'Idea of Prehistory' in Japan", in *Antiquity* 64.245,pp.929-40.

Barnes, G., 1993a, *China, Korea, and Japan: The Rise of Civilization in East Asia*,Thames and Hudson, London.

Barnes, G., 1993b, "Early Japan", in *CEJ*, pp.42-8.

Barret, B. and Therivel, R., 1991, *Environmental Policy and Impact Assessment in Japan*, Routledge, London.

Bartlett, B., 1978, *Cover-Up: The Politics of Pearl Harbor, 1941-1946*, Arlington House, New York.

Beard, C., 1948, *President Roosevelt and the Coming of the War, 1941*,

Yale University Press.

Beasley, W., 1989a, "The Foreign Threat and the Opening of the Ports", in *CHJ*, v.5, pp.259-307.

Beasley, W., 1989b, "Meiji Political Institutions", in *CHJ*, v.5, pp.618-73.

Beason, R. and Weinstein, D., 1996, "Growth, Economies of Scale, and Targetting in Japan (1955-1990)", *Review of Economics and Statistics*, pp.286-95.

"Beaten to the Punch", 1991, ABC News, video aired in the United States 22 November 1991 in the programme 20-20.

Beauchamp, E., 1983, "Foreign Employees of the Meiji Period", in *KEJ*, v.2, pp.310-11.

Befu, H., 1968, "Village Autonomy and Articulation with the State", in Hall and Jansen 68, pp.301-14.

Behr, E., 1989, *Hirohito: Behind the Myth*, Villard Books, New York.

Benedict, R., 1947, *The Chrysanthemum and the Sword: Patterns of Japanese Culture*, Secker and Warburg, London.

Bergamini, D., 1971, *Japan's Imperial Conspiracy*, William Morrow, New York.

Birchall, J., 2000, *Ultra Nippon: How Japan Reinvented Football*, Headline, London.

Bix, H., 1992, "The Shōwa Emperor's 'Monologue' and the Problem of War Responsibility", *JJS*, 18/2 (Summer 1992), pp.295-363.

Bix, H., 1995, "Inventing the 'Symbol Monarchy' in Japan, 1945-52", *JJS*, 21/2 (Summer 1995), pp.319-63.

Bix, H., 2000, *Hirohito and the Making of Modern Japan*, HarperCollins, New York.

Black, J., 1883/1968, *Young Japan:* Yokohama and Edo, 1858–79, 2 vols., Oxford University Press.

Blacker, C., 1964, *The Japanese Enlightenment: A Study of the Writings of Fukuzawa Yukichi*, Cambridge University Press.

Bleed, P., 1983, "Prehistory", in *KEJ*, v.3, pp.158-60.

Bolitho, H., 1983, "Tokugawa Shōgunate", in *KEJ*, v.8, pp.52-6.

Bolitho, H., 1989, "The Tempō Crisis", in *CHJ*, v.5, pp.116-67.

Bolitho, H., 1993, "The Tokugawa Period", in *CEJ*, pp.67-77.

Borton, H., 1955, *Japan's Modern Century*, Ronald Press, New York.

Borton, H., 1967, *American Presurrender Planning for Postwar Japan*, Occasional Papers of the East Asian Institute, Columbia University, New York.

Bowles, G., 1983, "Japanese People, Origin of", in *KEJ*, v.4, pp.33-5.

Bownas, G. and Thwaite, A., 1964, *The Penguin Book of Japanese Verse*, Penguin, Harmondsworth.

Boxer, C., 1968, *Jan Compagnie in Japan, 1600–1817: An Essay on the Cultural, Artistic and Scientific Influence Exercised by the Hollanders in Japan from the 17th to the 19th Centuries*, Oxford University Press.

Boyle, J., 1983, "Sino-Japanese War of 1937-1945", in *KEJ*, v.7, pp.199-202.

Braw, M., 1991, *The Atomic Bomb Suppressed: American Censorship in Occupied Japan*, M. E. Sharpe, New York.

Buruma, I., 1985, *A Japanese Mirror: Heroes and Villains of Japanese Culture*, Penguin, Harmondsworth.

Butler, K., 1978, "Woman of Power Behind the Kamakura Bakufu: Hōjō Masako", in Murakami and Harper 78, pp.91-101.

Butow, R., 1954, *Japan's Decision to Surrender*, Stanford University Press.

Calman, D., 1992, *The Nature and Origins of Japanese Imperialism: A Reinterpretation of the Great Crisis of 1873*, Routledge, London.

Carr-Gregg, C., 1978, *Japanese Prisoners of War in Revolt: The Outbreaks at Featherston and Cowra during World War II*, University of Queensland Press.

Chang, I., 1997, *The Rape of Nanking: The Forgotten Holocaust of World War II*, Penguin, Harmondsworth.

Cholley, J.-R., 1978, "The Rise and Fall of a Great Military Clan: Taira no Kiyomori", in Murakami and Harper 78, pp.72-8.

Churchill, W., 1951, *The Grand Alliance*, Houghton Mifflin, Boston.

Clausen, H. and Lee, B., 1992, *Pearl Harbor: Final Judgment*, Crown, New York.

Cohen, T., 1987, *Remaking Japan: The American Occupation as New Deal*, Free Press, New York.

Collcutt, M., 1993, "The Medieval Age" in *CEJ*, pp.60-3.

Conlan, T., 1997, "Largesse and the Limits of Loyalty in the Fourteenth Century", in Mass 97, pp.39-64.

Cook, H. and Cook, T., 1992, *Japan at War: An Oral History*, New Press, New York.

Cooper, M., 1965, *They Came to Japan: An Anthology of European Reports on Japan, 1543-1648*, University of California Press.

Cooper, M., 1983, "Christianity", in *KEJ*, v.1, pp.306-10.

Coox, A., 1988, "The Pacific War", in *CHJ*, v.6, pp.315-82.

Cortazzi, H., 1990, *The Japanese Achievement*, Sidgwick and Jackson, London.

Crawcour, S., 1989, "Economic Change in the Nineteenth Century", in *CHJ*, v.5, pp.569-617.

Dalby, L., 1983, *Geisha*, University of California Press.

Dale, P., 1986, *The Myth of Japanese Uniqueness*, Croom Helm, London.

Dallek, R., 1979, *Franklin D. Roosevelt and American Foreign Policy, 1932-1945*, Oxford University Press.

Daniels, G., 1993, "Japan at War", in *CEJ*, pp.95-105.

Daniels, R. 1983, "United States Immigration Acts of 1924, 1952, and 1965", in *KEJ*, v.8, pp.164-5.

Daws, G., 1994, *Prisoners of the Japanese: POWs of World War II in the Pacific*, William Morrow, New York.

Denoon D., Hudson, M., McCormack, G. and Morris-Suzuki, T. (eds.), 1996, *Multicultural Japan: Palaeolithic to Postmodern*, Cambridge University Press.

Dodo, Y., 1986, "Metrical and Nonmetrical Analyses of Jōmon Crania from Eastern Japan", in Akazawa and Aikens 86, pp.137-61.

Doi, T., 1971/73, *The Anatomy of Dependence*(tr. Bester, J.), Kōdansha International, Tōkyō(Japanese orig. 1971).

Dore, R., 1959, *Land Reform in Japan*, Oxford University Press.

Dore, R., 1984, "The'Learn from Japan' Boom", *Speaking of Japan*, V/47, November 1984, pp.16-25.

Dower, J., 1979, *Empire and Aftermath: Yoshida Shigeru and the Japanese Experience, 1878-1954*, Harvard University Press.

Dower, J., 1986, *War without Mercy: Race and Power in the Pacific War*, Faber and Faber, London and Boston.

Dower, J., 1992, "The Useful War", in Gluck and Graubard 92, pp.49-70.

Dower, J., 1993a, *Japan in War and Peace: Selected Essays*, New Press, New York.

Dower, J., 1993b, "Occupied Japan and the Cold War in Asia", in Dower 93a, pp.155-207.

Dower, J., 1993c, "'NI and F': Japan's Wartime Atomic Bomb Research", in Dower 93a, pp.55-100.

Downer, L., 2000, *Geisha: The Secret History of a Vanishing World*, Headline, London.

Duus, P., 1983, "Taishō and Early Shōwa History (1912-1945)", in *KEJ*, v.3, pp.197-203.

Duus, P., 1988, "Introduction", in *CHJ*, v.6, pp.1-52.

Edwards, W., 1983, "Event and Perspective in the Founding of Japan:

The Horserider Theory in Archeological Perspective", *JJS*, 9/2, pp.265-95.

Edwards, W., 1996, "In Pursuit of Himiko: Postwar Archeology and the Location of Yamatai", MN, 51/1, pp.53-79.

Elison, G. (a.k.a. Elisonas, J.), 1983a, "Oda Nobunaga (1534-1582)", in *KEJ*, v.6, pp.61-5.

Elison, G. (a.k.a. Elisonas, J.), 1983b, "Shimabara Uprising", in *KEJ*, v.7, p.98.

Elisonas, J. (a.k.a Elison, G.), 1991, "Christianity and the Daimyō", in *CHJ*, v.2, pp.301-72.

Farris, W., 1985, *Population, Disease, and Land in Early Japan, 645-900*, Harvard University Press.

Farris, W., 2009, *Japan to 1600: A Social and Economic History*, University of Hawaii Press, Honolulu.

Flynn, J., 1944, "The Truth about Pearl Harbor", *Chicago Tribune*, 22 October 1944.

Flynn, J., 1945, "The Final Secret of Pearl Harbor", *Chicago Tribune*, 2 September 1945, and given as appendix in Bartlett 78.

Forster, C., 1981, "Australian and Japanese Economic Development", in Drysdale, P. and Kitaoji, H. (eds.), 1981, *Japan and Australia: Two Societies and Their Interaction*, Australian National University Press, pp.49-76.

Francks, P., 1992, *Japanese Economic Development: Theory and Practice*, Routledge, London.

Frei, H., 1991, *Japan's Southward Advance and Australia: From the Sixteenth Century to World War Two*, Melbourne University Press.

Frost, P., 1983, "Occupation", in *KEJ*, v.6, pp.51-5.

Fukuzawa, Y., 1872/1969, *Gakumon no Susume*, tr. David Dilworth and Umeyo Hirano as *An Encouragement of Learning*, Sophia University Press, Tōkyō, 1969.

Futabatei Shimei, 1887-89/1967, *Ukigumo*(Drifting Clouds), tr. with intro. by Marleigh Ryan in *Japan's First Modern Novel: Ukigumo*, Columbia University Press, 1967.

Gavin, M., 2001, *Shiga Shigetaka, 1863-1927: The Forgotten Enlightener*, Curzon Press, Richmond.

Gay, S., 1985, "Muromachi Bakufu Rule in Kyōto: Administrative and Judicial Aspects", in Mass, J. and Hauser, W. (eds.), 1985, *The Bakufu in Japanese History*, Stanford University Press, pp.49-65.

Genji Monogatari -see Seidensticker 1981.

Ghosn, C., 2003, "Japanese-Style Management and Nissan's Revival", in *Japan Echo*, v.30, no.5, October 2003, pp.15-18.

Gibney, F., 1992, *The Pacific Century: America and Asia in a Changing World*, Scribners/Macmillan, New York.

Gikeiki -see McCullogh 1971.

Gluck, C., 1985, *Japan's Modern Myths: Ideology in the Late Meiji Period*, Princeton University Press.

Gluck, C., 1992, "The Idea of Shōwa", in Gluck and Graubard 92, pp.1-26.

Gluck, C. and Graubard, S. (eds.), 1992, *Shōwa: The Japan of Hirohito*, Norton, New York.

"Goodbye Japan Corporation", 1996, video produced by Film Australia and NHK Japan.

Gordon, H., 1994, *Voyage from Shame: The Cowra Outbreak and Afterwards*, Queensland University Press.

Hadley, E., 1983, "Zaibatsu Dissolution", in *KEJ*, v.8, pp.363-6.

Haley, J., 1991, *Authority Without Power: Law and the Japanese Paradox*, Oxford University Press.

Haley, J., 1992, "Consensual Governance: A Study of Law, Culture, and the Political Economy of Postwar Japan", in Kumon, S. and Rosovski, H. (eds.), 1992, *The Political Economy of Japan, Volume 3: Cultural and Social Dynamics*, Stanford University Press, pp.32-62.

Hall, J. W., 1968, "Feudalism in Japan-A Reassessment", in Hall and Jansen 68, pp.15-51.

Hall, J. and Jansen, M. (eds.), 1968, *Studies in the Institutional History of Early Modern Japan*, Princeton University Press.

Hall, J. and Mass, J. (eds.), 1974, *Medieval Japan: Essays in Institutional History*, Yale University Press.

Hall, R., 1949/74, Introduction to *Kokutai no Hongi: Cardinal Principles of the National Entity of Japan*, pp.1-47.

Hane, M., 1986, *Modern Japan: A Historical Survey*, Westview Press, Boulder and London.

Hanihara, K., 1991, "Dual Structure Model for the Population History of the Japanese", *Japan Review*, no.2, pp.1-33.

Hanley, S. and Yamamura, K., 1977, *Economic and Demographic Change in Preindustrial Japan, 1600-1868*, Princeton University Press.

Harris, S., 2002, *Factories of Death: Japanese Biological Warfare, 1932-1945, and the American Cover-up*, Routledge, London.

Hashizume, B., 1996, "Four Poems and an Essay by Hashizume Bun, Poet and Atomic Bomb Survivor"(trans. Bouterey, S.), *NZJEAS*, IV/2 (December 1996), pp.76-90.

Hata, I., 1988, "Continental Expansion, 1905-1941"(tr. Coox, A.), in *CHJ*, v.6, pp.271-314.

Hawaii Nikkei History Editorial Board (comp.), 1998, *Japanese Eyes, American Heart: Personal Reflections of Hawaii's World War Two Nisei Soldiers*, Tendai Educational Foundation, Honolulu.

Hearn, L., 1904, *Japan: An Attempt at Interpretation*, Macmillan, London.

Heinrichs, W., 1983, "World War II", in *KEJ*, v.8, pp.271-7.

Henshall, K., 1989, "From Sedan Chair to Aeroplane: The Meiji Period Tōkyōite Transported Through Time and Place", *Journal of the Oriental Society of Australia*, 20/21, pp.70-80.

Henshall, K., 1994, "In Search of the Pioneering Hoyt Brothers: Yankee-New Zealand Entrepreneurs in the 'Frontierland' of Early Meiji Japan", *NZJEAS*, II/1, pp.66-86.

Henshall, K., 1999, *Dimensions of Japanese Society: Gender, Margins and Mainstream*, Macmillan, London, and St. Martin's Press, New York.

Henshall, K., 2004, "The Japanese Occupation of Micronesia in the Context of Imperialism", in Starrs 2004, pp.268-278.

Henshall, K., 2008, *Folly and Fortune in Early British History: From Caesar to the Normans*, Palgrave Macmillan, Basingstoke.

Herzog, P., 1993, *Japan's Pseudo-Democracy*, New York University Press.

Hidaka, R., 1980/84, *The Price of Affluence: Dilemmas of Contemporary Japan* (trans. R. Mouer), Kōdansha International, Tōkyō(Japanese orig. 1980).

Higuchi, T., 1986, "Relationships Between Japan and Asia in Ancient Times: Introductory Comments"(tr. Pearson, K.), in Pearson 86, pp.121-4.

Hirakawa, S., 1989, "Japan's Turn to the West"(tr. Wakabayashi, B.), in *CHJ*, v.5, pp.432-98.

Honda, K., 1999, *The Nanjing Massacre: A Japanese Journalist Confronts Japan's National Shame* (ed. Gibney, F., and tr. Sandness, K.), M. E. Sharpe, New York and London.

Hong, W., 1994, *Paekche of Korea and the Origin of Yamato Japan*, Kudara International, Seoul.

Hong, W., 2010, *Ancient Korea-Japan Relations: Paekche and the Origin of the Yamato Dynasty*, Kudara International, Seoul.

Hori, K., 1983, "Mongol Invasions of Japan", in *KEJ*, v.5, pp.243-5.

Horne, J. and Manzenreiter, W. (eds.), 2002, *Japan, Korea, and the 2002 World Cup*, Routledge, London.

Howard, A. and Newman, E., 1943, *The Menacing Rise of Japan*, Harrap, London.

Hunter, J., 1989, *The Emergence of Modern Japan: An Introductory History Since 1853*, Longman, London.

Hurst, G. C. III, 1976, *Insei: Abdicated Sovereigns in the Politics of Late Heian Japan*, 1086-1185, Columbia University Press.

Hurst, G. C. III, 1983, "Minamoto Family", in *KEJ*, v.5, pp.176-8.

Ibuse, Masuji, 1966/9, *Black Rain*(Kuroi Ame 1966, tr. Bester, J. 1969), Kōdansha International, Tōkyō.

Iida, Y., 2002, *Rethinking Identity in Modern Japan: Nationalism as Aesthetics*, Routledge, London.

"Inside Japan Inc.", 1992, in the *Pacific Century* video series.

Iriye, A., 1983, "Sino-Japanese War of 1894-1895", in *KEJ*, v.7, pp.197-8.

Ishihara, S., 1976, "A Nation without Morality", in Japan Centre for International Exchange (ed.), 1976, *The Silent Power: Japan's Identity and World Role*, Simul Press, Tōkyō, pp.51-74.

Ishihara, S., 1989/91, *The Japan That Can Say "No": Why Japan Will Be First Among Equals*(tr. Baldwin, F.), Simon & Schuster, New York and London (orig. *"No" to Ieru Nihon*, with Morita, A., 1989).

Itoh, M., 2000, *Globalization of Japan: Japanese Sakoku Mentality and US Efforts to Open Japan*, Palgrave, New York.

Iwao, S., 1993, *The Japanese Woman: Traditional Image and Changing Reality*, Free Press, New York.

Jansen, M., 1983, "Meiji History (1868-1912)", in *KEJ*, v.3, pp.192-7.

Jansen, M., 1989, "The Meiji Restoration", in *CHJ*, v.5, pp.308-66.

Jansen, M., 2000, *The Making of Modern Japan*, Belknap, Cambridge, MA.

Jansen, M. and Rozman, G. (eds.), 1986, *Japan in Transition from Tokugawa to Meiji*, Princeton University Press.

Japan 1995: An International Comparison, Keizai Kōhō Center (Japan Institute for Social and Economic Affairs), Tōkyō, annually.

Johnson, C., 1982, *MITI and the Japanese Miracle: The Growth of Industrial Policy, 1925-1975*, Stanford University Press.

Kahn, H., 1971, *The Emerging Japanese Superstate*, Andre Deutsch, London.

Katayama, K., 1996, "The Japanese as an Asia-Pacific Population", in Denoon et al.96, pp.19-30.

Katō, S., 1981, *A History of Japanese Literature: The First Thousand Years*(tr. Chibbett, D.), Kōdansha International, Tōkyō.

Kawai, T., 1938, *The Goal of Japanese Expansion*, Hokuseidō, Tōkyō.

Keally, C., 2006, "Yayoi Culture", in *Japanese Archaeology*, 3 June 2006, at http://www.t-net.ne.jp/~keally/yayoi.html.

Keene, D. (comp.), 1968, *Anthology of Japanese Literature to the Nineteenth Century*, Penguin, Harmondsworth.

Keene, D., 2003, *Emperor of Japan: Meiji and His World, 1852-1912*, Columbia University Press.

Khublai Khan: Fall of the Mongol Hordes, 2005, Atlantic Productions for the Discovery Channel.

Kidder, J. E., 1977, *Ancient Japan*, Elsevier-Phaidon, Oxford.

Kidder, J. E., 1983, "Jōmon Culture", in *KEJ*, v.4, pp.72-4.

Kidder, J. E., 1993, "The Earliest Societies in Japan", in *CHJ*, v.1, pp.48-107.

Kiley, C., 1974, "Estate and Property in the Late Heian Period", in Hall and Mass 74, pp.109-24.

Kiley, C., 1983, "Ritsuryō System", in *KEJ*, v.6, pp.322-32.

Kimmel, H., 1955, *Admiral Kimmel's Story*, Henry Regnery Co., Chicago.

Kitahara, M., 1989, *Children of the Sun: The Japanese and the Outside World*, Paul Norbury Publications, Kent.

Kitaoka, S., 1992, "Diplomacy and the Military in Shōwa Japan", in Gluck and Graubard 92, pp.155-76.

Kojiki -see Philippi 68.

Kokutai no Hongi: Cardinal Principles of the National Entity of Japan, tr. Gauntlett, J., 1949, Harvard University Press, and (this edition) 1974, Crofton Publishing, Massachusetts.

Kosaka, M., 1992, "The Shōwa Era", in Gluck and Graubard 92, pp.27-47.

Krauss, E., Rohlen, T., and Steinhoff, P. (eds.), 1984, *Conflict in Japan*, University of Hawaii Press.

Kumagai, F. (with D. Keyser), 1996, *Unmasking Japan Today: The Impact of Traditional Values on Modern Japanese Society*, Praeger Press, Westport and London.

La Fleur, W., 1978, *Mirror for the Moon: A Selection of Poems by Saigyō*, New Directions, New York.

Large, S., 1992, *Emperor Hirohito and Shōwa Japan: A Political Biography*, Routledge, London.

Ledyard, G., 1975, "Galloping along With the Horseriders: Looking for the Founders of Japan", *JJS*, 1/2, pp.217-54.

Ledyard, G., 1983a, "Yamatai", in *KEJ*, v.8, pp.305-7.

Ledyard, G., 1983b, "Horse-Rider Theory", in *KEJ*, v.3, pp.229-31.

Leupp, G., 1995, *Male Colors: The Construction of Homosexuality in Tokugawa Japan*, University of California Press.

Li, L., 1992, "The Pan-Asian Ideas of Tachibana Shiraki and Ishiwara Kanji", in Henshall, K. and Bing, D. (eds.), 1992, *Japanese Perceptions of Nature and Natural Order*, New Zealand Asian Studies Association, Hamilton, pp.63-84.

Low, M., 1990, "Japan's Secret War?'Instant' Scientific Manpower and Japan's World War II Atomic Bomb Project", *Annals of Science*, v.47, pp.347-60.

MacArthur, D., 1964, *Reminiscences*, McGraw-Hill, New York.

Maga, T., 2001, *Judgment at Tokyo: The Japanese War Crimes Trials*,

University Press of Kentucky.

Martinez, D. (ed.), 1998, *The Worlds of Japanese Popular Culture: Gender, Shifting Boundaries, and Global Cultures*, Cambridge University Press.

Mason, R. and Caiger, G., 1972, *A History of Japan*, Cassel Australia, Melbourne.

Mass, J. (ed.), 1997, *The Origins of Japan's Medieval World: Courtiers, Clerics, Warriors, and Peasants in the Fourteenth Century*, Stanford University Press.

Massarella, D., 1990, *A World Elsewhere: Europe's Encounter with Japan in the Sixteenth and Seventeenth Centuries*, Yale University Press.

Mathews' Chinese-English Dictionary, Harvard University Press (this edition 1966).

Mayo, M., 1974, "Late Tokugawa and Early Meiji Japan", in Tiedemann, A. (ed.), *An Introduction to Japanese Civilization*, Columbia University Press, pp.131-80.

McCabe, G., 2003, *Soccer and Transformation in Contemporary Japan*, MA thesis, University of Canterbury, Christchurch.

McClellan, E., 1969, *Two Japanese Novelists: Sōseki and Tōson*, University of Chicago Press.

McCormack, G., 1996, *The Emptiness of Japanese Affluence*, M. E. Sharpe, New York/Allen & Unwin, Sydney.

McCormack, G. and Sugimoto, Y. (eds.), 1986, *Democracy in Contemporary Japan*, Hale and Ironmonger, Sydney.

McCullough, H., 1959, *The Taiheiki: A Chronicle of Medieval Japan*, Columbia University Press.

McCullough, H., 1971, *Yoshitsune: A Fifteenth Century Japanese Chronicle*(trans. Of Gikeiki), Stanford University Press.

McCullough, H., 1988, *The Tale of the Heike*(trans. of Heike Monogatari), Stanford University Press.

McCullough, W. and McCullough, H., 1980, *A Tale of Flowering Fortunes: Annals of Japanese Aristocratic Life in the Heian Period*(trans. and study of *Eiga Monogatari*), 2 vols., Stanford University Press.

McKean, M., 1981, *Environmental Protest and Citizen Politics in Japan*, University of California Press.

McNelly, T., 1987, "'Induced Revolution': The Policy and Process of Constitutional Reform in Occupied Japan", in Ward and Sakamoto 87, pp.76-106.

McVeigh, B., 2002, *Japanese Higher Education as Myth*, M. E. Sharpe, New York.

MacWilliams, M., 2008, *Japanese Visual Culture: Exploration in the World of Manga and Anime*, M. E. Sharpe, New York.

"Meiji Revolution", 1992, in the *Pacific Century* video series.

Meiroku Zasshi: Journal of the Japanese Enlightenment(tr. and intro. by Braisted, W.), 1874-75/1976, University of Tōkyō Press.

Minear, R., 1971, *Victors' Justice: The Tokyo War Crimes Trial*, Princeton University Press.

Minear, R., 1983, "War Crimes Trials", in *KEJ*, v.8, pp.223-5.

Minichiello, S. (ed.), 1998, *Japan's Competing Modernities: Issues in Culture and Democracy 1900-1930*, University of Hawaii Press.

Mita, M., 1992, *Social Psychology of Modern Japan*(tr. Suloway, S.), Kegan Paul International, London.

Mizukoshi, H., 2003, "Terrorists, Terrorism, and Japan's Counter-Terrorism Policy", *Gaikō Forum: Japanese Perspectives on Foreign Affairs*, v.3, no.2, Summer 2003, pp.53-63.

Morgenstern, G., 1947, *Pearl Harbor: The Story of the Secret War*, Devin-Adair, New York.

Morishima, M., 1982, *Why Has Japan Succeeded? Western Technology and the Japanese Ethos*, Cambridge University Press.

Morison, S., 1953, *By Land and Sea*, Knopf, New York.

Morita, A., 1989 -see Ishihara, S., 1989/91.

Morita, A. (with E. Reingold and M. Shimomura), 1987, *Made in Japan*, Collins, London.

Morris, I., 1975, *The Nobility of Failure: Tragic Heroes in the History of Japan*, Holt, Rinehart and Winston, New York.

Morris, I., 1979, *The World of the Shining Prince: Court Life in Ancient Japan*, Penguin, Harmondsworth.

Morris-Suzuki, T., 1989, *A History of Japanese Economic Thought*, Routledge, London.

Morris-Suzuki, T., 1994, *The Technological Transformation of Japan from the Seventeenth to the Twenty-First Century*, Cambridge University Press.

Morris-Suzuki, T., 1996, "A Descent into the Past: The Frontier in the Construction of Japanese Identity", in Denoon et al. 96, pp.81-94.

Mosley, L., 1966, *Hirohito: Emperor of Japan*, Prentice-Hall, New Jersey.

Murakami, Haruki, 1997/2000, *Underground: The Tokyo Gas Attack and the Japanese Psyche*(tr. Birnbaum, A. and Gabriel, P., 2000), Harvill Press, London.

Murakami, H. and Harper, T. (eds.), 1978, *Great Historical Figures of Japan*, Japan Culture Institute, Tōkyō.

Mushakōji, K., 1976, "The Cultural Premises of Japanese Diplomacy", in Japan Center for Educational Exchange (ed.), 1976, *The Silent Power: Japan's Identity and World Role*, Simul Press, Tōkyō, pp.35-50.

Nakai, N. and McClain, J., 1991, "Commercial Change and Urban Growth in Early Modern Japan", in *CHJ*, v.4, pp.519-95.

Nakamura, M., 1968, *Modern Japanese Fiction 1868-1926*, Kokusai Bunka Shinkōkai, Tōkyō.

Nakamura, T., 1981, *The Postwar Japanese Economy: Its Development and Structure*, University of Tōkyō Press.

Nakamura, T., 1988, "Depression, Recovery, and War, 1920-1945"(tr. Kaminsky, J.), in *CHJ*, v.6, pp.451-93.

Nakane, C., 1967/70, *Japanese Society*, Weidenfeld & Nicolson, London(Japanese orig. 1967).

Nakane, C. and Oishi, S. (eds.), 1990, *Tokugawa Japan: The Social and Economic Antecedents of Modern Japan*, University of Tōkyō Press.

Nathan, J., *Japan Unbound*, 2004, Houghton Mifflin Harcourt, Boston and New York.

Nihongi -see Aston 1896/1972.

Nihon Shoki -see *Nihongi*/ Aston 1896/1972.

Nippon video series, BBC, London, 1991.

Nishi, T., 1982, *Unconditional Democracy: Education and Politics in Occupied Japan 1945-1952*, Hoover Institution Press, Stanford.

Nitobe, I., 1905/69, *Bushidō: The Soul of Japan; An Exposition of Japanese Thought*, Tuttle, Tōkyō(1969 edition).

NLSSTSS (National League for Support of the School Textbook Screening Suit), 1995, *Truth in Textbooks, Freedom in Education, and Peace for Children: The Struggle against the Censorship of School Textbooks in Japan*, Tōkyō.

Oda, H., 1992, *Japanese Law*, Butterworths, London.

Okamoto, S., 1983, "Russo-Japanese War", in *KEJ*, v.6, pp.345-7.

Okamura, M., 1992, "Babadan A", contribution to Pearson 92, pp.49-50.

Okazaki, T., 1993, "Japan and the Continent"(tr. Goodwin, J.), in *CHJ*, v.1, pp.268-316.

Ossenberger, N., 1986, "Isolate Conservatism and Hybridization in the Population History of Japan: The Evidence of Nonmetric Cranial Traits", in Akazawa and Aikens 86, pp.199-215.

"Out of a Firestorm", 1991, in the *Nippon* video series.

Pacific Century video series, project director Frank Gibney, executive producer Alex Gibney, Jigsaw/ Pacific Basin Institute, Santa Barbara, 1992.

Pascale, R. and Athos, A., 1982, *The Art of Japanese Management*, Penguin, Harmondsworth.

Paulson, J., 1976, "Evolution of the Feminine Ideal", in Lebra, J., Paulson, J., and Powers, E. (eds.), 1976, *Women in Changing Japan*, Stanford University Press, pp.1-23.

Pearson, R. (ed.), 1986, *Windows on the Japanese Past: Studies in Archaeology and Prehistory*, Centre for Japanese Studies, University of Michigan.

Pearson, R., 1992, *Ancient Japan*, George Braziller / Smithsonian Institute, New York.

Peattie, M., 1983, "Ishiwara Kanji (1889-1949)", in *KEJ*, v.3, pp.345-6.

Peattie, M., 1988, *Nanyō: The Rise and Fall of the Japanese in Micronesia, 1885-1945*, University of Hawaii Press.

Philippi, D., 1968, *Kojiki*(translation and introduction), University of Tōkyō Press.

Picigallo, P., 1979, *The Japanese on Trial: Allied War Crimes Operations in the East, 1945-1951*, University of Texas Press.

Piggott, J., 1989, "Sacral Kingship and Confederacy in Early Izumo", MN, 44/1, pp.45-74.

Pineau, R. (ed.), 1968, *The Japan Expedition 1852-1854: The Personal Journal of Commodore Matthew C. Perry*, Smithsonian Institute Press, Washington.

Prange, G.(with D. Goldstein and K. Dillon), 1986, *Pearl Harbor: The Verdict of History*, McGraw-Hill, New York.

Rasteiro, R. and Chikhi, L., 2009, "Revisiting the Peopling of Japan", in *Journal of Human Genetics* no.54, June, pp.349-54.

Reader, I., 2000, *Religious Violence in Contemporary Japan: The Case of AUM Shinrikyō*, University of Hawaii Press, Honolulu.

"Reinventing Japan", 1992, in the *Pacific Century* video series.

Reischauer, E., 1964, *Japan: Past and Present,* Duckworth, London.

Reischauer, E., 1988, *The Japanese Today: Change and Continuity*, Harvard University Press.

Reischauer, E. and Craig, A., 1979, *Japan: Tradition and Transformation*, George Allen & Unwin, London, Boston, and Sydney.

Rickert, E. (ed.), 1998, *The Good German of Nanking: The Diaries of John Rabe*(tr. Woods, J.), Knopf, New York.

Ruoff, K., 2001, *The People's Emperor: Democracy and the Japanese Monarchy, 1945-1995*, Harvard University Press.

Rusbridger, J. and Nave, T. E., 1991/2, *Betrayal at Pearl Harbor: How Churchill Lured Roosevelt into World War II*, Michael O'Mara Books, London / Simon & Schuster, New York (expanded edition 1992).

Russell, J., 1991, "Narratives of Denial: Racial Chauvinism and the Black Other in Japan", *JQ*, XXXVIII/4 (Oct.-Dec. 91), pp.416-28.

"Sacrifice at Pearl Harbor", video produced by Roy Davies, screened on *Timewatch*, BBC2, 5 April 1992.

Sadler, A., 1970, *The Ten Foot Square Hut and Tales of the Heike*, Greenwood Press, Westport.

Sahara, M., 1992, "Yoshinogari: The World of the Wei Dynasty Annals", contribution to Pearson 92, pp.154-7.

Sakai, S., 1994, interview with M. Nakazawa, *Tōkyō Journal*, December 1994, pp.18-21.

Sakamoto, R., 2008, "'Will You Go to War? Or Will You Stop Being Japanese?': Nationalism and History in Kobayashi Yoshinori's Sensōron", in *Asia-Pacific Journal: Japan Focus*, at http://japanfocus.org/-Rumi-SAKAMOTO/2632.

Sakudō, Y., 1990, "The Management Practices of Family Business"(tr. Hauser, W.), in Nakane and Oishi 90, pp.147-66.

Satō, E., 1974, "The Early Development of the Shōen", in Hall and Mass 74, pp.91-108.

Satō, T., 1990, "Tokugawa Villages and Agriculture"(tr. Hane, M.), in Nakane and Oishi 90, pp.37-80.

Sayle, M., 1995, "Did the Bomb End the War?", *New Yorker*, 31 July 1995, pp.40-64.

Schodt, F., 1983, *Manga! Manga! The World of Japanese Comics*, Kōdansha, Tōkyō.

Schoppa, L., 1991, *Education Reform in Japan: A Case of Immobilist Politics*, Routledge, London.

Schultz, D., 1987, *The Maverick War: Chennault and the Flying Tigers*, St. Martin's Press(now Palgrave Macmillan), New York.

Seagrave, S., 1999, *The Yamato Dynasty: The Secret History of Japan's Imperial Family*, Bantam Press, London and New York.

Seidensticker, E., 1981, *The Tale of Genji*(trans. of Genji Monogatari), Penguin, Harmondsworth.

Seigle, C., 1993, *Yoshiwara: the Glittering World of the Japanese Courtesan*, University of Hawaii Press.

Sethi, S., Namiki, N. and Swanson, C., 1984, *The False Promise of the Japanese Miracle: Illusions and Realities of the Japanese Management System*, Pitman, Massachusetts.

Shibusawa, K. (ed.), 1958, *Japanese Culture in the Meiji Period*, v.5(tr. Terry, C.), Tōkyō Bunko, Tōkyō.

Shillony, B.-A., 1973, *Revolt in Japan: The Young Officers and the February 26 1936 Incident*, Princeton University Press.

Shinoda, M., 1978, "Victory in Battle and Family Tragedy; Minamoto no Yoritomo and Yoshitsune", in Murakami and Harper 78, pp.79-90.

Shinoda, M., 1983, "Kamakura History (1185-1333)", in *KEJ*, v.3, pp.169-72.

Shoda S., 2007, "A Comment on the Yayoi Period Dating Controversy", in *Bulletin of the Society for East Asian Archaeology*, v.1; also available at http://www.seaaweb.org/bul-essay-01.htm.

Stanley, T., 1983, "Tōkyō Earthquake of 1923", in *KEJ*, v.8, p.66.

Starrs, R. (ed.), 2004, *Japanese Cultural Nationalism: At Home and in the Asia-Pacific*, Global Oriental, Folkestone.

Starrs, R., 2011, *Modernism and Japanese Culture*, Palgrave Macmillan, Basingstoke.

Steele, M. W., 2003, *Alternative Narratives in Modern Japanese History*, Routledge, London.

Steinhoff, P., 1984, "Student Conflict", in Krauss, Rohlen and Steinhoff 84, pp.174-213.

Stockwin, A., 1992, translator's introduction to Banno 1971/92, pp.xi–xv.

Storry, R., 1963, *A History of Modern Japan*, Penguin, Harmondsworth.

Suzuki, H., 1969, "Micro-Evolutional Changes in the Japanese Population from the Prehistoric Age to the Present Day", *Journal of the Faculty of Science, University of Tōkyō*, s.5, v.3, pt 4, pp.279-308.

Suzuki, M., 1992, "As Long As I Don't Fight, I'll Make It Home", in Cook and Cook 92, pp.127-35.

Suzuki, N., 1983, "Eschatology", in *KEJ*, v.2, p.231.

Tada, M., 1996, "After the Bubble", *Japan Times*, weekly international edition, 29 July-4 August 1996, p.4.

Takahashi, T., 2003, "The Emperor Shōwa Standing at Ground Zero: On the (Re)configuration of a 'National Memory' of the Japanese People", in *Japan Forum* (UK), v.15, no.1, 2003, pp.3-14.

Takeuchi, R., 1983, "Nara History", in *KEJ*, v.3, pp.163-5.

Tayama Katai, 1907/81, "The Girl-Watcher"(*Shōjobyō*, 1907), in *"The Quilt" and Other Stories by Tayama Katai*, tr. and intr. Henshall, K., 1981, University of Tōkyō Press.

Tayama Katai, 1917/87, *Thirty Years in Tōkyō* (*Tōkyō no Sanjūnen*, 1917), tr. and intr. Henshall, K., 1987, in *Literary Life in Tōkyō 1885-1915*, Brill, Leiden.

Taylor, J., 1985, *Shadows of the Rising Sun: A Critical View of the*

"*Japanese Miracle*", Tuttle, Tōkyō.

Theobald, R., 1954, *The Final Secret of Pearl Harbor*, Devin-Adair, New York.

Thompson, E., 1945, *Prisoner of War Preliminary Interrogation Report*, submitted 7 July 1945 to HQ First Australian Army Allied Translator and Interpreter Service, Advanced Echelon.

Torao, T., 1993, "Nara Economic and Social Institutions"(tr. Farris, W.), in *CHJ*, v.1, pp.415-52.

Totman, C., 1980, *The Collapse of the Tokugawa Bakufu, 1862-68*, University of Hawaii Press.

Trefalt, B., 1995, "Living Dead: Japanese Prisoners-of-War in the Southwest Pacific", *NZJEAS*, III/2 (December 1995), pp.113-25.

Tsuchihashi, P., 1952, *Japanese Chronological Tables*, Sophia University Press.

Tsukada, M., 1986, "Vegetation in Prehistoric Japan: The Last 20,000 Years", in Pearson 86, pp.11-56.

Tsunoda, R., de Bary, W. T., and Keene, D. (comps.), 1964, *Sources of Japanese Tradition*, 2 vols, Columbia University Press.

Tsurumi, S., 1987, *A Cultural History of Postwar Japan 1945-1980*, Kegan Paul International, London and New York.

Turnbull, S., 1987, *Battles of the Samurai*, Arms and Armour Press, London.

Ueda, K., 1983, "Pollution-Related Diseases", in *KEJ*, v.6, pp.217-20.

Ui, J. (ed.), 1992, *Industrial Pollution in Japan*, United Nations University Press, Tōkyō.

Umegaki, M. 1986, "From Domain to Prefecture", in Jansen and Rozman 86, pp.91-110.

Uno, S., 1992, "Spies and Bandits", in Cook and Cook 92, pp.151-8.

Upham, F., 1987, *Law and Social Change in Postwar Japan*, Harvard University Press.

Utsumi, A., 1996, "Japanese Army Internment Policies for Enemy Civilians during the Asia-Pacific War", in Denoon et al. 96, pp.174-209.

Vansittat, Lord, 1943, Foreword to Howard and Newman 43.

Van Wolferen, K., 1989, *The Enigma of Japanese Power: People and Politics in a Stateless Nation*, Macmillan, London.

Varley, H. P., 1978, "Preeminent Patron of Higashiyama Culture: Ashikaga Yoshimasa", in Murakami and Harper 78, pp.131-40.

Varley, H. P., 1983, "Kemmu Restoration", in *KEJ*, v.4, pp.191-2.

Vlastos, S., 1989, "Opposition Movements in Early Meiji, 1868-1885", in *CHJ*, v.5, pp.367-431.

Vogel, E., 1979, *Japan As Number One: Lessons for America*, Harvard University Press.

Ward, R., 1987a, "Presurrender Planning: Treatment of the Emperor and Constitutional Changes", in Ward and Sakamoto 87, pp.1-41.

Ward, R., 1987b, "Conclusion", in Ward and Sakamoto 87, pp.392-433.

Ward, R. and Sakamoto, Y. (eds.), 1987, *Democratizing Japan: The Allied Occupation*, University of Hawaii Press.

Watts, J., 1998, "Soccer Shinhatsubai: What Are Japanese Consumers Making of the J.League?", in Martinez 98, pp.181-201.

Weinstein, D., 1995, "Evaluating Administrative Guidance and Cartels in Japan (1957-1988)", *Journal of Japanese and International Economies*(9), pp.200-23.

Whitehill, A., 1991, *Japanese Management: Tradition and Transition*, Routledge, London.

Wilcox, R., 1985, *Japan's Secret War: Japan's Race against Time to Build Its Own Atomic Bomb*, William Morrow, New York.

Wilkinson, E., 1981, *Misunderstanding: Europe vs Japan*, Chūōkōronsha, Tōkyō.

Williams, H., 1972, *Foreigners in Mikadoland*, Tuttle, Tōkyō.

Williams, P. and Wallace, D., 1989, *Unit 731: The Japanese Army's*

Secret of Secrets, Hodder & Stoughton, London.

Wohlstetter, R., 1962, *Pearl Harbor: Warning and Decision*, Stanford University Press.

Wolf, M., 1983, *The Japanese Conspiracy: A Stunning Analysis of the International Trade War*, Empire Books, New York.

Wood, C., 1993, *The Bubble Economy: The Japanese Economic Collapse*, Tuttle, Tōkyō.

Woronoff, J., 1985, *Japan: The Coming Economic Crisis*, Lotus Press, Tōkyō.

Woronoff, J., 1990, *Japan As-Anything But-Number One*, Yohan Publications, Tōkyō.

Yamaguchi, K., 1983, "Early Modern Economy (1868-1945)", in *KEJ*, v.2, pp.151-4.

Yamamura, K., 1986, "The Meiji Land Tax Reform and Its Effects", in Jansen and Rozman 86, pp.382-9.

Yanai, S., 1992, "The Case for a Coup", *Japan Views*, December 1992, pp.3-6(Japanese orig. in Shūkan Bunshun 22 Oct. 92).

Yokota, Y., 1992, "Volunteer", in Cook and Cook 92, pp.306-13.

Yoshida, S., 1961, *The Yoshida Memoirs: The Story of Japan in Crisis*, Heinemann, London.

Yoshimi, Y., 2000, *Comfort Women: Sexual Slavery in the Japanese Military During World War II*(tr. O'Brien, S.), Columbia University Press.

重要词汇

甘え：amae，像小孩那样依赖他人。

物哀：mono no aware，一种美学理念，因对物引起感动而产生的喜怒哀乐诸相。其感动形态包括悲哀的、感动的、可怜的，也包括怜悯的、同情的、壮美的。

幕府：bakufu，军政府。

文乐：木偶戏。

部落民：受歧视、迫害的部落。

武士：往往等于"侍"（samurai）。

武士道：bushido。

舞蹈热：butonetsu，被应用于明治初期的内阁。

町人：城市居民。

町人物：指德川时代商人成功的故事。

超然内阁：明治时代的超然内阁。

大名：指封建诸侯，尤其指德川时代的大名。

圆高：endaka，指20世纪80年代末的日元升值。

秽多：今日的部落民。

谱代：传统上效忠德川氏的大名。

富国强兵：明治初期的口号。

艺伎：原本由男性扮演，但今日艺伎全是女性，艺伎款待顾客，有时也充当娼妓。

元老：指明治政府初期的寡头执政者。

军记物语：指中世纪武士故事。

行政指导：尤其是政府对经济的指导。

俳句：指德川时代以来流行的十七音节诗。

藩：指封建领地。

埴轮：指日本古代墓葬的土俑。

腹切：hara-kiri，切腹自杀，是一种武士光荣自杀的方法，往往用来代替处死。

茧居（hikikomori）：社交退缩，也指称这种病状的患者。

非人：今日的部落民。

本音：内心的真正感觉。

母衣（horo）：会被风鼓起的斗篷，用来躲避弓箭。

一亿玉碎：如同珠宝的一亿人的自我毁灭，第二次世界大战时日本全国人民可能宁愿集体自杀而不投降。

院政：指逊位天皇操纵在位天皇，尤其是在平安时代末期。

人力车：jinrikisha。

地头：指中世管理庄园的行政官。

自由民权运动：明治初期至中期的自由民权运动。

绳文：指古代陶器上的绳文，也用来作为那个时代的名称。

重、厚、长、大：指战后初期经济焦点的标语。

歌舞伎：一种华丽的戏剧，特别为德川时代商人所喜爱。

神风：kamikaze，原本意指13世纪蒙古军队来袭时拯救日本的台风，第二次世界大战时被用来指为救国驾飞机自杀的飞行员。

假名：日本表音文字。

管理社会：意指被控制的社会，用来指二十世纪六七十年代的日本社会，民众温顺地接受政府的控制，而政府则努力提高人民的物质生活。

枯れ：kare，枯萎，一种美学价值。

华族：指明治初期以后的贵族。

轻、薄、短、小：指战后第二阶段经济焦点的口号。

系列企业：指战后财阀的企业。

古坟：古代的巨大坟墓，也被用来作为那个时代的名称。

重要词汇

国学：德川时代民族主义。

好色本：等于浮世草子，指性爱书刊。

末法：佛教信仰的末世，尤指平安时代末期的末法。

结び：musubi，指与自然、自然的纯净之结合。

日本人论：指二十世纪七八十年代寻求解释日本成功的著作，作者往往自赞、把事情过分单纯化，强调日本人的独特性与优越性。

能剧：一种高级戏剧。

御宅族（otaku）：痴迷电脑的人。

外籍讲师（o-yatoi gaikokujin）：明治时代雇佣的外国专家。

追いつけ、追い越せ：赶上并超过（西方），指明治初期流行的口号。

おかし：滑稽，是一种美学价值，与"哀"相对。

兰学：荷兰的学问，但通常泛指西学。

浪人：指无主君的武士。

寂び：古雅，是一种美学价值。

锁国时代：指德川时代的锁国时期。

侍：即武士。

参勤交代：指德川时代大名轮流到江户居留。

川柳：德川时代的诙谐短诗。

士农工商：德川时代的"武士—农民—工匠—商人"阶层制社会结构。

亲藩：指同德川氏有亲戚关系的大名。

将军：shogun，军事统治者。

守护：镰仓、室町时代维持治安的行政官。

尊皇攘夷：德川末期的口号。

试切：tameshigiri，用武士刀对尸体，有时对活的罪犯切割以测试其锋利程度。

寺子屋：指德川时代的私塾。

天皇制：尤其用来指明治中期至第二次世界大战以天皇为中心的民族主义教化。

东洋之道德，西洋之学艺："东方道德，西方科技"，德川末期的口号。

外样：传统上不效忠德川氏的外围大名。

浮世：原意指生命的短暂，但从德川时代后用来指包括性关系在内的人际关系。

浮世绘：德川时代有关生活与民众的版画，往往带有明显的性意味。

浮世草子：指德川时代的性爱文学书，具有独特的美学价值和文学意义。又称浮世本。

侘び：wabi，寂静，一种美学价值。

和魂洋才：明治初期流行的口号。

读本：指德川时代的通俗小说。

幽玄：yugen，幽闲，一种美学价值。

财阀：zaibatsu，大企业集团。

当代日本概况

日本简介

日本国（Japan），人口约1.26亿（截至2013年3月）。主要民族为大和族，北海道地区约有2.5万阿伊努族人。通用日语，北海道地区有少量人会阿伊努语。神道和佛教较盛行，信仰人口分别占宗教人口的49.6%和44.8%。首都东京，人口约1254万，为全国政治、经济、文化中心。国家象征天皇明仁，1989年1月即位，年号"平成"。

【誉称】樱花之国（樱花有300多个品种）、火山地震之邦（有200多座火山，活火山占1/4）。

【重要节日】天皇诞辰日12月23日，明仁天皇生于1933年12月23日。建国纪念日（纪元节，日本纪元的开始）2月11日。樱花节3—4月。

【时差】比格林尼治时间早9小时；比北京时间早1小时。

【国旗】日本国旗称为太阳旗，旗面为白色，正中有一轮红日。白色象征正直和纯洁，红色象征真诚和热忱。"日本国"一词意即"日出之国"，传说日本是太阳神所创造，天皇是太阳神的儿子，太阳旗来源于此。古时候用作神社的挂旗，16世纪起作为日本舰船旗，1870年定为国旗。国旗的标准尺寸宽与长之比为2∶3，日徽图案直径为宽度的3/5，日徽处于旗的正中。由于日本没有确定国徽，有时采用皇室家徽——16花瓣的菊花或梧桐图案来代替国徽。

【国歌】《君主御世》，其歌词本是收录在《古今和歌集》中的和歌，作者不明。歌曲是明治时代宫内省的乐师林广守所作，1893年被确定为国歌。歌词大意是：君主御世，千秋万代永存，犹如小石成岩，岩上生苔，永无止境。

【国花】日本人自古认为樱花是日本的国花。日本的神话里也出现过樱花，樱花凋谢时干脆利落，人们把它与武士的人生观联系在一起。此外，由于皇室的家徽上有菊花，所以菊花也被当作日本的国花。

自然地理

位于亚洲东部的太平洋西岸，是一个由东北向西南延伸的弧形岛国。西隔东海、黄海、朝鲜海峡、日本海，与中国、朝鲜、韩国和俄罗斯相望。领土由北海道、本州、四国、九州4个大岛和其他6800多个小岛屿组成，故日本又称"千岛之国"。日本陆地面积约37.78万平方公里。日本地处温带，属温和湿润的海洋性季风气候，冬无严寒，夏无酷暑。日本境内多山，山地约占总面积的70%，大多数山为火山，其中著名的活火山富士山海拔3776米，是日本最高的山，也是日本的象征。日本地震频发，每年发生有感地震约1000多次，是世界上地震最多的国家，全球10%的地震发生在日本及其周边地区。地热资源丰富。

海岸线漫长曲折，多港湾，境内山地崎岖、河谷交错。森林覆盖率为66%，但木材55.1%依赖进口，是世界上进口木材最多的国家。河流多短小，水量充沛，水力发电量约占总发电量的12%左右。信浓川长367千米，利根川流域面积16840平方千米。多小而深的火口湖和潟湖，琵琶湖面积最大。8—10月常遭台风袭击。日本矿藏资源极为匮乏，矿种多，储量小。绝大部分工业原料和燃料都依赖进口，但它却是世界经济大国，其工业和国民经济生产总值均居世界前列，农业单位面积产量很高。此外，它的渔业也很发达，渔获量居世界第一位。

政　治

日本实行以立法、司法、行政三权分立为基础的议会内阁制。天皇为国家象征，无权参与国政。国会是最高权力和唯一立法机关，分众、参两院。内阁为最高行政机关，对国会负责，首相（亦称内阁总理大臣）由国会选举产生，天皇任命。行政权属于内阁，内阁由内阁总理大臣及其他国务大臣组成，内阁行使的有关行政权对国会负有共同责任。内阁总理大臣享有国务大臣的任免权，以保持内阁的统一。司法部门是法院。法院由最高法院及下级法院（高等法院、地方法院、家庭法院、简易法院）组成。所有的法官都独立行使职权，只受宪法和法律的约束。最高法院院长根据内阁的提名由天皇任命，其他法官都由内阁任命。法院有权认定一切法律、法令是否符合宪法。

90年代初期以来，右倾保守势力膨胀、左翼中间力量明显衰退。各党政策主张总体右摆，修改宪法、谋求政治大国地位、发挥更大军事作用成为多数政党的共识。

自民党在众议院拥有绝对稳定的多数席位，一党独大的态势突出，自民、公明两党执政联盟议席超过总议席数的三分之二。最大在野党民主党在2005年众院大选中严重受挫，2006年4月小泽一郎出任党首后恢复活力，对自民党的挑战较前增强。2007年和2009年，自民党分别在参议院、众议院选举中惨败，首次丧失国会第一大党的地位，但2012年自民党重新夺回政权，民主党再次沦为在野党。现任首相是安倍晋三。

经 济

日本为仅次于美国的世界第二大经济强国。目前GDP约占世界总量的15%，占亚洲的60%。截至2006年7月底，外汇储备达8787亿美元，为世界第二；拥有约1.5万亿美元海外资产，是世界最大债权国；2005年贸易总额为11168亿美元，居世界第四。民间资本充裕，个人金融资产高达11.5万亿美元。2005年度对外直接投资达455亿美元。拥有世界一流的制造业，在微电子、半导体、节能、环保等许多高科技领域处于世界领先地位。工业体系完整，工业结构为知识、技术密集型。工业高度发达，是国民经济的主要支柱，工业总产值约占国内生产总值的40%，农业实行机械化商品性生产，产品主要为稻米、小麦。海运、航空、铁路、公路均极发达，铁路长47000千米，公路长117万千米。

资源贫乏，90%以上依赖进口，其中石油完全依靠进口。日本政府积极开发核能等新能源，截至2006年7月，已拥有55所核能发电站，总发电装机容量为4822万千瓦，位居世界第三。森林面积约为2512万公顷，占国土总面积的2/3，是世界上森林覆盖率最高的国家之一。而木材自给率仅为20%左右，是世界上进口木材最多的国家。日本山地与河流较多，水力资源丰富，水力发电量约占发电总量的35%，蕴藏量约为每年1353亿千瓦时。日本的专属经济区面积约相当于国土的10倍，近海渔业资源丰富，渔业发达，捕鱼量居世界前茅。

军　事

1945年战败投降后，军队被解散，军事机构被撤销。1950年朝鲜战争爆发后，美国基于其自身需要，指令日本重新发展军事力量。同年，日本组建"警察预备队"，后改称保安队，1952年成立"海上警备队"，1954年新建航空自卫队，7月颁布《防卫厅设置法》和《自卫队法》，将保安队、海上警备队分别改称为陆上自卫队和海上自卫队，将陆、海、空三军正式定名为自卫队，并成立防卫厅和参谋长联席会议，以健全统帅指挥机构。

自卫队的最高统帅是首相，最高军事决策机构是内阁会议。"安全保障会议"是内阁在军事上的最高审议机构，由首相、外务大臣、财务大臣、内阁官房长官、国家公安委员长、防卫厅长官等内阁主要成员组成，负责审议国防方针、建军计划，以及处理各种突发事件等。防卫厅相当于国防部，长官为内阁成员。参谋长联席会议由主席和陆、海、空军参谋长组成，负责拟定和调整三军作战、训练和后勤计划，搜集研究军事情报，在实施两个军种以上的联合作战、演习时，实施统一指挥。

自卫队实行志愿兵役制。陆上自卫队服役期限为2—3年，海、空自卫队为3年。一般根据本人希望，可延长服役1次（2年）。截至2006年3月，日本总兵力编制员额33万人，其中现役军人25.2万人，文职2.4万人，预备役5.6万人。防卫厅机关和直属机构编制7000余人。2005年，驻日美军总兵力约3.6万人。

20世纪90年代以来，由于国内外形势的变化，日本的防卫政策进行了部分调整且军费多次突破占国民生产总值1%的限额。1991年4月派遣自卫队赴海湾参加多国部队的扫雷活动,首次实现海外派兵。1992年6月,国会通过《联合国维持和平活动合作法》(简称《PKO法》),从法律上确定自卫队可出国执行联合国主持的国际维和行动。1992年以来,日本已分别向柬埔寨、莫桑比克、中东戈兰高地等共23次派出2080人执行任务。2004年12月,日本出台《新防卫计划大纲》,明确提出将国际贡献与本土防卫并列为自卫队的主体任务。2005年初,日本利用印度洋地震发生海啸灾害,以人道救援为名进行了战后最大规模的陆海空三军海外派兵。

教　育

日本每年的科研经费约占GDP的3.1%,居发达国家榜首。日本学校教育分为学前教育、初等教育、中等教育、高等教育四个阶段,教育学制为小学6年、初中3年、高中3年、大学4年、大专2—3年。其中小学到初中为九年义务教育。大学有国立大学、公立大学和私立大学。日本是一个非常重视教育的国家,教师的地位非常高。著名的国立综合大学有东京大学、京都大学等,著名的私立大学有早稻田大学、庆应义塾大学等。2005年度教育预算为6兆2746亿日元,占当年预算总额的7.9%。小学至中学的义务教育入学率近100%,高中升学率为96.9%,大学升学率为44.2%。日本重视社会教育,函授、夜校、广播、电视教育等较普遍。

新闻出版

综合性日报有121家,日发行量5356万份。全国有影响的报纸通称六大报:《朝日新闻》《读卖新闻》《每日新闻》《日本经济新闻》《产经新闻》《东京新闻》。全国发行的三大地方报为:《中日新闻》《北海道新闻》《西日本新闻》。2005年发行月刊杂志1893种,周刊980种。2005年图书共出版76528种。较有影响的杂志有《中央公论》《东洋经济》《经济学家》《文艺春秋》等。

广播电台、电视台近200家。电视平均每天播放20小时以上,广播平均每天播音22小时以上。电视、广播普及率均达100%。全国性的电视、广播公司主要是：日本广播协会（NHK），1952年成立，属半官方性质；东京广播公司（TBS），1951年成立；日本电视广播网公司（NTV），1953年成立。除日本广播协会外，其他电视广播公司均为私营。

共同通讯社是日本最大的通讯社，简称共同社，其前身是1936年1月成立的同盟通讯社。1945年分为共同通讯社和时事通讯社。国内除东京总社外，还设有6个总分社和46个支局，国外在38个主要城市派有常驻记者，并同外国68个新闻机构有通讯合同关系。职工约2000人（截至2006年3月）。时事通讯社是第二大通讯社，简称时事社，成立于1945年11月。国内除东京总社外，还设有82个分支机构，国外在29个城市派有常驻记者，职工约1400人（截至2006年3月）。

文　化

樱花、和服、俳句与武士、清酒、神道构成了传统日本的两个方面——菊与剑。在日本有著名的"三道"，即日本民间的茶道、花道、书道。

【茶道】也叫作茶汤（品茗会），自古以来就作为一种美感仪式受到上流阶层的无比喜爱。现在，茶道被用作训练集中精神，或者用于培养礼仪举止，为一般民众广泛接受。日本国内有许多传授茶道流派技法的学校，不少宾馆也设有茶室，可以轻松地欣赏到茶道的表演。

【花道】作为一种在茶室内再现野外盛开的鲜花的技法而诞生。因展示的规则和方法有所不同，花道可分成二十多种流派，日本国内也有许多传授花道流派技法的学校。另外，在宾馆、百货商店、公共设施的大厅等各种场所，可以欣赏到装饰优美的插花艺术。

【相扑】来源于日本神道的宗教仪式。神道仪式强调相扑运动，比赛前的跺脚仪式（四顾）的目的是将场地中的恶鬼驱走，同时还起到放松肌肉的作用。场地上还要撒盐以达到净化的目的，因为神道教义认为盐能驱赶鬼魅。相扑比赛在台子上进行。整个台子为正方形，中部为圆圈，其直径为4.55米。比赛中，力士除脚掌外任何部分不得触及台子表面，同时也不得超出圆圈。相扑的裁判共有6人。主裁判由手持折扇的"行司"登台担任，其余5人分别在正面、东面、西面及裁判席上。大力士的最高等级是"横纲"。下面是大关、关胁、小结、前颈,这四个等级被称为"幕内",属于力士中的上层。再次是十两、幕下,除此之外还有更低级的三段目、序二段。最低一级叫序口。一个普通力士要想获得较高的等级是需要花费很大气力的;不经过艰苦努力,要想获得最低的等级,也是不可能的。

【和服】日本传统民族服装的称呼。8—9世纪,日本一度盛行过"唐风"服装。以后虽有改变形成日本独特的风格,但仍含有中国古代服装的某些特色。妇女和服款式和花色的差别是区别年龄和结婚与否的标志。例如,未婚的姑娘穿紧袖外服,已婚妇女穿宽袖外服;梳"岛田"式发型(日本式发型之一,呈钵状)、穿红领衬衣的是姑娘,梳圆发髻、穿素色衬衣的是主妇。和服不用纽扣,只用一条打结的腰带。腰带的种类很多,打结的方法也各有不同。比较广泛使用的一种打结方法叫"太鼓结",在后腰打结处的腰带内垫有一个纸或布做的芯子,看去像个方盒。虽然今天日本人的日常服装早已为西服所替代,但在婚礼、庆典、传统花道、茶道以及其他隆重的社交场合,和服仍是公认的必穿礼服。

【柔道】在全世界享有广泛声誉。柔道的基本原理不是攻击,而是一种利用对方力量的护身之术,柔道家的级别用腰带的颜色(初级:白/高级:黑)来表示。

【剑道】指从武士的重要武艺剑术中派生而出的日本击剑运动。比赛者按照严格的规则,身着专用防护具,用一把竹刀互刺对方的头、躯体,以及手指尖。

【空手道】经琉球王国(现在的冲绳)从中国传入日本的格斗运动。空手道不使用任何武器,仅使用拳和脚,与其他格斗运动相比,是一种相当具有实战意义的运动形式。

【能剧】日本的传统戏剧,也是世界上现存最古老的戏剧之一。能剧源于古代舞蹈戏剧形式和12或13世纪在日本的神社和寺院举行的各种节庆戏剧。"能"具有才能或技能的意义。演员通过面部表情和形体动作暗示故事的本质,而不是把它表现出来。现在这一剧种在日本仍具有顽强的生命力。

【寿司】(sushi)是以生鱼片、生虾、生鱼粉等为原料,配以精白米饭、醋、海鲜、辣根等，捏成饭团后食用的一种食物。寿司的种类很多，不下数百种，各地区的寿司有不同的特点。大多数是先用米饭加醋调制，再包卷鱼、肉、蛋类，加以紫菜或豆皮。吃生鱼寿司时，饮日本绿茶或清酒，别有一番风味。

【赠礼习俗】日本人将送礼看作是向对方表示心意的物质体现。礼不在厚，赠送得当便会给对方留下深刻印象。送日本人礼品要选择适当，中国的文房四宝、名人字画、工艺品等最受欢迎，但字画的尺寸不宜过大。所送礼品的包装不能草率，哪怕是一盒茶叶也应精心打理。中国人送礼成双，日本人则避偶就奇，通常用1、3、5、7等奇数，但又忌讳其中的"9"，因为在日语中"9"的读音与"苦"相同。按日本习俗，向个人赠礼须在私下进行，不宜当众送出。日本人禁忌绿色。不喜欢荷花，而喜欢樱花、乌龟和鸭子。

出版后记

中国读者对于日本历史的了解往往语焉不详,且带着民族情绪。说到日本,大多数人可能一边追忆日本如何派"遣唐使"到中国求学取经,一边痛斥日本在晚清甲午海战到中日战争期间的种种暴行。至于日本这个国家从何而来,如何发展,如何屡创"奇迹",就不得而知了。但对于一个国家、一个民族,如果不了解它的过去,就很难理解它的现在。

新西兰坎特伯雷大学日本研究所教授肯尼斯·韩歇尔的《日本小史》为普通读者清晰完整地勾勒出日本历史的轮廓:从石器时代、大和王朝的兴起、幕府的建立与崩解,到王政复辟后快速的现代化,再到泡沫经济破灭后的困境。在全面讲述日本政治、文化、宗教、经济等各个方面发展的同时,作者还对日本人的价值观与传统做法以及它们对日本历史发展的影响进行总结和剖析。这让读者对日本这个国家能够有更加深入的了解。韩歇尔教授是日本现代文学博士,因此较之其他历史学专著,本书的文字更为简明生动,而且韩歇尔教授在文中常引用诗歌和小说,更为本书添姿增彩。

历史因史家历史观的不同而有不同的解释,因为历史并非史实的罗列,还有史家主观的解释,因此读者必须阅读不同史家的著作,互相比较。本书可说是作者从西洋文明观点来观察日本的日本论,书中有对日本的赞赏,也有对日本的批判。作者还从多学科的角度来写史,所用的参考书除史学作品外,也有文学、哲学、政治学、社会学、经济学、文化人类学等方面的论文或著作。在很多地方,作者提出了很多新的视角和观点,比如对于"二战"胜利前日本核武器的研制、发展的程度和规模。同时，作者也注重史实的分析与评论以及多种历史观点之间的平衡。这种以西方人的文明观点来审视日本历史的视角，为中国读者提供了不同的思考空间。

《日本小史》英文版由麦克米伦公司于1999年出版，2004年麦克米伦公司又推出该书英文版的第2版，2012年推出第3版，一直是欧美图书市场中日本历史类最畅销的图书之一。本书史实叙述写到作者执笔那一年，书中所引用的材料也是较新的。第3版中，作者补充了很多新内容，如平成时代走马灯似的政权更迭、全球化时代下日本民众的生活状况等。这次我们以《日本小史》英文版第3版为底本，结合之前我们出过的该书插图修订第2版，根据英文第3版新增的内容对译文进行了补充和修订。

除导言和结论之外，全书分为七章，按照时间顺序排列。文中的重要关节点附有详细的注文，有助于读者更深入地把握重要历史问题或历史发展的一些关键细节。从注文可看出专题目前的研究进展，及对该专题进一步研究的指引。每章之后附有综述，对本章内容进行总结和回顾，而且用表格的形式将本章中涉及的日本历史发展过程中的关键事件以及日本人的价值观和习惯做法进行了归纳，这样更方便读者对本章内容进一步消化和理解。另外在书后，附有"参考文献""重要词汇"，扫除读者在阅读中可能遇到的障碍。

此次第3版的中文简体版，我们邀请了著名日本文学与文化专家，中国社会科学院日本研究所的叶渭渠教授为本书精选了部分图片，希望读者能够对日本历史有一个形象而简洁的认识。我们除了添加日本各个时期的历史地图外，还根据相关资料在书前书后附上了"大事记"及"当代日本概况"，希望有助于读者理解把握日本历史的"前世今生"。

这本书篇幅不长，在历史学著作中可以称得上是"小书"了。但是小书并非简单粗劣的代名词，从纵览日本历史的全局视野、刻画人物和事件细节的笔墨，到配搭文字的精美图片、方便阅读的辅助资料，我们努力做到让这本书小而精、简而全。本书不仅可作为历史系学生选修日本史、日语系学生修读日本史的教科书，也是普通读者通览日

出版后记

本历史的佳作及轻松读物。

总之，希望我们精心准备的这本日本历史的小书，能激发您对日本历史的兴趣，也希望它能够尽可能地满足更多普通读者的需求。当然，因为时间及水平所限，书中难免仍存有不足之处，我们恳切地希望您提出批评和建议，好让我们有机会在新版中继续修订。

服务热线：133-6631-2326 188-1142-1266
读者服务：reader@hinabook.com

后浪出版公司
2016年10月

图书在版编目（CIP）数据

日本小史：从石器时代到超级强权的崛起 /（英）韩歇尔著；李忠晋，马昕翻译 . —北京：北京联合出版公司，2016.11（2017.2 重印）
ISBN 978-7-5502-4617-1

Ⅰ . ①日… Ⅱ . ①韩… ②李… ③马… Ⅲ . ①日本—历史 Ⅳ . ①K313

中国版本图书馆 CIP 数据核字（2016）第 147583 号

First published in English by Palgrave Macmillan, a division of Macmillan Publishers Limited under the title A History of Japan, 3rd edition by Kenneth Henshall. This edition has been translated and published under licence from Palgrave Macmillan. The author has asserted his right to be identified as the author of this work.

Simplified Chinese edition
Copyright © 2016 POST WAVE PUBLISHING CONSULTING (Beijing) Co., Ltd.
本书中文简体版权归属于后浪出版咨询（北京）有限责任公司。

日本小史：从石器时代到超级强权的崛起

著　　者：[英] 肯尼斯·韩歇尔（Kenneth G. Henshall）
译　　者：李忠晋　马昕
配　　图：叶渭渠
选题策划：后浪出版公司
出版统筹：吴兴元
特约编辑：沙芳洲
责任编辑：王　巍
营销推广：ONEBOOK
装帧制造：墨白空间·韩凝

北京联合出版公司出版
（北京市西城区德外大街 83 号楼 9 层　100088）
北京京都六环印刷厂印刷　新华书店经销
字数 269 千字　787 毫米 ×1092 毫米　1/16　20 印张　插页 14
2016 年 12 月第 1 版　2017 年 2 月第 2 次印刷
ISBN 978-7-5502-4617-1
定价：45.00 元

后浪出版咨询（北京）有限责任公司 常年法律顾问：北京大成律师事务所　周天晖 copyright@hinabook.com
未经许可，不得以任何方式复制或抄袭本书部分或全部内容
版权所有，侵权必究
本书若有质量问题，请与本公司图书销售中心联系调换。电话：010-64010019

身为东京大学历史学教授的父亲　　心怀对女儿满满的爱
也为澄清历史的本来面貌　　　　写下了这本更有趣、更真实的日本史

东大爸爸写给我的日本史

著者：（日）小岛毅

译者：王筱玲

ISBN：978-7-5502-6047-4　2015年10月第1版　定价：61.80元（共2册）

　　这套书是作者写给正值初中毕业的女儿的。第一本用通俗易懂的语言，设计了剑、心、宝、锄四个部分，深入浅出地介绍了日本从古代到中世的历史（明治维新以前），讨论了日本的国家形成、历史建构、宗教信仰、社会变动等方面的议题。作者通过本书，希望传递给读者的不仅是日本史中具体的细节，更强调看待历史的角度与解读历史的方法，以宏大的胸怀与视野走近历史。

　　第二本接续前作，只选取事件大纲，向女儿讲述错综复杂又充满争议的日本近现代史。作者围绕尊王攘夷、忠义思想、教育改革、武士道精神、常民心态、国家神道等主题，以思想史家的敏锐，展开对日本近现代史的观察与思考。尤为难得的是，作者正视了18—20世纪日本发动的侵略战争。希望读者能够以更理性、更坦诚、更深刻的眼光回顾历史，走向未来。

十二幅地图中的世界史

作者：(英) 杰里·布罗顿　译者：林盛
书号：978-7-2130-7331-1
2016年6月第1版　定价：99.80元（精装）

　　书中精选的十二幅世界地图来自不同历史阶段，出自不同国家、不同文化中的制图师之手。作者向我们揭示，地图远非客观的真实记录，而是受到一时一地的观念和动机的左右。通过解读地图背后的观念和动机，我们可以窥视制图师所处时代的风尚与精神。每一幅都蕴含着某种重大主题，从科学、政治、宗教、帝国，到地理大发现、民族主义和全球化，皆为世界史发生重大变革的关节点。

1905帝国巡游
美国塑造亚太格局的伏笔

著者：(美) 詹姆斯·布拉德利
译者：刘建波
书号：978-7-5502-5120-5
2016年2月第1版　定价：36.00元

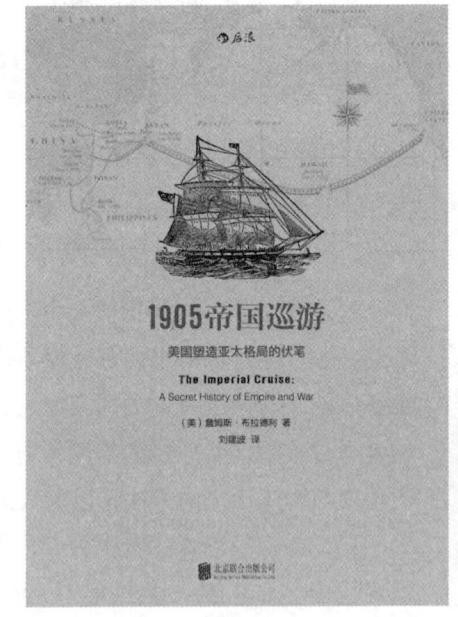

　　1905年，西奥多·罗斯福派出一支美国历史上规模最大的政府代表团，出使西太平洋沿岸国家。这支使团由战争部部长威廉·霍华德·塔夫脱率领，以罗斯福总统长女爱丽丝·罗斯福为形象大使，巡游夏威夷、日本、菲律宾、中国、朝鲜等国家和地区，名义上传播雅利安文明，实际上却是罗斯福建立美国太平洋霸权、走上海权崛起之路的开端。在长达数月的巡游中，塔夫脱在罗斯福的授权下，与日本密谋瓜分中国、朝鲜、菲律宾等太平洋殖民势力范围。

　　作者认为，1905年的巡游是"二战"太平洋战争的隐源，是塑造当今亚太地区格局的伏笔，对20世纪的美国乃至当代国际关系格局都有深远影响。